军事卫生法概论

主编　饶　伟

浙江工商大学出版社
ZHEJIANG GONGSHANG UNIVERSITY PRESS

图书在版编目(CIP)数据

军事卫生法概论 / 饶伟主编. —杭州 ：浙江工商大学出版社，2016.12

（卫生法学系列丛书 / 吴崇其主编）

ISBN 978-7-5178-1890-8

Ⅰ. ①军… Ⅱ. ①饶… Ⅲ. ①军队卫生－卫生法－基本知识－中国 Ⅳ. ①D922.16

中国版本图书馆 CIP 数据核字(2016)第 260661 号

军事卫生法概论

主　编　饶　伟

策划编辑　钟仲南　王艳艳　郑　建
责任编辑　王文舟
责任校对　何小玲
封面设计　林朦朦
责任印制　包建辉
出版发行　浙江工商大学出版社
（杭州市教工路 198 号　邮政编码 310012）
（E-mail:zjgsupress@163.com）
（网址:http://www.zjgsupress.com）
电话:0571－88904980,88831806(传真)
排　　版　杭州朝曦图文设计有限公司
印　　刷　浙江云广印业股份有限公司
开　　本　710mm×1000mm　1/16
印　　张　16
字　　数　294 千
版 印 次　2016 年 12 月第 1 版　2016 年 12 月第 1 次印刷
书　　号　ISBN 978-7-5178-1890-8
定　　价　45.00 元

浙江工商大学出版社营销部邮购电话　0571－88904970

“卫生法学系列丛书”总主编

吴崇其

“卫生法学系列丛书”副总主编

徐勤耕　张以善　刘　群　王　毅　蒲　川
张　静　张际文　田　侃　石俊华　罗　刚
王　萍　赵　敏　李冀宁　邓　虹　郑雪倩
陈志华　王梅红　仇永贵　石　悦　杨淑娟
丁朝刚　冯正骏　戴金增　解　放　胡晓翔
崔高明　古津贤　王国平

《军事卫生法概论》编委会成员

主　编	饶　伟	第四军医大学马文学院教授
副主编	傅达林	西安政治学院军法系教授
	张　珊	第三军医大学人文学院副教授
	王继红	第四军医大学马文学院副教授
编　委	鱼　敏	军事医学科学院一所研究员
	徐　立	军事医学科学院一所副研究员
	王自力	第二军医大学政治理论教研室教授
	王惠淑	军事医学科学院一所助理研究员
	张以善	火箭军总医院副院长
	吴振龙	火箭军总医院纠风办主任
	胡　勇	火箭军总医院
	刘力维	海军政治部司法办秘书
	胡家庆	海军医学研究所主任研究员
	时慧琦	海军医学研究所助理研究员
	姬　娜	西安政治学院军法系讲师
	代小丹	第二军医大学人文社科部讲师
	陈万平	第四军医大学校直门诊部主任
	田文捷	第三军医大学人文学院讲师
	艾文波	第四军医大学口腔医院干部科科长
	张晓荔	第四军医大学马文学院副教授
	缪　露	第四军医大学马文学院副教授
	李　璐	第四军医大学马文学院副教授
	张建杰	第四军医大学航空航天医学系副教授
	周开园	第四军医大学航空航天医学系讲师
	刘婷婷	第四军医大学马文学院讲师
	张丹薇	第四军医大学马文学院讲师
	李天颖	第四军医大学马文学院讲师
	祝　瑾	第四军医大学马文学院讲师
	柳　琴	第四军医大学护理学院讲师

前　言

在中央军委后勤保障部卫生局的组织领导下，经过主编单位及全体编委的共同努力，《军事卫生法概论》的编撰工作终于顺利完成了。编撰《军事卫生法概论》，对于认真贯彻党的十八大以来国家和军队关于加强军事法治建设的一系列重大决策部署，贯彻习主席国防和军队建设重要论述，以党在新形势下的强军目标为引领，坚持政治建军、改革强军、依法治军，充分反映新形势下建军治军新情况、新特点、新规律，充分吸纳近年来军队卫生医疗领域新的法规制度成果和成功经验，在军事卫生战线上推进依法治国、依法行政与依法治军的有机统一，加强对军事卫生法的理论与实践问题研究，构筑具有中国特色的军事卫生法治体系，具有十分重要的现实意义。本书对依法有序开展军事卫生工作具有指导和规范作用，对完善我国军事法学和卫生法学的学科体系，创立具有中国特色的军事卫生法具有奠基意义。

军事卫生法学是一门研究军事卫生法律规范及其发展规律的法律学科，在本书的撰写过程中，力求体现其学科特色。本书分十四章，比较全面、系统地介绍了军事卫生法的基本理论、基本法规和立法、执法等实际情况，概述了中外军事卫生法制的历史与发展。编撰人员努力使这一部为新创设的学科所编写的专著做到体系完整、结构合理、内容准确、重点突出，以更好地向读者传播军事卫生法的基础知识，为加强军事卫生法治建设服务。可以说，《军事卫生法概论》的编撰是一项功德无量、富有历史意义的系统性、基础性工程。特别是书稿中的不少章节的内容和知识点都是我国现行法学、军事学理论专著书籍所没有涉及的，具有很强的开拓性和实用性。这本专著的编撰，填补了我国军事卫生法治建设理论与实践的诸多空白。

然而，军事卫生法学毕竟是一门新创设的法律学科，且属于卫生法学和军事法学的边缘交叉学科，由于这两门学科本身都是正在创建、发展和完善中的新学科，许多理论基础不够扎实、法律制度不尽完善、执法实践中缺乏必要的总结和概括，因此《军事卫生法概论》除了要完整、全面地体现本学科的专业知识内容之外，还要严格遵循一般法学教材撰写的基本要求，即内容应当具有政治性、思想性、理论性、科学性、知识性、稳定性，文字表述需要满足合法、专业、准确、简明、严谨的要求，还要符合和适应我军军事卫生法律法规体系的特点。《军事卫生法概论》的框架结构和章节设置，力求能够直接反映军事法学、卫生法学的最新学术成果和知识体系，体现军事法学和卫生法学的双重理论基点，以帮助军内外读者充分了解该学科的基本概貌，便于人们按照学科的知识体系进行检索，为此，我们在编写中注重其各个章节设置的条理性、科学性。按照编撰法学类教材的一般常规，书稿的前四章是对军事卫生法理论部分的研究，分为概述、基本原则、军事卫生立法、军事卫生法的实施；后十章则分别从军队卫生组织法律制度、军队卫生人员执业管理法律制度、军队医学科研管理法律制度、军队医疗保健法律制度、军队卫生防疫与专项防护法律制度、军队药材管理法律制度、非战争军事行动卫勤保障法律制度、战时军事卫生法律制度、战时国际军事卫生法律制度、外国军事卫生法律制度这几方面来介绍。上述各章节的设置与排列能够比较准确、系统、完整、科学地揭示军事卫生法学这一学科的全部知识体系结构和内涵。

由于时间紧迫、水平有限，有不妥之处，敬请批评指正。

《军事卫生法概论》编委会

二〇一六年九月

目　录

第一章　军事卫生法概述

第一节　军事卫生法的概念和调整对象

一、军事卫生法的概念

要理解军事卫生法的概念，首先要了解卫生和卫生法的概念。卫生是为增进人体健康，预防疾病，改善和创造合乎健康标准的生产环境和生活条件所采取的个人和社会措施。① 围绕促进人的生命健康，国家卫生部门、医疗卫生组织、医药企业单位、接受卫生服务的公民及监督主体等，在卫生活动中发生的一系列社会关系，如卫生组织关系、卫生管理关系、卫生服务关系、卫生监督关系等，需要单独的法律规范进行专门调整，由此形成了卫生法。“卫生法是调整卫生社会关系的法律规范的总称”②，其核心内容就是“保护人体生命健康并规范与人体生命健康相关活动中形成的各种社会关系”③。

军事卫生是为防治伤病、促进军人健康、提高部队战斗力而采取的预防、医疗、保健，以及心理干预、文明生活方式等一系列措施。军事卫生法就是由国家立法机关、行政机关及军事机关制定的，调整军事卫生社会关系的法律规范的总称，是对军事卫生活动客观规律的揭示、归纳、总结和反映。其最终目标是通过保障军人健康和改善部队健康环境，提高军队战斗力，维护国家军事利益。军事卫生法的内容反映了统治阶级的军事意志和救死扶伤的人道主义精神，本质上由军事需要和卫生物质生活条件所决定，它既是国家卫生法体系的重要内容，又是军事法体系的组成部分。

军事卫生法具有一般卫生法的特点，同时又具有军事法的特殊属性。对于一般卫生法而言，保障人的生命健康权益是最终目标。军事卫生法以保障军人的生命健康权为基本目标，但其终极目标在于维护和保障军队战斗力，这是军事卫生法作为军事法重要分支的价值取向。例如，军队对军人的身心健康采取更

---

① 吴崇其：《法、卫生法、卫生法学》，《医学与法学》2012 年第 6 期。

② 汪建荣：《我国卫生法的概念、特征和基本原则》，《中国卫生法制》2001 年第 3 期。

③ 吴崇其：《中国卫生法学》(第三版)，中国协和医科大学出版社 2011 年版，第 67 页。

为严格的标准，对传染病实行更为严格的防控，旨在维护部队战斗力。因此，与卫生法保护人体生命健康的单一价值取向不同，军事卫生法具有多重价值目的：维护军人的生命健康权益，维护军事卫生秩序和军队卫生健康环境，保障军队战斗力。基于这种价值定位，军事卫生法具有多种功能：一是确认并保护军人的身心健康权益，彰显军人的生命尊严；二是为军事卫生发展提供法律保障，促进军事卫生管理法治化；三是积极回应人类医学技术发展提出的道德伦理挑战，依法控制现代医学无序、失控、异化带来的军事危害和风险；四是依法维护军队的健康环境，保障部队战斗力。这些特殊的功能定位，决定了军事卫生法在军事法体系中具有十分重要的地位。

二、军事卫生法的调整对象

法律的调整对象是社会关系，不同的社会关系构成了不同部门法的调整对象。军事卫生法的调整对象是军事卫生关系。军事卫生关系是军事卫生活动中不同主体之间发生的社会关系。根据不同的标准可对军事卫生关系进行不同的分类：依据是否涉外的标准，可分为国内军事卫生关系与国际军事卫生关系；依据是否超出军队范围的标准，可分为外部军事卫生关系和内部军事卫生关系，前者主要是指军队医疗卫生机构与地方行政部门、医药企业单位、普通公民之间的关系，后者指军队内部发生的军事卫生关系；依据性质不同，还可划分为军事卫生行政关系、军事卫生民事关系等。参与军事卫生活动的主体很多，它们之间形成的社会关系比较复杂，这里依据主体不同将军事卫生法的调整对象分为三类。

（一）军队内部卫生关系

军队内部卫生关系，是军队卫生管理部门、军队医疗卫生机构、部队和军人之间发生的卫生关系。主要包括：

（1）军队卫生组织关系。指军队卫生机构的设置、组织原则、权限、职能和活动方式等。军事卫生法对这些关系进行调整，以保证国家和军队对军事卫生工作的有效组织，形成有利于军事卫生发展的良好运行机制。尤其是军事行动中的卫勤保障、组织指挥如何避免杂、乱、散，形成统一、高效、权威的军事卫生组织指挥体制，需要通过法律规范进行明确。

（2）军队卫生管理关系。指军队卫生管理部门对军队医疗卫生机构在资源配置和利用等方面进行管理，以及对军人进行卫生方面的管理所形成的社会关系。例如，军队医疗卫生机构和人员资质标准、军人计划生育管理、军人疾病预防、军人定期体检、军人医疗关系管理等。

（3）军队卫生服务保障关系。指军队卫生机构与部队和军人之间就卫生服务保障形成的社会关系。军事卫生法通过调整这一社会关系，强化军队卫生机构的服务保障责任，依法保障部队和军人的健康权益。

(4)军队卫生监督关系。指监督机关和人员对军队卫生主管部门履行职能、对军队医疗卫生机构提供服务、对军队医学教育和研究机构的活动等进行监督所形成的社会关系。例如，军队审计部门对军队医院和军队医学科研机构的审计监督，军人对军队医院的医疗服务进行投诉监督等。

(二)军队与国家卫生关系

军队与国家卫生关系，是军队卫生管理部门、军队医疗卫生机构等，与国家卫生行政机关及民事社会主体之间发生的卫生关系。对这一类社会关系的调整，深刻凸显出军事卫生法的军民融合特性。这类社会关系主要包括：

(1)国防卫生动员关系。国防卫生动员是国家为应对战争，组织调动社会医疗卫生资源用于参与或支援战争的活动，是国防经济动员的重要组成部分，主要包括卫生人力动员和卫生物资动员。① 这种动员中不同主体形成的社会关系，亟须法律保障，依法规范军地相关部门的职责和协调关系，明确卫生动员范围、动员计划、动员内容、动员程序等。例如，虽然《中华人民共和国国防法》《中华人民共和国国防动员法》《民用运力国防动员条例》《中国人民解放军卫生条例》等法律法规中对国防卫生动员作出了相关规定，但是还需在此基础上制定专门的《国防卫生动员条例》。

(2)非战争军事行动中的军地卫生关系。现代社会，国家武装力量要承担越来越多的非战争军事任务，如应对重大突发事件等，往往需要军队医疗卫生资源支援地方。例如，在抗击非典、汶川地震中，军队医疗卫生服务机构频繁参与救援任务。在这些非战争军事行动的医疗救援中，军队医疗卫生服务机构和人员与受救援的平民和地方行政机关、医疗卫生机构发生的许多社会关系，也是军事卫生法调整的对象。

(3)平时军地卫生民事关系。主要体现为：一是军队医疗机构与地方医疗服务对象之间，因为医疗服务合同发生的民事关系。例如，军队医院与普通公民身份的病人之间就医疗纠纷发生的关系，受《中华人民共和国侵权责任法》《医疗事故处理条例》等民事法律法规调整。二是军队医疗科研单位和人员围绕知识产权发生的民事关系。三是军队医疗机构与地方医药生产企业等，围绕军事卫生采购发生的民事关系。

(三)国际军事卫生关系

国际军事卫生关系，是指在国际武装冲突或国际军事交往中发生的军事卫生关系。最常见的国际军事卫生关系主要有：

---

① 王谦、张雁灵：《现代战争卫勤保障》，人民军医出版社 2013 年版，第 253 页。

(1)武装冲突中的军事卫生关系。例如,武装冲突中有关国际卫生组织、国际红十字会组织与交战各方就医疗救治、履行有关武装冲突法规范等发生的关系。在目前的武装冲突法规范当中,有大量关于调整这方面关系的国际规则。

(2)涉外军事行动中的卫生关系。主要是军队参与联合军演、国际维和等国际军事行动所产生的卫生方面的国际社会关系。例如,我国海军"和平方舟"号医院船多次开展海外医疗服务,担负海上伤病员救治和医疗后送任务、海上应急突发情况处置等卫勤支援任务、参加国际人道主义援助和撤侨护侨等任务,[①]这些直接参与国际救援等活动的军事卫生组织和人员,必然会与所在国政府、军事机关和居民发生国际军事卫生关系。

(3)专门的国际军事医疗卫生合作关系。例如,在双边或多边联合开发军事医学新技术等过程中发生的国际军事卫生关系。

三、军事卫生法律关系

法律关系是一定的社会关系经过法律规范调整后形成的权利义务关系。军事卫生法律关系是军事卫生法在调整不同主体卫生行为的过程中所形成的权利和义务关系,其与军事卫生关系的区别在于:军事卫生法律关系是法律规范对军事卫生关系进行调整之后,以权利义务的形式表现出来的一种法律关系。军事卫生法律关系主要由主体、客体和内容三个要素构成。

军事卫生法律关系主体是参与到军事卫生法律关系并因此享有权利或承担义务的自然人或组织机构。一般而言,处于军事卫生社会关系当中的主体,一旦有相关的法律规范赋予其权利和义务,就能够成为军事卫生法律关系主体。现实中,军事卫生法律关系主体包括军队卫生管理部门、军队医疗卫生机构、军人、军人家属、军队职工、为军队医疗卫生机构提供医疗设备和药品的生产企业、接受军队医疗服务的普通患者及军事卫生监督机构和人员等。

军事卫生法律关系客体是主体权利义务所指向的具体对象,包括:食品、药品、保健品、医疗器械、生物制品等实物客体;医疗保健服务、传染病防治、部队卫生监督管理、突发卫生事件应急管理等行为客体;军事医药发明和新军事医疗技术研发等智力成果客体;军人的生命健康权益等人身利益客体。

军事卫生法律关系内容是主体所享有的权利和承担的义务。例如,军人获得公费医疗的权利、军队卫生管理部门的职责、军队医疗机构提供医疗服务的义务,等等。这些权利义务构成了军事卫生法的主要内容,其设置是否清晰明确、完整科学,直接影响军事卫生法的质量和实施效果。

---

① 钱阳明:《医院船海外医疗服务工作指南》,军事医学科学出版社 2013 年版,第 7 页。

第二节　军事卫生法特征

法的特征，是法的本质的外化，是法区别于其他事物和现象的标志。除了具备法的共同特征之外，不同的部门法在调整对象、规范形式、调整方法、适用范围等方面还具有不同的特征。与其他部门法相比，军事卫生法在内容上和形式上还具有自身的特征。

一、内容上的特征

（一）军事性

与一般卫生法相比，军事卫生法具有特殊的调整对象，无论是军内卫生关系、军队与国家卫生关系还是国际军事卫生关系，都体现了鲜明的军事利益属性，因而军事卫生法在内容上具有鲜明的军事性。众所周知，军事是现代国家竞争最为激烈的领域，与其他领域相比，其对卫生条件和标准的要求更高，也更需要通过法律进行规范和保障。从平时卫生建设和改革到战时和应急卫勤保障；从全军卫勤到军兵种卫勤；从战略卫勤到战役、战术卫勤；从伤病员救治到卫生防疫、卫生防护和药材装备保障，军事卫生法都应当在内容上突出对特殊军事岗位和战时卫生的规范，具有鲜明的军事性和保障性。

（二）广泛性

军事卫生法的内容十分广泛。从时间上看，有平时军事卫生法、战时军事卫生法；从范围上看，有军队卫生法、国家卫生法、国际军事卫生法；从对象上看，有卫生防疫防护法、医疗保健法、军事医学教育法、军事医学科研法、军事卫生装备法和药材保障法等；从类别上看，有组织性规范、行为性规范、技术性规范和监督性规范等。我国军事卫生法既包括国家卫生法律法规的大部分内容，如从计划生育到公共卫生再到医护技术等方面的法律法规；又包括大量军事医学技术规范的特殊内容，如核生化武器的防范法律规范；还包括一些国际性规范，如医院船的命名、标识等都按日内瓦公约规定进行。在具体内容上，军事卫生法涵盖了军人的饮食安全、军营的卫生环境、军人的医疗保健、军队传染病的防治、军队医疗机构的职责权限、军人计划生育、军事卫生管理监督、军事医学技术规范、军事卫生资源配置、突发卫生事件应急管理等的方方面面。我军卫生法内容在《中国人民解放军卫生条例》的统领下，按军事卫生工作职能可划分为卫生综合类、卫生防病类、医疗保健类、药品器材类、医学专业训练类、医学科研类、医药卫生专业教育类、兽医保障类、战时卫勤保障类、军兵种专用卫勤保障类等，显示了军事卫生法内容的广泛性和复杂性。

（三）技术性

与其他部门军事法相比，军事卫生法在内容上具有较强的技术性，表现为通过立法将科学成熟的技术规范以法的形式确立下来，增强技术性规范的权威性和强制性。因此，在军事卫生法中，设定各种技术标准的技术性规范比较多。例如，战伤救治原则规定：对伤口的处理原则是尽早清创，除头、面、手和外阴部外，一般禁止初期缝合。此外，还应注意止痛、抗感染及后送途中伤员的治疗等问题。这种技术性决定了军事卫生立法标准从严。武装力量是高度集中统一的集团，人员密集，所以无论是体检标准，还是公共卫生标准，都要高于平民社会。例如，《应征公民体格检查标准》，设定了较之一般企业用人、公务员招收更为严格的标准，对于特殊军事岗位的人还有更高标准限制。《中国人民解放军内务条令》中对军容风纪、内务设置作出了严格规范，有的也是出于对军内公共卫生安全的考虑。

（四）伦理性

卫生法在内容上普遍具有伦理性，军事卫生法也不例外。不仅如此，军事卫生法的伦理性还包含一般卫生法所没有的内容。军事卫生法不仅要求在军队医疗科研机构中设立伦理委员会等组织机构，对涉及伦理的现代医学技术开发和运用进行审查，并立法严格控制有违伦理的新技术创新；而且还要求重点控制和防范滥用军事医学技术进行不人道的武器实验、军事攻击，给予战俘等人道主义的医疗救助，融入了鲜明的国际人道主义原则。例如，英军规定，部队现役人员、军事行动中部署的后备役人员，皇家舰队辅助舰船人员、文职人员，战俘和其他被俘人员都有享受医疗保障服务的权利；优待俘虏、禁止虐待俘虏，对俘虏进行医疗救治。美军关于战俘医疗保障的规定中，要求战俘的救治由军法官判断，救治标准与美军人员保持一致；被指派的救治机构负责向俘虏提供医疗保障；从囚禁之初就对囚犯进行身体检查和传染病检查，并建立病历档案；对囚犯实施手术前必须取得知情同意并记录。①

（五）军民融合性

把军民融合发展上升为国家战略，是党中央从国家安全和发展战略全局出发作出的重大决策，是在全面建成小康社会进程中实现富国和强军相统一的必由之路。2016 年 3 月 25 日，中共中央政治局审议通过《关于经济建设和国防建设融合发展的意见》，要求编制好经济建设和国防建设融合发展国家“十三五”规划，构建军民融合法治保障体系。医疗卫生技术具有军民通用性，决定了军事卫生是军民融合发展的重要领域。在军事卫生领域建构军民融合法治保障，关键

---

① 王谦、张雁灵：《现代战争卫勤保障》，人民军医出版社 2013 年版，第 281 页。

就是在军事卫生法中贯彻军民融合发展的理念和要求，在内容上体现出鲜明的军民融合性特征。军民融合包含两方面的内涵：一方面是“军转民”，在军用卫生技术开发之初就同时考虑其民用前景；另一方面是“民转军”，在民用医疗设施和民用卫生技术建设开发中，同时融入国防和军事需求。军事卫生法在内容上推进军事卫生系统与民间卫生系统的互动融合，采用共同的技术、资源、设施、标准，满足国防和民用两种需求。例如，英国军队平时医疗由国民健康服务体系(National Health Service，NHS)提供服务，由国防部与 NHS 签署协议，NHS 体系的 5 所医院设有军人病房，为军人治疗提供服务。① 俄罗斯在《俄罗斯联邦卫生法》《俄罗斯联邦公民医疗保险法》等法律基础上，实现地方居民与军人卫生系统的一体化。②《中华人民共和国国防法》(以下简称《国防法》)第四条规定，“促进国防建设与经济建设协调发展”，第二十九条还规定，“国防科技工业实行军民结合、平战结合、军品优先、以民养军的方针”，其中就包括医疗卫生领域的军民结合。习主席强调，要强化法治保障，善于运用法治思维和法治方式推动军民融合发展，充分发挥法律法规的规范、引导、保障作用，提高军民融合发展法治化水平。这要求军事卫生法在内容上更加突出军民融合发展要求，加快国防卫生动员立法，依法保障医疗卫生资源军民共享、相互促进、融合式发展。

二、形式上的特征

(一)法律渊源的多样性

法的渊源简称“法源”，指法的创立方式及表现为何种法律文件形式，可分为直接渊源和间接渊源，前者为成文法，后者可以是判例、惯例甚至法理。军事卫生法调整对象具有广泛性，调整手段具有综合性，其内容涉及军事法、行政法、社会法、经济法、民商法、刑法、环境法等方面，这些决定了军事卫生法的渊源具有多样性：既包括宪法相关条款、军事卫生法律、军事卫生法规和规章，又包括国际军事卫生规约；既包括只在武装力量内部适用的专门军事卫生法规和规章，又包括国家性的军事卫生法律法规；既有反映军事特色和战时要求的军事卫生法规和规章，又有与其他部门法相互交融的法规和规章。在国家卫生法的渊源中，有的可以直接适用于军队。例如，《突发公共卫生事件应急条例》第五十三条规定：“中国人民解放军、武装警察部队医疗卫生机构参与突发事件应急处理的，依照本条例的规定和军队的相关规定执行。”

---

① 张雁灵：《英国军队卫勤保障》，军事科学出版社 2010 年版，第 11 页。

② [俄]总军事卫生部部长 M. 奇日卫勤上将：《俄联邦军事卫生组织原则》，《外军后勤信息》2002 年第 4 期。

(二)效力层级的低位阶性

军事卫生法律制度的主体部分,是指在武装力量内部适用的军事卫生法规范,规范的重点内容是特殊领域的卫勤工作制度,如生物防化、卫勤动员、军人职业疾病防治等。这些军事卫生法的渊源位阶较低,大量属于规章甚至规章以下尚不属于法的范畴的规范性文件,而且随着军事技术和医学技术的发展,其变动性也很强,很难上升为高位阶的法律法规。例如,我国医院船海外医疗服务中存在服务组织复杂、服务方式多样、要求有差异性、地域有特殊性、效果有时效性等特点,与其相关的法律制度规范十分具体,但更多的是规范性文件,尚未上升为立法层面。

(三)调整方法的综合性

法律调整方法是法律对其调整对象施加影响的办法、方式、手段、工具和类型的总称。① 军事卫生法对军事卫生关系进行调整,既采取纵向的行政手段调整军事卫生行政管理关系,又采用横向的民事手段调整军事卫生服务中的权利义务关系,还采取最具强制力的刑事手段制裁严重违反军事卫生法的犯罪行为。有时,一部法律甚至汇聚了多种调整手段,例如,《中华人民共和国职业病防治法》《中华人民共和国传染病防治法》《中华人民共和国精神卫生法》等在法律责任的规定中,同时设计了行政责任、民事责任及刑事责任。可见,军事卫生法的调整方法具有多种调节手段综合运用的特征。

归纳起来,军事卫生法的主要调整方式包括:一是行政手段,即通过军事行政机构,采取带强制性的行政命令、指示、处分等措施,来调节和管理军事卫生工作;二是民事手段,即通过平等主体间在意思自治下达成合意来调整军事卫生工作,主要表现为合同、契约、仲裁、民事诉讼等,例如军事医学科研、军事卫生采购等领域,广泛采取合同方式调整;三是刑事手段,即通过对严重违法行为进行犯罪处罚的方式来调整和管理军事卫生工作。古今中外,对于严重违反军事卫生法、对军队卫生秩序造成重大损害的行为,一般都纳入刑法范畴并予以刑事制裁。例如,唐律中规定有"征行医食有阙"罪;我国现行刑法中规定的传播性病罪、传染病防治失职罪等,也适用于武装力量。当然,刑事手段只是军事卫生法的最后调整方法,但同时也是最具强制力和惩罚性的方法。

第三节　军事卫生法的效力

军事卫生法的效力,是指军事卫生法具体生效时间和适用的范围,包括军事

① 蔡守秋:《调整论:对主流法理学的反思与补充》,高等教育出版社2003年版,第555页。

卫生法在时间上、空间上以及对人的效力三个方面。正确认识和把握军事卫生法的效力范围、效力等级及其适用规范，是有效实施军事卫生法不可缺少的条件。

一、军事卫生法的时间效力

军事卫生法的时间效力，是指军事卫生法律规范何时开始生效与何时终止生效，以及对其颁布前的事项和行为有无溯及力的问题。

（一）军事卫生法的生效

法律文件何时产生效力，一般根据该法律文件的具体性质和实际情况来决定。主要有以下几种生效的情况：第一，在军事卫生法律、法规、规章中明确规定自该法颁布之日起生效。例如，《中国人民解放军实施〈中华人民共和国执业医师法〉办法》第二十三条规定："本办法自发布之日起施行。"第二，在军事卫生法律、法规、规章中具体规定自某一具体时间起生效。例如，《军队营区流动人口计划生育管理规定》第十二条规定："本规定自2004年8月27日起施行。"第三，军事卫生法律、法规、规章中没有明确具体生效时间，一般应视为发布之日起生效。

（二）军事卫生法的失效

失效即效力的终止，主要有以下几种失效情况：第一，新法实施，旧法失效。根据法学原理，调整同一问题的新军事卫生法生效以后，旧的军事卫生法即失去效力。第二，有的军事卫生法本身明文规定该法于何时失效。第三，有的军事卫生法律文件因规定的事实已经消灭或任务已完成而失效。第四，有的军事卫生法律文件的规定因过时，妨碍到军事卫生活动或不适合继续使用，在被新法代替之前通过通令废止而失效。第五，某一军事卫生法律文件从总体看有效，但部分内容过时或不适合继续使用，可通令废除过时部分，此为部分失效。

（三）军事卫生法的溯及力

所谓法的溯及力，就是指新法可否适用于其生效以前发生或正在发生的事件和行为，并对这些事件和行为法律上的效果发生面向过去和未来的影响。《中华人民共和国立法法》第九十三条规定："法律、行政法规、地方性法规、自治条例和单行条例、规章不溯及既往，但为了更好地保护公民、法人和其他组织的权利和利益而作的特别规定除外。"另外，依据我国刑法"从旧兼从轻"原则，如果某一行为发生时的法律规定其为违法行为或制裁较重，而新法规定该行为不属于违法或制裁较轻时，则应当适用新法予以认定和处理。反之，如果按行为发生时法律，该行为不属于违法或制裁较轻，而按新法规定属于违法或制裁较重时，则应当按行为发生时有效的法律予以认定和处理。军事卫生法的溯及力遵循上述原则。

二、军事卫生法的空间效力

军事卫生法的空间效力是指军事卫生法律规范适用的地域范围，主要由军事立法机关所管辖的区域范围所决定。通常有以下三种情况：

(1)在全军范围内有效。中央军事委员会单独制定的军事卫生法规或与国务院联合制定的军事卫生行政法规，享有军事规章制定权的部门单独或联合制定的军事卫生规章，中国人民解放军卫生主管部门制定的军事卫生规范性文件，一般都在全军范围内有效。

(2)在地方有一定效力。一般而言，由军事立法机关制定的军事卫生法规和规章，主要在武装力量内部适用。但军事卫生法因为具有鲜明的军民融合特征，所以很多技术性标准在军内外都适用。同时，根据《中华人民共和国立法法》第七十条规定，国务院可以与中央军委联合制定国防方面的行政法规，国务院部委可以和军队大单位联合制定有关规章。这些联合制定的军事卫生法规和规章，在地方也具有效力。

(3)在特定区域内有效。主要有这几种情形：一是只在军兵种系统中有效。一些特殊军兵种制定的适用于其管辖范围内的军事卫生规章，一般只在本军兵种范围内有效。例如海军、空军就海上空中救援卫勤工作的立法规范，其效力范围一般只局限在海军空军的行动范围内。二是法律规范明文规定只在一定范围内有效。某些军事卫生法规或规章虽然是由中央军委或其部门制定，但明文规定其在一定范围内或针对特定对象适用。例如，《高原士兵体能评价》就只适用于高原地区的士兵。三是在特定国际领域有一定效力。军事卫生法中有关我军参与国际军事行动卫勤保障的内容，以及与其他国家或国际组织签订的有关军事卫勤的国际条约和协定，在特殊的国际场合也具有效力。

三、军事卫生法的对象效力

军事卫生法的对象效力是指军事卫生法律规范对军人、军事单位及其他公民、社会组织是否有效。

(1)军人和军事单位。一般而言，军事卫生法对空间效力范围内的所有军人、军事单位均适用，具有法律效力。

(2)普通公民和社会组织。军事卫生法律规范对于那些接受军队医疗机构服务的地方人员，以及为军队医疗科研机构提供设备和医药资源的地方单位，无疑也具有法律效力。例如，在非战争军事行动中的医学救援，效力及于普通公民和社会组织，执行海外维和等国际军事行动，效力对象还会涉及外国公民。

(3)特定对象。一些军事卫生法只对空间效力范围内具有特定职能的军人、军事单位等特定对象适用，例如对军队医疗卫生科技人员的管理法规制度。另外，军事卫生法在规范我军海外军事任务中的卫勤工作时，其效力对象可能包括特定的外国人。例如，我军参与国际救援活动，有关卫勤法规的效力有时会延及接受救援的外国平民。

第四节　军事卫生法的历史发展

任何国家法律制度的变迁与演变均与其社会和经济发展相适应，军事卫生法也是如此。军事卫生法的发展受战争形态、军事技术、医学技术及法治文明程度的综合影响，其发展历程虽然隐含在军事后勤保障法制体系当中，但经过仔细梳理，会发现其有区别于其他后勤保障法制发展的特殊规律。

一、中国军事卫生法的产生与发展

自古以来，人们都高度重视救治战斗中的伤残将士，预防军队中传染病传播，这构成了军事卫生法产生的直接动力。我国早在周代就建立了专门医事制度，《司马法·仁本》记述了战场军纪，其中包括"敌若伤之，医药归之"[①]，这表明当时军队中就有专门负责医治伤病员的人员。秦代法典中有明确的医药卫生方面的规定，其中包含有军事卫生法的内容。古代军马是最重要的作战和交通工具，因此在秦汉时期还形成了马政制度，其中包括兽医制度。唐律中不仅对官方征用医生作了规定，还规定了许多与军事卫生有关的犯罪条款。例如，"征行医食有阙"（从征从行，若伤病而医食有阙者，杖六十；因而致死者，徙一年。）、"防人不救疗"（丁匠在役与防人在防，若官户、奴婢疾病，主司不为请给医药救疗者，笞四十；以故致死者，徙一年。）另外，还有"牧畜产死失及课不充""养疗不如法及官马不调习""官畜脊破领穿"等。综观整个古代军事卫生法，其内容主要是军人疾病的防治，尤其是如何防止传染病在军营传播及如何服从和服务于军队的战斗力。

近代以来，中国军事卫生法得到快速发展。太平天国运动中，太平军在《太平条规》《刑律诸条禁》等法律中规定了有关公共卫生和保护军人健康权益的内容。例如，《太平刑律》第四条规定，凡营盘之内，都要打扫干净，不得随地大小便以致污染环境。南京国民政府时期，中央军事机关设立有专门的卫生机构，制定了明确的组织法，还制定了《伤病官兵死亡处置规则》等。新民主主义革命时期，中国共产党在革命根据地先后颁布了《卫生法规》《卫生运动纲要》《卫生防疫条

---

① 周健：《中国军事法史》，法律出版社 2008 年版，第 82 页。

例》《战时卫生勤务条例》等，对保障军人卫生健康、提高部队战斗力起到重要作用。

新中国成立后，为适应军队现代化、正规化建设的要求，全军医疗卫生机构编制体制逐渐统一。1953年到1954年，全军医院进行整编，基本统一了医院的分类、名称和隶属关系。与此同时，医疗管理工作也得到了加强，建立了全军统一的医疗规章制度。改革开放以来，随着军队正规化建设的加速和军事任务的拓展，军事卫生立法加速，制定出台了不少军事卫生法规和规章。1996年中央军委出台《中国人民解放军卫生条例》，将其作为军事卫生领域的基本法规。另外还出台了《军队卫生防疫工作规则》（总后勤部，1995年）、《军队卫生监督规定》（总参谋部、总后勤部，1999年）等。

进入21世纪，我军加强了军事卫生立法，先后出台了《部队卫生机构工作规则》（总后勤部，2001年）、《军队重大疫情和食物中毒事故处理规定》（总参谋部、总政治部、总后勤部，2002年）、《军队应急处理突发公共卫生事件规定》（总参谋部、总政治部、总后勤部、总装备部，2003年）、《军队联勤卫生工作规定》（总参谋部、总政治部、总后勤部，2005年）、《军队海上卫勤保障规定》（总参谋部、总后勤部，2005年）、《军队公务事业费标准（卫生事业费标准）》（总后勤部，2006年）等，基本涵盖了军事卫生组织、药品器材管理、部队卫勤保障、军人卫生管理、军队卫生监督等方面。同时，我军还在各级建立健全了军事卫生组织。2006年经中央军委批准，我军成立第一支成建制特殊卫勤保障快速反应部队——中国人民解放军疾病控制所公共卫生应急处置大队，我军卫勤保障组织建设开始迈向正规化。新形势下，部队承担了反恐、维和、抢险救灾、国际救援等任务的卫勤保障，烈性传染病传入和重大突发公共卫生事件的应对，核化生事故的应急救援，生物军控与履约，军队卫勤担负的职责已经远远超出传统的军事范围，使得军事卫生法开始向更深、更广的领域延伸。

二、外国军事卫生法的产生与发展

古代外国的军事卫生法，早期多融入公共卫生法体系之中，缺乏专门性的立法。公元前3000年左右，古埃及就颁布了公共卫生法律。公元前18世纪颁布的《汉谟拉比法典》，医药卫生方面的条文有40余款。随着战争的发展，军队日渐重视对伤病员的救治，开始出现专门的军事卫生法规范。例如，在古印度的军事法中，有对医生的职责和组织的明确规定，要求医生携带外科手术器械、医药设备、药品、绷带或纱布等，置于部队后面以便收容救治伤员。在战争和军队正规化、职业化建设历程中，军事卫生法随着整个军事法规范的发展而发展，并由单纯救治伤病员延伸到军人健康权益和部队健康秩序的方方面面。

美国十分重视对军人健康权益的保护。在“医疗与士兵同在”“部队健康全面保护”的理念下，美国制定了许多国防卫生法规。早在1943年，美军就出版了《海军卫生手册》。美军1997年提出并于2004年修订了“部队健康全面保护”构想。20世纪末编纂的《美国法典》第十编规定了“国防部退伍人员医疗保健基金”“因身体伤残退休或退役的医疗保健问题”“因年龄退休的医疗保健问题”“伤残退伍军人的培训与康复”等内容；第三十八编规定了在战时或紧急状态下，退伍军人事务部有义务向国防部受伤军人提供床位和所需护理；第四十二编规定了战时征召公共卫生署医务人员服现役和征用医药器材的条款。美国的军事刑法中，还规定违反卫生与检疫罪，处6个月以下苦役监禁，6个月以下罚薪。① 同时，美国十分重视对军事卫生人员的建设管理。到2014年，美军卫生人员15.36万人，占总人数的6.95%，其中的卫生军官分10类96种职业，由美军人力资源司令部战队勤务支持部门统一管理，其任命、评估、晋升等法规制度十分健全，上至国会立法下至各军种法规条令，均有涵盖。即便如此，当战争需要时，美国还须将普通医护人员纳入动员范围。例如，在阿富汗战争和伊拉克战争期间，美国动员了大批医护人员服役。

俄罗斯的军事医学学说包含了武装力量军事医疗保障系统的结构功能、基本原则，要求遵守的医疗服务、卫生流行病监督、药品及其他保障方面现行法规，以及在法律基础上实现地方居民和军人卫生系统的一体化等内容。俄罗斯依据建立武装力量和其他军事组织统一医疗保障系统的构想，发展自身的法律基础，并在维护军人与地方居民健康方面不断完善和规范。俄罗斯《军人地位法》规定了军人在医疗方面的权利，军人、退役军人享有在军事医疗机构接受免费医疗的权利，若当地没有军事医疗机构或军事医疗机构没有相应的科室或专门设备，任何地方医疗机构均应无条件收治军队病人，治疗费用由军队有关部门支出。1995年4月20日，俄联邦政府批准了《军人健康鉴定条例》，共四章三十条。1995年9月22日，俄联邦国防部长还批准《俄罗斯联邦武装力量军人健康鉴定实施办法细则》。2007年5月5日，俄罗斯国防部长在《完善俄罗斯联邦武装力量卫生勤务组织工作的措施》的训令中，将卫生勤务从整体上脱离后勤序列，使其归国防部长直接领导。②

英国在“二战”后，于陆、海、空三军分别设立卫生组织保障体系，在国防参谋部领导下，直属于各军种的参谋长。1979年国防参谋部下设国防卫生执行委员会。1997年英军对三军卫勤体制进行重大改革，设立卫生最高管理机构国防卫生部（简称DMS），主管英军所有医疗卫生工作的筹划、决策和管理。DMS现有

---

① 周健：《外国军事法史》，法律出版社2008年版，第254页。

② 吴乐山：《各国军队卫勤转型共性及我军特点》，《解放军卫勤杂志》2010年第1期。

编制约7000人，下设军医总监办公室、卫生联勤司令部、国防牙医部、陆军卫生部、海军卫生部和空军卫生部。[①] 英军制定了一系列法规制度来规范军队医疗卫生工作，内容涵盖机构职能、卫勤指挥体制、军民合作、医疗服务标准、伤病员管理、联合作战勤卫保障、卫生防疫防护、军队精神卫生、军事医学科研等方方面面。

德国早在19世纪就在军中设有卫生总监。自1955年起，德军卫生系统就已相对独立，2000年开始的改革重组使之得到进一步强化，改革后原属陆、海、空三军作战部队建制内的卫生单位，绝大部分归入中央卫勤系统，由联合卫勤指挥司令部统一组织领导。世界各国中，军队卫生系统独立于后勤之外自成体系的还有美国、法国、荷兰、波兰、南非、匈牙利等。依据德军法律规定，德军卫生系统是一个独立的兵种，卫生人员拥有自己的兵种标志，医务军官拥有专业符号(分医师、牙医、兽医、药师4类)，且医务军官退休晚，所有医务军官无论什么军衔一律62岁退休，与将军相同。[②] 德国军队卫生法规体系比较健全，立法针对不同岗位职业设计了6种军人体格标准，医疗质量控制的规章达20多项。

三、军事卫生法发展的一般特点

(一)适应军事与伦理双重需要

军队卫生勤务要服从和服务于军事需要，为军队遂行军事任务提供保障，这决定了用来调整和规范军事卫勤工作的军事卫生法也必须服务于军事目的，其产生和发展应直接适应于军事需要。这成了军事卫生法与一般卫生法不同的一大特征。自古以来，军事卫生法的首要功能都是保障将士体质，防范军中疾病，救治伤病员，以提高军队的战斗力。直至今天，军事卫生法的领域得到极大拓展，但并没有脱离军事目的。不仅如此，现阶段军事卫生立法更强调按照军事斗争的规律，从国防和军队建设的实际需要出发，解决维护军队成员的身心健康、巩固与提高部队战斗力、保障军事任务顺利完成等卫生勤务问题。与此同时，随着人类文明的进步，战争行为逐渐受到伦理的制约，军事卫生法也显示出适应伦理需要的发展特点。尤其是在满足军事需要的过程中，为战争目的而研制出的生化武器，例如，“二战”中日本军队所使用的细菌武器等，不仅应受到国际战争法的否弃，也应受到国内军事卫生法的防范与规制。军事卫生法的历史发展，从单纯服务于军事目的逐渐演变为适应军事目的和伦理目的双重需要，在满足军事需要的选择中越来越多地融入伦理的考量。

---

① 张雁灵:《英国军队卫勤保障》，军事科学出版社2010年版，第6、9页。

② 李瑞兴、陈征宇:《德军卫生勤务的主要特点》，《解放军卫勤杂志》2006年第2期。

(二)受军事技术和医疗技术双重影响

军事卫生法具有很强的技术性特征,同时受到军事技术变革和医疗技术创新的双重影响。一方面,军事技术的发展不断改变人类的战争行为模式,战争对军人的伤害也发生了变化,从而引起军事卫生勤务的变化,最终导致军事卫生法的变革。尤其是随着新军事变革的发展,战争形态、作战样式、军队编制体制产生了深刻变革,对军队卫生工作产生深刻影响,这些要求军事卫生法进行调整与之相适应。如历史上大规模杀伤武器的研发与使用,对军事卫生工作提出了巨大挑战,也对军事卫生法产生深刻影响。现代社会,生物、心理、社会等因素对军人健康的影响越来越大,一系列新的法律问题应运而生,如选兵的医学评价与兵源健康保护、军人职业病的防治、军人心理健康的维护等,都极大拓展了军事卫生法的调整范围和作用空间。

另一方面,医疗技术的发展及其在军事领域的运用,也对军事卫生法的发展产生重要影响。历史上,医学技术的不断创新发展促进了许多法律法规的产生。现代医学科学的发展,如人工授精、试管婴儿、变性手术、器官移植、克隆等都对卫生立法不断提出新要求。同样,这些新的医疗技术适用于军事领域后,对军事卫生立法也提出了新的要求。例如,随着军事医疗科技的发展,在防治技术、卫生装备、卫勤理论等方面出现新的内容、新的领域,都要求通过卫生立法制定一系列相关的技术标准,来规范各项卫勤保障和军队成员的行为。尤其在今天,现代基因技术的发展和应用,在给人类带来福祉的同时,也可能被用于基因武器的研制。转基因、克隆人、基因武器等基因技术滥用的危险,都需要法律界作出回应,采取相应立法措施予以规制。为了控制和规范基于基因开发的生物武器,军事卫生法需要及时跟进,并不断创新发展。

(三)与军事卫生工作和国家法治建设协同发展

法的本质是一种规律。军事卫生法是对军事卫生工作经验和规律的科学总结,其发展不可能脱离军队卫生工作的实践,军事卫生法只有符合军队卫生工作的规律,才能真正发挥其应有的作用。军队卫生工作对军事卫生法的影响体现在:一是军队人员的群居性,要求在公共卫生、卫生防疫、卫生标准等方面更为严格,从而对军事卫生立法提出了更高标准;二是军队"命令—服从"的管理模式,要求军队卫生工作带有鲜明的军事行政属性,从而对军事卫生执法提出了更高标准;三是军队的使命任务要求军人在恶劣卫生条件下进行高强度作业,需要特殊的卫勤保障,要求通过特殊的立法来保证特殊技术、装备和政策的落实。

军事卫生是国家卫生的有机组成部分,军事卫生法治应当保持与国家法治的协同发展。军队卫生系统需要制定相应的具体实施办法或实施细则,以与国家、军事和后勤有关的法律法规相衔接,促进这些法律法规的深入贯彻执行。尤其是2003年的SARS危机，凸显出国家和军队应对突发公共卫生危机法治化方面的不足，也对军队卫生法治积极融入国家法治提出了要求。另外，军事卫生法还需积极适应军民融合式发展需求，调整和规范军民卫生合作。例如，2002年，澳大利亚国防军与澳大利亚伤后心理健康中心签订协议，与其共同在这一领域进行研究，为澳大利亚国防军在战后（伤后）的情绪干预提供最佳方案。澳大利亚国防军心理健康计划中的一项重要任务就是自杀预防计划（SPP）。为此，澳大利亚制定了一系列法规和计划来保持国防军全体成员的心理健康。

在全面推进依法治国、深入推进依法治军的背景下，国家卫生法治和军事法治建设都将加速发展，这为军事卫生法治发展创造了极佳的环境和条件。未来中国军事卫生法的发展，将呈现出良好的态势：一是在内容上更加突出军事特色和作战保障功能，结合军队遂行多样化军事任务的需要加强军事卫生立法，同时融入伦理文明基因，使军事卫生法更具现代性；二是体系上更加强调军事卫生法规制度的统一，通过立改废释和审查清理，形成一个更加健全的军事卫生法规体系；三是军事卫生法的运行机制更加顺畅，国防和军队改革后，军事卫生的立法、执法、司法和监督体制更加健全，将形成比较完整的军事卫生法治体系。

第二章　军事卫生法的基本原则

军事卫生法的基本原则，是指贯穿于整个军事卫生法体系，对调整为保护军人生命健康权益而发生的各种军事卫生社会关系具有普遍指导意义，一切军事卫生法律规范必须遵循的共同准则。这些准则既是我国军事法律有关原则在军事卫生法中的具体体现，也是国家和军队医药卫生工作的根本方针和政策在军队卫生法中的具体体现。

军事卫生法作为国家卫生法律法规体系的组成部分，需要遵循维护公民健康、预防为主、中西医结合、国家卫生管理和监督等基本原则。同时，作为调整军事卫生领域的特殊法律规范，还应当体现军事卫生活动及其保障的基本思想和理念，即应当遵循军事卫生法的特有的基本原则。军事卫生法的特有原则，反映了军事卫生法律制度的价值精神，是军事卫生立法、执法和适用等的基本准则。坚持军事卫生法的基本原则，对于完成军事卫生任务、达成军事卫勤目标意义重大。

保障军人健康、提高战斗力在位序上是最基本的原则，军事卫生法治原则、维护军事卫生秩序原则、紧急救护原则、维护军事卫生伦理原则等是军事卫生法的基本原则，它们或作用于所有军事卫勤活动的全部环节，或侧重于战时、非战争军事行动和一般卫生勤务活动领域，从法理和法律实践上共同规范和指明军事卫生法的方向。

第一节　保障军人健康、提高战斗力原则

保障军人健康、提高战斗力原则是军事卫生法的首要原则，军事卫生法的其他原则都是由此原则衍生出来的。健康权是所有人以保持其身体机能的完整性和持续、稳定、良好的心理状态为内容的权利。军人健康的身体、强健的体魄、良好而过硬的心理素质，可以有效生成部队战斗力，也是战斗力最主要的构成要素。坚持保障军人健康、提高战斗力就成为军事卫生法律制度中最为重要的基本原则。

一、保障军人健康、提高战斗力原则的内涵

保障军人健康、提高战斗力原则是指军事卫生立法、执法和适用活动，以维

护军人健康权为出发点，通过各项法律活动保障军人健康，实现战斗力维持的根本目的。这一基本原则在《中国人民解放军卫生条例》关于军事卫生工作的基本任务和方针中有明确体现："军事卫生工作的基本任务是预防和救治伤病，改善环境卫生和生活卫生条件，增强军队人员自我保健能力和环境适应能力，提高部队健康水平。""军事卫生工作实行面向部队，预防为主，中西医结合，依靠科技进步，动员全军参与，为巩固和提高部队战斗力服务的方针。"

二、保障军人健康、提高战斗力原则的要求

坚持保障军人健康、提高战斗力原则的具体体现和要求是：享有军事卫生立法权的机关要把维护军人健康权益、形成部队良好饱满的精神状态、提高部队整体健康水平作为卫生法规制定的根本任务，科学地具体地规范军事卫生行为和卫生纪律，明确首长、领导机关和部门应承担的卫生工作责任。部队卫生部门要合理配置卫生资源，加大卫生监督和执法力度，严惩违法犯罪行为，确保所属单位的卫生秩序。同时，部队卫生部门还要推动医学教育和科技创新，不断挖掘潜在的卫生资源，用最新成果和最优手段，提升部队健康保障水平，提高战斗力。

第二节　军事卫生法治原则

党的十八届四中全会公报指出："深入推进依法治军、从严治军，紧紧围绕党在新形势下的强军目标，构建完善的中国特色军事法治体系，提高国防和军队建设法治化水平。"建设完善的中国特色军事法治体系，对依法治军的体系、内涵、标准、能力等都提出了新的更高要求。新形势下，在军事卫生领域贯彻依法治军方针，必须坚持法治原则。

一、军事卫生法治原则的内涵

军事卫生法治原则是依法治军的要求在军事卫生领域的具体体现。它是指依据国家宪法、法律规定，开展和推进军队卫生工作。它是一个上位概念，在军事卫生立法、执法、适用、监督和守法活动中有不同的表现。具体而言，军事卫生立法应坚持法制统一原则，维护宪法、法律的权威，确保下位法不与上位法冲突；军事卫生执法应坚持合法性原则，即主体合法、程序合法；军事卫生法的适用应坚持公正平等独立原则；军事卫生法治监督应坚持依法监督；在军事卫生守法上，则要求军队医疗卫生机构及其人员严格遵守军事卫生工作的法律法规制度和各项卫生工作标准，努力增强法治信仰，切实依法履行卫生工作职责。

二、军事卫生法治原则的要求

新的历史时期，我军的卫勤保障任务繁重而复杂，无论是平时卫勤训练和保障、战时卫勤保障任务，还是非战争军事行动中的卫勤保障工作，都会涉及大量的法律制度问题。军事卫生法治原则，必然要求国家和军队依法做好卫生监督工作。军事卫生监督包括军事医政监督、军事药政监督、军事防疫监督和其他军事卫生监督。贯彻军事卫生法治原则要求监督主体和所有的军队医疗卫生机构及其人员要勇于同一切违反军事卫生法的行为作斗争，为捍卫法律尊严、严肃军事卫生法律制度、维护军人身体健康权益作出贡献。

当前，军事卫生法治原则实施的薄弱环节集中在非战争军事行动领域，主要表现在军事卫勤保障缺少系统的法律法规的指引。非战争军事行动中的卫勤保障是卫生勤务活动在非战争军事行动领域的展开和保障，要在卫勤法规、后勤法规、军事法规及国家法律的框架下行动，特别是涉外的非战争军事行动还有一定的政治敏感性，因此，非战争军事行动中的卫勤保障更要强调合法性。《国防法》作为军事法的龙头法，明确要求我军实行依法治军，这是非战争军事行动中卫勤保障合法性要求的依据。另外，《传染病防治法》《传染病防治法实施办法》《突发公共卫生事件应急条例》中也体现了卫勤保障的合法性要求。由于非战争军事行动涉及点多、面广、情况复杂等因素，从理论和实践上来厘清非战争军事行动中卫勤保障的合法性问题则更为必要。

从理论上来看，非战争军事行动中卫勤保障的合法性要求卫勤保障活动要做到有法可依、有法必依，坚决落实依法治军。就是一方面要求军队在履行职能的过程中，必须严格遵守法律法规，做到“师出有法”“师出依法”，这样才能更好地完成军队使命，保持我军威武之师、文明之师的良好形象；另一方面，依法治军也要求对部队人员的管理必须切实按照条令条例来办，严肃军纪，严明赏罚，令行禁止，这一切自然离不开完备的军事法体系。因此，现有卫勤法规作为军事卫生法的主要渊源，是根据军事法的要求，遵循医学科学发展和防疫治病的特点来制定和施行的。

从治军实践和卫勤保障实践方面来看，无论是战时军事行动还是非战争军事行动，都强调依法治军、重视正规化建设，这是当代各国军队建设的一般规律和发展趋势。对于卫勤保障任务更是如此，卫勤保障行动始终贯穿于战争和非战争军事行动中，有时卫勤保障行动本身就是非战争军事行动的主要内容。强调非战争军事行动中卫勤保障合法性有其必然要求，外军近来研究表明，健全、科学、配套的法规制度是遂行非战争军事行动的重要法理基础和有力保障。“9·11”恐怖事件后，美国国会通过了《反恐怖主义法》修正案，美军据此在2001

年参谋长联席会议上颁发了《联合作战纲要》，将非战争军事行动与战争行动并列为美军的主要行动类型，并以同样的方式在战略、战役和战术层次上组织实施。印度是飓风、旱灾、洪灾、地震、雪崩和海啸等自然灾害频发的国家之一，因此，印度宪法把军事化救援作为一项重要职能，其陆、海、空三军的相关条令中均将抢险救灾列为军队多样化行动的重要任务。许多国家在军队中都设立了执法机关和监督机构，军队的一切活动都须严格依法办事，而这些军事法规中有很多都对非战争军事行动卫勤适用。综上，非战争军事行动中卫勤保障必须遵循合法性要求。

第三节　维护军事卫生秩序原则

秩序是国家、社会和作为个体的人的共同需要。在法治社会，秩序扮演着体现法的基础性价值的角色，公平、正义、自由等价值的实现都必须以某种秩序的形成为前提。国家、社会和个人基于对既定行为模式的依赖而对秩序（包括卫生秩序）有着强烈的需要。这种需要与军事卫生法相结合，使得维护军事卫生秩序成为军事卫生法的基础性原则。

一、维护军事卫生秩序原则的内涵

军事卫生法的秩序原则是指按照军事卫生法要求的程序、方式和步骤，规范军队各项卫生工作，从而为实施军队卫勤工作提供优良的法治环境。

维护军事卫生秩序原则是军事卫生法的价值要求。秩序意味着稳定、规则和连续的动静结合状态。在一定意义上，秩序也意味着安全。国家的统治需要安定的政治秩序；社会的发展需要稳定的社会秩序；个人的安居乐业需要和谐的社会生活秩序；防疫治病需要严谨的卫勤秩序和医疗环境；军队卫生活动同样需要良好的秩序来保障。没有良好的秩序保障，军队卫生活动失范必然危及军人的生命健康，继而影响战斗力。

对军事卫生秩序的需求连接着安全的价值追求。安全意味着和平、安宁和无危险，是国家、社会和作为个体的人的最基本的需要。而法是以其强制力要求人们共同遵守的行为规则体系，它要求人们在法律所触及的领域都必须合乎规范地采取自己的行动，从而保证国家获得长治久安，保证社会和谐、稳定发展。一般来说，军事卫勤保障多数都是在局部秩序和安全状况被打破的情况下来试图恢复和重建，必然要求人们坚持并维护秩序和安全原则。军事卫生法具有鲜明的安全价值属性，它通过建立和维护军事秩序、卫生秩序，以及提高军事效益来维护军队的安全和稳定，促进军队战斗力的提高，保证军队在战争和非战争军事行动中立于不败之地。可以说，安全是众多法律规范首要的价值因素，也是军事卫勤原则的要求。《中华人民共和国刑法》分则中的10类犯罪中的危害国防利益罪和军人违反职责罪是关于维护军队秩序和安全的刑法规定。《传染病防治法》《执业医师法》《药品管理法》《突发公共卫生事件应急条例》《抗震减灾法》《突发事件应对法》以及我军其他的条令条例等，都体现了军事卫生领域维护秩序和安全的原则。

二、维护军事卫生秩序原则的要求

维护军事卫生秩序和安全有赖于在立法、执法、司法和军事卫生人员守法环节上，坚定不移地坚持军事卫生法维护军事卫生秩序的原则。同时，提高维护军事卫生秩序和安全的实效，还必须坚持科学统筹思想，它也是军事卫生法治的内在要求，是军事卫生法治建设科学化、精细化的必要条件。

（一）维护军事卫生秩序原则要体现科学统筹思想

在非战争军事行动中，卫勤保障军队卫生工作涉及军队内部和军地跨部门跨地方的协同，必须实行军民融合、军地联动的统筹策略，从而落实军队的卫生事业，服务并服从于国家卫生事业的整体大局，体现统一协调的思想。这就要求建立起合法、科学的指挥机制。2008年汶川抗震救灾中，各种卫勤保障工作头绪众多，如运输通道的畅通、救灾物资的投放、血液制品的输送、伤病人员的救治、一线官兵的生存等，都需要顺畅的指挥机制。为此，我军建立了“三军一体、联合保障”的指挥机制，依法确立了涵盖医疗救护、卫生防疫、心理援助等的后勤保障体系。

非战争军事行动卫勤体现了军事卫生法的科学统筹思想，这就要求从全局上全面建设现代后勤体系，依法推进“保障体制一体化”，即根据三军一体的指挥体制和一体化联合作战的要求，建立三军后勤机构联合编成、三军后勤力量统管共用、后勤保障统一组织的联勤体制，包括军队卫生工作全军统一联勤体制。这也是贯彻中央军委关于“建立三军保障体制一体化目标不能动摇”的要求，从而解决影响和制约保障体制的深层次矛盾，加快实行建制保障与区域保障相结合的节奏。同样以汶川抗震救灾为例，在整个救灾过程中，三军后勤力量集中指挥，三军后勤资源统一调配，三军后勤需求统一归口呈报，从而在机制上整体推动抢险救灾卫勤保障体系有条不紊地运行。建设这一强有力的机制体制本身，就是落实现行《后勤条例》法治精神的体现。从后勤宏观层面来看，原总后机关曾经依照法定职能明确了抗震救灾五项主要任务：一是依法及时组织筹措调拨急需的经费、药品和物资器材；二是依法抽组医疗和防疫力量参加抗震救灾；三是按照法定指令把任务部队迅速安全输送到位；四是依法组织指导任务部队搞好后勤保障；五是着力为保障灾区群众生活和灾后重建做贡献。这五项任务中，军队卫生医疗机构所担负的任务份额占有明显的比重，也说明军事卫生法律法规对于完成非战争军事行动有重要意义。因此，科学统筹、坚持维护军事卫生秩序原则在新的时期更具价值。在全军新一轮改革中，军队卫生改革涉及方方面面，更要在法律体系的建构中体现科学统筹的要求。

（二）维护军事卫生秩序原则必须强化卫生工作的科学性和有效性

遵循维护军事卫生秩序原则，确保医疗卫生工作保障有力，要强化军队医疗卫生工作的科学性和有效性。随着现代战争发展和非战争军事行动增多，军队医疗卫生工作要面对场景有别、条件复杂、任务艰巨等各种情况，特别是要参与抢险救灾、反恐维稳、处置边（海、空）防突发事件和国际维和行动等，这就要求军事卫生立法必须有前瞻性，对法律法规资源进行科学整合，对现行法律法规进行有效利用，运用法治手段规范和统筹军队医疗卫生工作，实现科学、有效的组织指挥和实施。科学有效对于维护军事卫生秩序原则具有内在合理性，也是贯彻其原则的必然需求，不仅要在立法环节认真贯彻，更要在军事卫生法的具体实施中努力遵循和体现。

首先，实现军事卫生管理科学化。科学高效的管理是法治化、规范化的需求，对于降低军队建设成本、提高军队系统运行效率、增强部队战斗力非常重要。把卫勤保障活动纳入全过程的科学管理，是我军质量建设、依法治军的基本要求，唯有如此才能依法全面建设现代后勤。事实上，依照我军现行的《后勤条例》规范，打造现代卫勤是管理科学化的必由之路。

其次，强化军队卫勤保障效益管理。树立现代决策理念，掌握和运用现代决策方法，完善决策机制和秩序，不断适应国家政策制度创新发展和现代化建设要求，加快保障标准化，不断建立健全科学的监督机制，依法提高卫勤医疗管理水平。尤其在卫勤医疗卫生机构伴随部队进行大机动、大集结、大规模的紧急行动时，如抗震救灾，要统筹“救命救人、卫生防疫、灾后重建”三个阶段，军队医疗卫生机构不仅要完成前两项卫勤保障任务，还要帮助当地培训医疗防疫骨干、留下“不走的医疗队”，这与卫勤保障机制体制是有机联系的。在国际维和行动中，军队卫勤保障又涉及境外的协调工作和相关国际法问题。军队卫生机构在执行多样化军事任务中，都需要依法组织、科学决策，包括要考虑到《国际卫生条例》对我军的适用，等等。

第四节　紧急救援原则

军事卫生活动从根本上讲是为了确保军事活动的顺利进行，因此必然带有军事活动的特征。军事活动的特点是简洁明了、追求高效，这就决定了为其提供保障的军事卫生活动也必须具备一定的效率，体现在军事卫生法中，就是要坚持紧急救援原则。军事卫生法的紧急救援原则贯穿于卫勤保障训练和卫生救援活动的全过程，特别是在战时和非战争军事行动的相关卫生法规范中，紧急救援原则尤为重要。

一、紧急救援原则的内涵

紧急救援原则是指军队医疗卫生机构或医务人员对军事活动中的伤病员实施紧急救护、救助时，应当遵循快速、及时、安全的原则。紧急救援原则是提高卫勤保障效益的需要，特别是高技术条件下的局部战争，更要求坚持紧急救援原则。近些年，非战争军事行动卫勤保障呈现出多发性状态，特别是 21 世纪以来，频繁大量的救援活动成了卫生勤务中不可缺少甚至是主要内容。非战争军事行动的自身特点和内在规律及卫勤实践活动均揭示，处理非战争军事行动中卫勤保障的立法和法律适用必然地要求体现紧急救援原则。同时，它也是提高卫勤保障效益的需要。非战争条件下的现场急救与战争条件下的现场急救有共同之处，但也存在着较大不同。不同的灾害现场急救的措施、方法、特点存在着差异。因此，只有加强对现场急救的规范，才能做到有备无患。一是加强不同条件下的现场急救的特点、措施的研究，制定工作标准，完善政策措施，使现场急救更具有针对性、有效性，并以条文形式列入有强制效力的法规文件中。二是立法加强现场急救卫生装备保障，使用有效的现场急救卫生装备，从而使现场救治更加快速高效。三是加强现场急救心理干预和法规保障的结合，以便军队卫生人员在现场急救的同时，对伤员实施心理干预，及时及早消除伤员的心理恐惧、焦虑、疲劳等精神障碍，提高现场急救质量。四是加强大地震、水灾、雪灾、核、化、生等不同灾害条件下以及平息恐怖活动的现场急救技术预案研究，这也是非战争军事行动卫勤保障的法规性、程序性要求。还必须强调对不同条件下现场急救技术的操作步骤，大量伤员的现场分类，伤员的前接与后送等问题，进行现场急救技术规范，确保现场急救的规范化、标准化、程序化。

二、紧急救援原则的要求

（一）完善卫勤机制体制

军事卫生法的紧急救援原则，不单在行动上要求军事卫生勤务适应应急保障的需求，还体现在卫勤机制体制的完善上。例如，前些年我国非战争军事行动的卫勤保障主要以地方卫生机构组织指挥为主、军队参与的组织形式来实施。1976 年 7 月 28 日发生的唐山大地震和 2008 年 5 月 12 日发生的汶川大地震都是在中央救灾领导小组的直接领导下,由军地各级卫勤单位依法组织实施的。从这两次非战争卫勤保障来看,总体是成功的,但其相关法律法规尚有改进的空间,如组织指挥尚需军地卫勤协同:卫勤力量的调遣与投送,灾区救治力量部署,医疗后送的方式、方法,血液和药材的筹措与供应,救治人员的生活物资保障等方面需要进一步完善。随着十八届三中全会决定设立国家安全委员会,国家安全的顶层设计和组织领导必将得以健全和完善,军队卫勤保障的机制必然得到加强,军事卫生工作的紧急救援原则在平时、战时及非战争军事行动中将得到很好的贯彻和体现。

(二)制订军地卫勤保障协同预案

有效的预案体现了卫勤保障正规化、法治化的水平,也是紧急救援原则的具体落实:一是军地应联合制定切实可行的非战争卫勤保障预案,对非战争卫勤保障组织指挥机构的抽组,军地各级救治机构的任务区分,药材的储备与供应,运输工具的分配和使用,大批伤员医疗后送等内容进行科学的预案设计,以便自然灾害发生时迅速展开卫勤指挥与协同;二是平时按非战争卫勤保障预案,组织军地卫勤机关、医疗救治单位进行协同演练,以提高军地卫勤协同能力。由于军队平时按照法治化要求有较完善的战时卫勤保障预案,汶川地震时军队卫勤力量出动快,卫勤保障装备科技含量高,达到了较好的救治效果。

(三)依法开展自救互救训练

有效开展救援的关键在于军队医疗卫生机构及其所属人员可以依法开展自救互救训练,可以会同驻地主动协同指导,采取多种灵活方式向群众普及自救互救知识,进行自救互救技术训练,以减少灾害发生时的人员死亡率、伤残率。

第五节　维护军事卫生伦理原则

军事卫生活动涉及军人的身心健康、人格尊严、生命安全,应当遵循基本的纲常伦理。《国际医学伦理规范》和《赫尔辛基宣言》中就有明确的医疗活动的伦理规范和医学实验的伦理准则。这一要求也成为军事卫生法所要遵循的基本原则。

一、维护军事卫生伦理原则的内涵

维护军事卫生伦理原则,是一般卫生伦理原则在军事卫生领域的适用,其核心实质上是战时军事卫生勤务活动必须坚持人道主义原则及其精神。伦理原则体现为医疗的一般伦理规范、医学实验的伦理准则和武装冲突中的医疗救援的人道主义原则三个方面。1949 年伦敦召开的第三次世界医学大会上通过的《国际医学伦理规范》中把医师的责任划分为一般责任、对患者的责任和医师彼此间的责任三部分内容。这些责任强调医师应维持最高专业行为，不允许因利益产生动机而影响其为患者权益持有的自由和独立的专业判断。医师应以专科的技术、爱心及敬畏生命的态度提供能够胜任的医疗服务，诚实对待并尊重患者，非谋自身利益，优先考虑患者利益，慎重诊断，永记以保护生命为天职，保护患者隐私，应以人道主义给予急救处理的不得推辞。医师之间应礼貌相待，对同事的品格缺失应诚实相告，对患者的诊疗超出自己能力时应请高明的同事协助或转介专家。[①] 可见，这些规范要求对于军事卫生工作者特别是军队医师都是适用的 。军事卫生工作在医学科技研究领域特别是人体医学研究领域中的伦理要求，要达到甚至要高于《赫尔辛基宣言》的人体研究的伦理准则，即人体医学研究的主要目的是改进预防、诊断和治疗方法，提高对疾病病因学和发病机理的认识。医学研究应遵从伦理标准，对所有人加以尊重并保护他们的健康和权益。同时，军队的医学科研又要符合《中国人民解放军卫生条例》中关于医学科学研究的规定和要求，即优先满足基层部队医药卫生需求的军事卫生伦理。军队的医学科学技术研究应明确重点，即面向部队，以军事医学、预防医学为重点，坚持基础研究、应用研究、开发研究协调发展，最终服务于平时、战时及非战争军事行动的卫勤保障。

二、军事卫生伦理原则的要求

（一）保护战争受难者

保护战争受难者，历来受到国际人道主义组织和国际社会的广泛关注，它既是武装冲突法的一项重要原则，也是卫勤人员在战时卫勤保障过程中应特别予以注意的卫生行为。在战争中，由于敌对双方都怀有仇恨心理，特别是在己方遭受重大伤亡时，往往容易忽视对敌方伤者病者和遇船难者的救助。在国际武装冲突中，人道主义不仅是一项原则，随着其体系的展开，它已成为国际人道法的主要内容。坚持人道主义原则，一定要注意不得伤害和虐待战俘，不得侮辱和歧视被占领地的和平居民。在任何情况下应无区别地对敌我伤员和遇船难者给予人道待遇，并应在实际可能的最大范围内尽快给予其状况所需的医疗和注意；不得杀害伤病员或者施加酷刑；不得攻击伤病员和医疗单位、医疗建筑物和医务人员。在任何情况许可的时候，特别是战斗后，应立即采取一切可能措施，搜寻和收集伤者、病者和遇船难者，保护其不受抢劫和虐待，保证其得到充分的照顾。此外，在交战中还要注意尊重和保护国际人道主义组织，支持国际人道主义组织人员的合法行动。

---

① 王自力、张鹭鹭：《试论军队卫生法规的原则》，《解放军医院管理杂志》2014 年第 21 期。

（二）坚持人道主义

人道主义原则在残酷的战争中呈现出人世间最美的人性和道义，是战时军事卫生法规主要关注的精神价值和信念指引。军事医疗卫生机构及其所属人员要善于运用人道主义法则。事实上，人道主义原则不仅仅是战时要强调遵循的原则，也是平时和非战争军事行动中要坚持的原则，这里必然包括依法维护军队医务卫生人员在内的军人的权益。坚持人道主义原则，还要学会运用战时军事卫生法律法规更好地开展工作，更有效地完成其担负的任务，特别是可以运用与军事卫生法密切相连的国际人道法来揭露和打击敌人，进而更有效地运用它来切实维护自身的合法权益。坚持人道主义原则还要求在战时向敌方宣传人道主义精神，因为根据国际人道法的规定，医务人员和医疗设施理应受到尊重与保护。

第三章　军事卫生立法

第一节　军事卫生立法概述

近代以来，伴随着战争和军事斗争的需要，军事卫生立法作为加强国防卫生建设、提高军队战斗力的重要手段，受到世界各国的普遍重视。尤其是第二次世界大战之后，许多国家相继建立军事立法工作机构，制定专门的立法程序，各国的军事卫生立法日益加强，军事卫生立法技术也随之不断提高。

一、军事卫生立法的概念与特征

（一）军事卫生立法的概念

对“军事卫生立法”的理解，一般是从军事立法活动的主体、范围和结果三个方面对其进行界定。[①] 结合我国的军事卫生立法实践，本书作者认为，所谓军事卫生立法，通常是指具有军事卫生立法权的国家机关和军事机关在法定职权范围内，依照法定程序制定、修改和废止军事卫生法律规范的活动。

根据这一定义，军事卫生立法应包括以下几个方面的内涵：

（1）军事卫生立法是具有军事卫生立法权限的国家机关及其授权的有关机关以国家的名义所进行的特定活动。只有法律规定有权制定、修改和废止军事卫生法律规范的国家机关，即有军事卫生立法权的国家机关才能成为军事卫生法立法的主体。根据我国的《中华人民共和国宪法》（以下简称《宪法》）、《中华人民共和国立法法》（以下简称《立法法》）和《中华人民共和国国防法》（以下简称《国防法》）的有关规定，全国人大及其常委会、国务院、中央军委及其有关部门、战区、军兵种和中国人民武装警察部队等，都是依照法律规定拥有军事卫生立法权的机关。在进行军事卫生立法活动时，这些国家机关必须严格依照其法定的职权范围行事，通过立法所作出的各项有关军事卫生方面的规定不能超出制定机关本身的职权范围。

（2）军事卫生立法的目的是规范国防和军队卫生建设相关活动，调整军事卫

---

① 有关军事立法的理论问题，军事法学界学者对此论述较多，可参见张建田：《关于我国军事立法理论与实践的几个问题》，《河南省政法管理干部学院学报》2002 年第 6 期。

生领域的各种社会关系。其实质是使军事卫生领域的社会关系通过立法途径，实现国家意志，达到依法维护国家军事卫生相关利益的目的。它是通过军事卫生法律规范这种特殊的社会关系调节器，来设定一定的权利和义务的形式，明确人们可以做什么、必须做什么和不得做什么以规范军事卫生活动，调整军事卫生领域的这一特定社会关系。

(3)军事卫生立法必须依照法定的程序进行。立法活动的政治性、政策性、规范性、权威性强，是一项十分严肃而认真的工作，必须依据法定程序进行，这是由法律本身具有的本质属性所决定的。根据我国《宪法》《立法法》及《中华人民共和国全国人民代表大会组织》(以下简称《全国人大组织法》)的有关规定，军事法律包括军事卫生法律的制定程序，一般等同于国家法律的制定程序，我国宪法和法律明确的立法程序，原则上适用于军事法律包括军事卫生法律的制定程序；国务院单独或者会同中央军委制定涉及国防和军队卫生建设的行政法规(军事卫生行政法规)和军事卫生法规的立法程序，应当遵循《立法法》《行政法规制定程序条例》《规章制定程序条例》和《军事法规军事规章条例》等法律法规规定的立法程序；国务院有关部门单独或者会同中央军委各有关部门、军兵种和武警部门制定卫生行政规章及其军事卫生规范性文件的活动的立法程序，应当遵循《规章制定程序条例》和《军事法规军事规章条例》等有关法规的规定。

(4)军事卫生立法包括制定、修改、废止和解释军事卫生法律规范的活动。军事卫生立法是军事立法的重要组成部分，相对于国家立法而言，是一项相互关联且又相对独立、系统配套的法治建设基础工程，包括制定、修改和废止军事卫生法律规范等一系列活动，相辅相成，缺一不可。所谓制定，就是直接创制军事卫生法律规范的活动；所谓修改，就是对已经制定并发生法律效力的军事卫生法律规范进行改动或删除、补充的活动；所谓废止，就是通过法定形式宣布军事卫生法律规范失去效力、停止执行的活动。需要指出的是，军事卫生立法权是一个综合性的权力体系，其主体或核心部分包括对军事卫生法律、法规和规章的制定、修改和废止等权限，此外还包括提出军事立法议案权，军事法律、法规和规章的公布或发布权，以及对军事法规、军事规章的审查备案权等权力。

(二)军事卫生立法的特征

军事卫生立法作为国家立法和军事立法的重要组成部分，自然具有与之共同的性质和特点。但由于其自身立法主体、范围和结果的特点，与其他的立法活动相比，它还具有其自身的鲜明特征：

(1)立法主体的多样性。从上述军事卫生立法的概念中可以看出，在我国，军事卫生立法既包括国家立法机关为维护国防和军事卫生利益而制定军事法律的活动，也包括被授权的国家行政机关和军事机关为维护军事卫生利益而制定军事行政法规和规章的活动，同时还包括被授权的军事机关为维护军事卫生利益而制定军事法规和规章的活动。具体而言，我国的军事卫生立法主体不仅包括全国人大及其常委会，而且包括国家最高行政机关（国务院）、国家最高军事机关（中央军事委员会），还有法律赋予享有军事卫生立法权限的军队各大单位和武警有关部门等。

(2)立法调整关系的特殊性。这是指基于军事卫生立法活动本身而形成的法律体系所调整的社会关系具有特殊性。一般立法调整的法律关系主要涉及一个国家的政治、经济、文化、社会公共事务等，而军事卫生立法主要调整涉及国防卫生建设领域、武装力量卫生建设以及军民、军政关系等方面的法律关系。从这个意义上说，军事卫生立法所调整的社会关系是相对特定的，这也是军事卫生立法不同于其他部门立法的一个重要特点。但是，由于军事法是国家法律体系中的一个相对独立的法律部门，其法律渊源又包括了宪法、行政法、刑法、诉讼法等其他法律部门的内容，因此在适用对象方面具有广泛性与特殊性相结合的显著特征。此外，军事卫生立法所形成的大多数法律规范不仅适用于武装力量及其成员内部，从总体上看，其最高层次的军事立法活动所形成的法律规范，对各政党、各社会团体、各企事业单位和广大公民也具有法律约束力，如《国防法》《中华人民共和国兵役法》等中涉及卫生工作的条款。

(3)立法时效的特定性。众所周知，军事立法的主要内容大多涉及国防、战争的行为规范，这与其他领域立法有所不同。国家立法机关和被授权的国家行政机关、军事机关需要根据宪法和法律赋予的立法权限及其范围，针对现代战争突发性强、战争规模大、辐射面广等特点，从国防建设和军事斗争需要出发，制定军事卫生法律规范，以便做到有备无患。特别是中央军委及其所属部门在武装力量内部制定的大量涉及卫生工作的军事法规、军事规章，更要突出战时背景和作战需求，充分体现统一指挥、高效有序、严格管理、规范一致的要求，做到军事斗争各项准备工作和战时遂行作战行动能够有法可依、有章可循。

(4)立法内容的适度保密性。一般而言，法律作为规范人们行为的准则，在立法工作中应当贯彻民主、公开的原则，军事立法当然也不例外。但是，由于国防建设和军事斗争的特殊需要，在立法活动的公开性方面，与一般立法有所不同。例如，在军事机关内部制定事关战争胜败和国家安全的一些军事卫生法律规范过程中，由于涉及军事卫生组织编制、卫勤保障能力等法律规范，有的在起草过程中需要严格控制知悉范围，即使正式颁布后，有的也只能限于一定范围内的单位、人员掌握和执行；有的立法项目出于维护国家整体利益，可以在法律授权范围内，按照非正常程序采用特殊立法形式。军事立法活动具有相对“保密性”的特点，正是由其所保护的国家军事利益的特殊重要性所决定的，这也是世界各国军事卫生立法的一个普遍规律。

二、军事卫生立法原则

正确确定军事卫生立法基本原则，对于指导和保障军事卫生立法工作的健康发展，提高军事卫生法律、法规和规章质量，形成科学、健全、完善的中国特色军事卫生法规制度体系，具有重要作用和意义。

军事卫生立法的基本原则，是指有关国家机关在制定、修改和废止军事卫生法律规范等活动中应当遵循的基本准则。立法原则是立法过程中贯彻始终的行为准则或准绳，它是立法指导思想的规范化和具体化，是指导思想体现的形式和落实的保证。军事卫生立法在制定、修改和废止过程中固然要遵循《宪法》和《立法法》所确定的基本原则，但由于其特殊性，还应当遵循某些特殊的原则。为此，确定军事立法的基本原则，应当在立法活动的普遍性与军事卫生立法的特殊性二者相结合的基础上，根据我国的具体国情、军情的和立法的指导思想予以确定。①

总结我国的军事立法实践经验，军事卫生立法必须坚持以宪法为依据，维护社会主义法制统一，维护国家军事利益，从实际出发、实事求是，贯彻科学立法和民主立法等核心精神，还应当确立以下四个方面的基本原则。

（一）协调统一原则

宪法是社会主义法制的基础和核心。军事卫生立法必须遵循合宪性原则，首要的就是必须以宪法为基础，贯彻党和军队的卫生工作方针。军事卫生立法应当坚持国家立法的统一，必须以国家、军队相关法律法规为依据，使各项军队卫生法律、法规、规章的基本指导原则、法律原则、法律概念及法律术语协调统一，以确保军事卫生法规体系制度内部各层次的协调统一，体现各分支相互之间合理的逻辑关系，确保军事卫生法规制度体系的总体衔接、配套和“立”“改”“废”的统一。如此，既能使相对复杂的军事卫生法律关系得到统一调整，又能保证其相应的稳定性、权威性。

（二）符合军队卫生工作规律的原则

军事卫生法规范的对象是军队卫生工作，是成熟的卫生工作管理的一种表现形式。军队卫生工作规律是军队卫生工作本质的反映，只有符合军队卫生工作规律，军队卫生立法才能真正发挥应有的作用。军队卫生工作具有保障性突出的特点，决定了军事卫生立法也必须服从和服务于军事任务和军事利益的需要。这是军事卫生法与地方卫生法不同的显著特征之一。所以，军事卫生立法

---

① 原总后卫生部：《军队卫生法规制度体系框架及立法规划论证研究》，2000 年。

要按照军事斗争的规律，从国防、军队建设的实际需要出发，解决好维护军队成员的健康、巩固与提高部队战斗力、保障军事任务顺利完成的卫生勤务问题。

（三）与军队改革相适应原则

在强调依法治军、从严治军的今天，通过立法来加强管理、保障改革、巩固成果，进一步推动军队卫生改革向广度和深度发展，已成为加强军队卫生工作的客观要求。因此，军事卫生立法必须有效地解决国防和军队卫生建设与改革中的重点难点问题，为国防、军队建设和改革服务。需要指出的是，在深化国防和军队改革全面启动的大背景下，军事卫生立法应考虑与军队编制职能相一致，这样才能保证军事卫生法规制度具备良好的指向性和操作性。此外，军事卫生立法还必须紧密贴近军队卫生实际情况，贴近广大基层官兵意愿，充分考虑到军队卫生事业可能的发展，参考借鉴外军卫生立法中有益的经验和做法，积极创设适应我军卫生工作未来发展的法律法规，做到法制建设与业务建设同步，未来发展与现实需要相统一。

（四）与科学技术发展相适应的原则

科学技术是军队卫生保障的重要手段。军事卫生立法与科学技术发展相适应，既是保证军事医学等科学技术发展的客观要求，也是保障部队官兵享受科学技术进步所带来的新成果的现实要求。随着新军事变革不断深入，军事医学领域呈现出许多新情况和新特点，生物、心理、社会等因素对军队卫生工作带来的影响和挑战也越来越多，一系列新的法律问题应运而生。因此，科学技术发展的新理论、新观点以及由此带来的问题，在通过科学研究加以解决的同时，更加需要通过卫生立法手段给予明确和保证。

第二节　军事卫生立法体制和程序

一、军事卫生立法体制

关于立法体制的含义，在我国法学界曾经存在不同意见，但都将立法权限的划分包括在内。因此，军事卫生立法体制的核心，就是享有军事卫生立法权的国家机关之间如何科学划分立法权限的问题。具体来说，它所要解决的是一个国家的军事卫生立法权由谁行使以及怎样行使的问题。因此，所谓军事卫生立法体制，其实质就是关于国家军事卫生立法职权划分的基本制度。

我国的军事立法体制取决于我国的立法体制和国防、武装力量领导体制，以及所要调整的多层次、多方面的军事活动和军事关系。其通常是指国家机关（国家权力机关、行政机关和职能机关）在划分军事立法权限时所形成的，既相互联系又互相区别的层次和结构。1982 年我国《宪法》的颁布，确立了我国军事立法体制的基础。根据《宪法》和《立法法》的规定，我国实行的是集中统一的立法体制，也是中央与地方适当分权的立法体制，同时也是各个国家机关分工协作的立法体制。在我国的立法体制下，国家立法权集中在中央，无论是行政法规和地方性法规，还是军事法规、军事规章，都是国家法律体系的组成部分；地方立法是对中央立法的补充，行政立法和司法解释是对国家法律的补充。2000 年制定、2015 年修订的《立法法》明确规定全国人大及其常委会行使国家立法权，可以制定和修改法律。同时，在“行政法规”章节中，明确规定“有关国防建设的行政法规，可以由国务院总理、中央军事委员会主席共同签署国务院、中央军事委员会令公布”，第一百零三条中的相关规定，也体现出我国实行的是在国家统一立法体制下的三层次的军事立法体制。

就我国的军事卫生立法权限而言，可以从以下几个层次来理解：

(1)全国人民代表大会及其常务委员会制定涉及军事卫生领域方面的法律。根据《宪法》和《立法法》等有关法律规定，全国人民代表大会及其常委会是行使立法权的国家最高权力机关，它们所进行的立法属于中央一级立法，国防方面的立法事项涉及国家主权和领土安全，属于中央专属立法权限的范围。全国人民代表大会所行使的国家立法权包括修改宪法，监督宪法的实施，制定和修改刑事、民事、国家机构的和其他的基本法律，授权立法，立法监督权等；全国人大常委会行使的立法权包括制定、修改和废止法律，对全国人大制定的基本法律进行部分补充和修改，解释宪法和法律，授权立法，立法监督权，备案审查监督等。其中，由全国人民代表大会制定的军事法律一般属于国防或军事方面的基本法律；由全国人民代表大会常务委员会制定的军事法律一般是国防或军事方面的单行法。在立法实践中，由全国人大及其常委会制定国防或军事领域的立法事宜，主要规定国防和武装力量建设中带根本性、全局性的重大问题。目前，我国尚无一部由全国人民代表大会或全国人大常务委员会制定的，用以统筹规范军队卫勤保障、灾害与应急医学救援、国防职业的医学防护、国防卫生动员、国家安全的医学保障等涉及国防和军事卫生工作的基本法或单行法，这与我国的形势发展是不相符合的。

(2)国务院和中央军事委员会联合制定军事行政法规；中央军委单独制定军事法规。军事行政法规和军事法规的制定是军事立法的第二层次。国务院是国家的最高行政机关，享有《宪法》和《国防法》赋予的领导和管理国防事业的职能，在其职权范围内，可以制定军事（国防）类方面的行政法规。根据宪法和法律的有关规定，以及全国人大及其常委会的有关决定，国务院根据宪法和法律制定行政法规属于中央立法权限范畴，也是国家立法的重要组成部分。中央军委是国家的最高军事机关，享有《宪法》和《国防法》赋予的领导武装力量建设的职能，在其权限范围内，可以制定调整武装力量内部关系的军事法规。《立法法》对国务院、中央军委制定的行政法规和军事法规分别作出规定。《中国人民解放军卫生条例》(1996 年 1 月)、《中国人民解放军环境保护条例》(2004 年 8 月)、《中国人民解放军绿化条例》(2005 年 7 月)、《军队处置突发事件卫勤保障应急预案》(2006 年 11 月)即是由中央军委单独发布的。由于国务院和中央军委在管理国防事务方面，存在职责权限相互交叉的情形，因此二者在宪法和法律赋予的职权范围内联合制定军事(行政)法规，在立法实践中已经积累了比较丰富的经验，也得到国家法律的确认。截至目前，由国务院、中央军委通过法定程序联合制定的军事行政法规的数量已近百。[①] 如《中华人民共和国红十字标志使用办法》(1996 年 1 月)、《中国人民解放军军人退役医疗保险暂行办法》(1999 年 12 月)、《中国人民解放军实施〈中华人民共和国执业医师法〉办法》(2000 年 9 月)、《中国人民解放军实施〈中华人民共和国药品管理法〉办法》(2004 年 12 月)、《军队参加抢险救灾条例》(2005 年 6 月)、《中国人民解放军招收飞行学员体格检查标准》(2005 年 10 月)等涉及军事卫生工作的法规，就是由国务院、中央军委联合制定并发布的。

(3)国务院有关部门与中央军委原各总部联合制定军事行政规章；战区、军兵种、武警部队制定军事规章。根据宪法和地方组织法的有关规定，国务院各部、各委员会可以根据法律和国务院的行政法规、决定、命令，在本部门的权限内，发布部门规章；此次军队改革前，国务院有关部门和原军委各总部分别依据《规章制定程序条例》和《军事法规军事规章条例》规定的程序联合或者单独制定军事行政规章。军事行政规章由参与制定的国务院有关部门和军事机关的最高领导(首长)共同签署公布，可以在军内外一体施行，如民政部、原劳动和社会保障部、原卫生部、原总后勤部联合发布的《军人残疾等级评定标准(试行)》(2004 年 11 月)，国家发改委、财政部、原总后勤部联合发布的《军事区域专项环境污染治理工程建设管理办法》(2004 年 8 月)等。根据《军事法规军事规章条例》《关于深化国防和军队改革期间加强军事法规制度建设的意见》的有关精神，战区、军兵种、武警部队可以制定军事规章。与军事行政规章不同的是，军事规章是战区、军兵种和武警部队在其职权范围内，为了贯彻执行军事法律、军事行政法规及军事法规，根据本系统、本单位的实际情况分别由其最高首长审定签署命令发布的，只能在武装力量内部施行。由于武警部队实行的领导体制不同，与军队其他享有军事立法权的大单位相比，武警部队制定的军事规章，通常由武警部队司

① 熊梅:《立法法修正案对推动军事立法科学化具有重要意义》,《中国军法》2015 年第 2 期。

令员、第一政治委员(公安部部长)、政治委员共同签署命令发布,在武警部队内部实施,但对公安及其现役部队也有一定约束力。中央军委 2003 年 4 月发布的《军事法规军事规章条例》根据《中华人民共和国立法法》的规定,对中央军委和原各总部、军兵种、军区的立法权限作了具体区分,分别明确了哪些事项应当由军事法规或军事规章规定,为军事卫生法规或规章的制定提供了法律依据。需要指出的是,随着我军本轮基于“军委管总、战区主战、军种主建”原则开展的改革,对军队编制体制进行了新的调整。根据相关规定,中央军委机关部门对职权范围内需要立法作出规范的事项,应当报请中央军委制定军事法律或者军事法规,在无明确授权的情况下不享有与国务院有关部门联合制定军事行政规章的权力;战区、军兵种和武警部队可在其职权范围内制定军事规章。

(4)军委机关部门和各级机关制定军事卫生规范性文件。从严格立法权限、统一法规体系着眼,军事卫生规范性文件应纳入军事卫生法律法规体系,并规定相应的立法权限。依据 2016 年颁布的《关于深化国防和军队改革期间加强军事法规制度建设的意见》有关精神,军委机关部门对军事卫生等业务工作方面需要作出具体规定的事项,可以制定军事规范性文件。军级以上单位及其机关也可制定军事卫生规范性文件。

二、军事卫生立法程序

所谓立法程序,是指享有立法权的国家机关在立法活动中必须遵循的法定规则,即享有立法权的国家机关在制定、修改和废止法律、法规和规章的活动中,必须遵循的法定工作步骤和在各个工作步骤中所采用的法定工作方式。调整和规范与国防和军事领域相关的行政法规、部门(行政)规章的制定程序,通常在我国《宪法》《中华人民共和国国务院组织法》和《立法法》等法律,以及国务院制定的《行政法规制定程序条例》《规章制定程序规定》等法规中已经作了规定。

根据《军事法规军事规章条例》规定,军事法规、军事规章立法程序主要包括编制军事立法规划和计划,军事法规、军事规章的起草,军事法规、军事规章草案的审查,军事法规、军事规章草案的决定与发布,军事法规、军事规章的备案,军事法规、军事规章的修改与废止等。在《军事法规军事规章条例》(以下简称《条例》)尚未修订的情况下,我们依据其相关立法精神,可将军事卫生立法分为以下 5 个阶段。

1. 编制军事卫生立法规划和计划

军事立法规划、计划是指军事法规、军事规章的制定机关对某一时期的军事立法工作从总体上作出设计、预测和部署,把握立法时机,讲求立法效益。编制立法规划和计划的目的在于促使军队的卫生立法工作有组织、有计划、有步骤地进行，这有利于加强对军事卫生立法工作的组织和领导，从而做到全面计划、周密规划、统筹安排、明确重点、集中力量，使各种军事卫生法规和谐一致，避免军事卫生立法中可能出现的盲目、纷乱、不切实际的现象，克服立法浪费，保证立法质量。

《条例》设置了专门章节，对把编制军事立法计划确定为军事法规制定程序的第一阶段并作出明确规定："军事法规、军事规章的立项建议，应当以书面形式提出，经本单位、本机关或本部门负责人签署，并加盖公章。"依据《条例》精神，中央军委应根据军队中长期计划，编制中央军委立法规划；军委有关职能部门、战区、军兵种和武警部队可以根据立法需要，编制本级立法规划，立法规划每五年编制一次。实践证明，从 1990 年起，中央军委和原总部、军兵种、军区和武警部队通过制订年度立法计划和编制立法规划，加强立法工作的科学论证，突出立法重点项目，有效地加强了立法工作的计划性，对建立具有中国特色的军事卫生法规体系起到了应有作用。

为了保证军事立法计划和规划的制订能够符合实际，切实可行，《条例》还对作为制订立法规划、计划的基本依据的立项建议的内容及其提出的法定程序作了具体的规定。《条例》要求上报的立项建议应当包括军事法规、军事规章的名称，立法依据，规范的主要事项、发布机关、草案的报送时间，以及起草单位及起草负责人等；要求上报的立项建议应当以书面的形式提出，经本单位、本机关或者本部门负责人签署，并加盖公章。涉及军队卫生法的立法规划和计划，一般执行如下规定：军队卫生法规项目，由中央军委批准，军委法制机构组织实施；军队卫生规章项目，分别由有权制定这些规章的机关批准，由负责法制行政工作的部门组织实施。军委法制机构和各大单位负责法制行政工作的部门，有权对军队卫生法规立法规划、计划的实施情况进行监督和检查，在本轮体制编制调整后，由军委相关立法机构牵头组织。

2. 军事卫生法规、军事卫生规章的起草

起草是由军事机关的有关业务人员、军事科研人员和军内外法律工作者等所组成的专门起草小组，根据立法计划的安排和要求，在广泛开展调研活动和收集资料的基础上，拟制某一军事法规、军事规章草案的过程。在立法实践中，草拟的军事卫生法规、军事卫生规章内容通常包括名称、立法目的和依据、适用范围和调整对象、主管机关或者主管部门、行为规范及奖惩规定、施行日期等内容，并要求军事法规、军事规章的名称，应当准确反映其调整对象和效力等级，其内容应当分条款形式表述；对于内容比较庞杂、条文较多的法规，可以根据内容需要和各项规定之间的逻辑关系分设篇、章、节。草拟的军事法规、军事规章的措辞用语应当做到准确、简洁、规范，符合语法规则，表述同一概念应当使用同一词语，对含义复杂或者涉及适用范围的重要词语，应当在条文中对其含义或者适用范围予以明确界定，等等。这些体例规范的要求，对保证军事法规、军事规章的起草质量，提供了统一的标准和要求。

为了维护军事立法的严肃性和权威性，使起草的军事法规、军事规章内容符合宪法和法律的规定，避免起草中可能出现的只考虑本部门利益，而不顾全局和整体利益的倾向。《条例》规定，军事法规、军事规章草案拟定后，起草单位应当将草案连同说明印发有关单位和部门征求意见，对有争议的问题应当通过协商取得一致意见；经充分协商仍有分歧的，应当在呈报草案时作出说明。呈报军事法规、军事规章草案，应当同时附送军事法规、军事规章草案说明，发布命令代拟稿及有关材料。草案说明应当包括立法的必要性、起草依据和简要经过，对草案主要内容的解释，有关单位和部门的意见及协调结果，对发布机关的建议等；有关材料包括国内外的相关立法资料、调研报告、专题论证材料等。其中，征求意见和充分协商是军事法规、军事规章起草阶段的两个重要环节，也是立法的必经程序。

3. 军事卫生法规、军事卫生规章草案的审查

审查是制定机关对军事法规、军事规章草案进行审议前，由特定的工作机构进行的一项专门工作，包括对军事法规、军事规章草案内容的综合论证，必要的调查研究，与有关部门就不同意见的协商、协调，对草案的进一步修改完善以及对不具备送审条件的草案的处理等。根据《条例》规定精神，报送中央军委的军事法规草案，由中央军委法制机构负责审查；呈报战区、军兵种和武警部队的军事规章草案，由各单位法制工作机构负责审查。审查的重点内容包括立法条件是否成熟，是否与上位法相抵触、与有关同位法相矛盾，是否符合有关立法权限和程序的规定，是否符合有关立法体例规范的要求，是否正确处理有关单位和部门对草案的不同意见，以及其他需要审查的内容。从立法民主化、科学化的要求出发，负责审查工作的法制机构和部门，应当将军事法规、军事规章草案分送有关单位和部门征求意见。涉及重大问题的，应当深入调查研究，通过座谈会、研讨会、论证会等形式，广泛听取意见，充分研究论证。对军事法规、军事规章草案审查后，分别按照不同情况处理：一是立法条件成熟，草案的内容符合规定、有关单位和部门对草案的意见基本一致的，提出审查报告，报制定机关审议；二是立法条件成熟，但草案的部分内容需要修改或者有关单位和部门对草案有分歧意见的，应当与有关单位和部门协商或者组织协调，会同起草单位进行修改，并将修改意见送呈报单位征求意见后，提出审查报告并报告制定机关审议；三是立法条件不成熟的，或者有关单位和部门对草案有重大分歧意见，经协商、协调未达成一致意见的，提出退回呈报单位的建议，按照规定的权限报批后，连同草案文

本一并退回呈报单位。《条例》还规定，中央军委法制机构、各单位法制工作部门提出的军事法规、军事规章草案审查报告，应当简要说明立法的必要性、可行性和草案的质量，与有关单位和部门协商以及进行修改的情况，并提出提请审议或者审批的建议。

4. 军事卫生法规、军事卫生规章的决定与发布

决定是军事法规、军事规章制定机关行使立法权的主要形式，发布是军事法规、军事规章生效的最后步骤，未经决定和发布的军事法规、军事规章不具有法律效力。军事法规、军事规章的决定和发布，是军事立法程序中十分重要的环节。在此阶段，中央军委法制机构负责审查报送中央军委审定的军事法规草案，并向中央军委提出审查报告。经中央军委常务会议通过后或者经中央军委审批后，由中央军委主席签署命令发布。依据《条例》精神，军事法规草案由中央军委常务会议审议决定；有特殊情况时也可以由中央军委审批。军事规章草案可由战区、军兵种和武警部队首长办公会议审议决定；有特殊情况时，也可由战区、军兵种和武警部队审批。此外，军事法规由中央军委主席签署命令予以发布；军事规章由战区、军兵种和武警部队最高首长签署命令予以发布；两个以上单位联合制定的军事规章，由联合制定单位最高首长共同签署命令予以发布。发布军事法规、军事规章的命令，应当载明制定机关、序号、军事法规或者军事规章名称、施行日期、首长署名及发布日期；由会议审议通过的，还应当载明通过日期；立法内容涉及秘密的，应当在发布命令中标明秘密等级。关于军事法规、军事规章发布的具体时间，立法实践中一般根据需要和可能，在其通过当日或者数日之后发布。军事法规、军事规章发布后的施行（生效）时间应当有所区别。通常生效的时间有三种情况：一是自发布之日起生效，目前大多数军事法规、军事规章的发布都属于此类情况；二是规定一定期限生效，以便在发布日期与生效日期之间留出比较宽裕的时间组织学习、宣传，为军事法规、军事规章的有效实施做好必要的准备；三是规定在特定条件下（如战时）生效，这属于极个别情况。为了确保立法的实际执行效果，应对军事法规、军事规章的出台时机和施行时间进行合理选择与准时把握，考虑到军队和基层官兵分布较广的实际情况，除特殊情形外，通常对军事法规、军事规章发布后的施行时间留足一定时间，这对于保证其顺利实施具有积极作用。

5. 军事卫生法规、军事卫生规章的备案

修订后的《立法法》第九十八条重新规定了行政法规应当在公布后的 30 日内报全国人大常委会备案的制度，其中理应包括国务院、中央军委联合制定的涉及国防建设的行政法规报备的情况。《中共中央关于全面推进依法治国若干重大问题的决定》明确指出："健全适应现代军队建设和作战要求的军事法规制度

体系，严格规范军事法规制度的制定权限和程序，将所有军事规范性文件纳入审查范围，完善审查制度，增强军事法规制度科学性、针对性、适用性。”从上述要求可知，如何健全和完善军事法规的备案审查工作具有现实意义和紧迫性。当然，军事法规与行政法规有所不同，其涉密、敏感的内容较多，不宜一律按照行政法规的备案审查程序运作，但可以通过建立和完善相关法律制度，明确备案的范围、内容和解决途径等事项，妥善解决军事法规提交全国人大常委会备案审查的问题，从而使国家最高权力机关的立法监督活动形成全方位的闭环状况，提高军事法规的质量。

军事规章备案虽然不属于立法程序环节，但它是立法监督的一项重要制度。其规定军事规章的制定机关，应当自发布之日起 30 日内，将军事规章正式文本 5 份和备案报告、说明各 1 份报送中央军委备案。

第三节 军事卫生法规体系

军事卫生法规体系是国家卫生法律体系的一个分支，同时也是军事法体系的重要组成部分，除国家法律法规外，主要还包括：军队高级领导机关制定的有关卫生方面的条令、条例、规则、规章；军队转发的国家卫生法律和相关法律的卫生条款；以及各大单位爱国卫生委员会和卫生主管部门制定的卫生规范性文件等。军事卫生法规体系为军队医疗卫生机构和卫生工作者行使权利和义务提供了重要依据和准则。

一、我军军事卫生法规体系的发展历程

我军历来重视卫生立法工作。早在 1929 年，毛泽东同志就提出了编制红军法规等任务。① 自革命战争年代开始至今，我军卫生立法工作可分为两大历史阶段。

第一阶段：从 1927 年中国工农红军创建至 1949 年全国政权的建立，是我军卫生立法的萌发时期。自红军时期，我军就颁布了《卫生条例（草案）》（1933 年 1 月）、《暂定传染病预防条例》（1933 年 10 月）、《卫生员工作条例》（1933 年冬）等卫生法规制度。在抗日战争和解放战争时期，又先后颁布了《暂行卫生法规》（1937 年 11 月）、《卫生部门暂行工作条例》（1939 年 5 月）、《新四军卫生工作条例》（1941 年）和《战时卫生勤务条例》（1948 年）、《部队传染病管理规则》（1948 年 3 月）等一系列卫生防疫、战时医疗及战场救护等方面的卫生法规制度，为新

① 军事法学研究会：《军事法制建设研究》，解放军出版社 1996 年版，第 78 页。

中国的军事卫生立法提供了经验。

第二阶段：从1949年新中国成立至今，是我军卫生法制建设的发展时期。其中，1966年“文化大革命”前，军事卫生立法取得了较大的进展。在军队疾病预防、医疗保健、兽医工作、卫生训练等方面，制定和颁布了如《中国人民解放军卫生工作暂行条例》(1950年11月)、《中国人民解放军传染病管理办法》(1955年5月)等一系列卫生法规制度，为我军后来的卫生立法奠定了良好的基础。在随后的10多年时间里，卫生法制建设一度受到严重破坏，很多重要的卫生法规被废止，军队卫生立法出现停滞和倒退，严重影响了军队卫生事业的发展。1978年党的十一届三中全会后，我军卫生法制建设迎来大发展，卫生立法取得了突出成就，30多年来，先后制定、颁布了200多项全军性的卫生法规制度，其中包括中央军委发布的军队卫生法规、原军委总部发布的军队卫生规章、原总后卫生部或原总后卫生部与其他二级部联合发布的军队卫生规范性文件，涉及卫生综合计划、卫生防病、医疗保健、药材保障、医学教育训练、医学科学技术研究、卫生战备、计划生育、兽医保障、卫生出版等各项具体业务工作。1996年1月颁发的《中国人民解放军卫生条例》标志着我军卫生立法进入了一个新的发展时期，具有我军特色的卫生法规制度体系逐步形成，对规范全军卫生工作、维护广大官兵健康权益、巩固和提高部队战斗力起到了非常重要的作用。可以预见的是，随着《中央军委关于新形势下深入推进依法治军从严治军的决定》及《关于深化国防和军队改革期间加强军事法规制度建设的意见》的落实，包括军事卫生法规在内的军队法规制度体系必将更加科学完备。

二、军事卫生法规体系的构成

(一)纵向来分

军事卫生法规体系主要包括宪法相关条款、军事卫生法律、军事卫生法规、军事卫生规章、军事卫生规范性文件、国际军事卫生规约等。

1. 宪法相关条款

宪法作为我国的根本大法，是当代中国最重要的法的渊源，其中包括国家实行的医药卫生保障的基本制度和法律赋予公民的基本的生命健康权利等内容。现行宪法关于卫生问题的规定构成了军事卫生基本法体系中具有领率作用的部分。

宪法是其他各种法律、法规的“母法”，是它们的立法依据，而其他法律法规则是宪法各项规定的具体化。因此，宪法是军事卫生法规体系最首要的渊源，也是军事卫生立法的基本依据。除现行宪法第二十八条，第二十九条，第五十四条，第五十五条，第六十二条规定，第六十七条的第十八、十九、二十款，第八十条、第八十九条第十款,第九十三条是关于国防和军事制度的规定外,《宪法》关于卫生问题的规定集中在第一章“总纲”部分和第二章“权利和义务”部分。如第二十一条第一款规定:“国家发展医疗卫生事业,发展现代医药和我国传统医药,鼓励和支持农村集体经济组织、国家企业事业组织和街道组织举办各种医疗卫生设施,开展群众性的卫生活动,保护人民健康。”

除了以上这些具体的规定外,《宪法》还在第三章“国家机构”中规定了从全国人民代表大会到地方各级人民代表大会以及地方各级人民政府等国家机关的卫生职权。

2.军事卫生法律

由于各个行业特点不同,《宪法》等国家法律难以统一的部分由行业基本法进行补充。军队卫生工作涉及国防和卫生两大领域,其法律体系的渊源也必然涉及这两个领域中的基本法律。国防领域中的基本法为《国防法》,而卫生领域的基本法目前仍在酝酿、思考和研究中。基本法律以外的国防和卫生法律,由全国人民代表大会常务委员会制定和修改。我国在国防和卫生领域颁布的除基本法以外的法律有《兵役法》《国防教育法》《军事设施保护法》《军人优抚法》《传染病防治法》《食品卫生法》《药品管理法》《职业病防治法》《红十字会法》《母婴保健法》《人口和计划生育法》《执业医师法》《献血法》等。此外,在法律这一层级的渊源中,还包括其他法律部门中有关军事卫生事项的法律规定,如《环境保护法》《劳动法》等中的相关规定。

3.军事卫生法规

在军队卫生工作发展的过程中,国家可以根据客观需要或针对新出现的一些问题,通过委托立法或授权立法程序制定一系列单行法规和条例,解决所面临的问题。法规是由国务院、中央军委根据宪法和军队相关法律,单独或联合制定的。这些单行法规和条例与行业基本法不同之处在于它们具有针对性强、操作性强、等级低的特点,能起到补充和完善行业基本法的作用,是军事卫生法律体系中必不可少的组成部分。例如《中国人民解放军卫生条例》《突发公共卫生事件应急条例》《医疗机构管理条例》《血液制品管理条例》等。

4.军事卫生规章

规章既包括国务院各部委制定、修改和发布的规范性卫生法律文件,也包括原中央军委各总部、军兵种、军区联合或单独制定的军事卫生规章,如《中华人民共和国药品管理实施办法》《医院战时保障条令》《中国人民解放军战备药材管理办法》《军队卫生防疫工作规则》等。

5.军事卫生规范性文件

由各级制定的大量军事卫生规范性文件,通过管理办法、实施方案、实施细则、暂行规定、补充规定等形式，对我军军事卫生工作起到了积极的指导、规范作用。从维护军事卫生法规制度的严肃性和权威性，维护军事卫生法规体系的统一性、科学性、规范性出发，应将军事卫生规范性文件纳入我军军事卫生法规体系之中，作为我军军事卫生法规体系的组成部分。

6.国际军事卫生规约

国际公约、条约和协定不属于我国国内法的范畴，但除了我国声明保留的条款外，我国已经加入并生效的与我国国内法具有同样的法律效力，对我国国家机关和公民具有普遍的约束力。

涉外性也是军队卫生工作的一个重要特征。在军队卫生工作的某些领域，如履行国际义务、防止大规模杀伤性武器扩散、清除日本遗弃化武卫勤保障、生物军控履约、核查与反核查等方面都需要对外进行双边和多边合作。国际公约、条约和协定有助于促进国际问题的解决。另外，国际人道主义法体系中也有诸多涉及军队卫生国际合作领域的基本规则，例如，规定“冲突各方应集合在其控制下的伤者和病者，加以照顾。保护对象还应涵盖医务人员、医疗设施、医务运输及医疗设备。红十字或红新月标志，即为此种保护的符号，必须予以尊重”等。

（二）横向来分

军事卫生法规体系主要包括军事卫生组织、卫生人员执业管理。医学科研管理、医疗保健、卫生防疫与防护、药材管理等法律制度。该体系主要涵盖军队卫生工作的任务目标、组织指挥、人员管理、行动保障、后勤保障、装备保障等多个方面的法律制度，同时还包括海军、空军、涉核部队的卫生法律法规制度，以及战时军队卫生法律法规、非战争军事行动卫勤保障法律制度。相关内容将在分论部分进行详细阐述，这里不再赘述。

三、建立完善适应依法治军需求的军事卫生法律体系势在必行

法律和规则是社会运行的基石，是社会有序运转所需的基本元素。为了适应新的国家安全形势和法治建设形势，国家赋予了军队许多新的使命和任务，如反恐、应对重大公共卫生危机、生物安全等，军队卫生勤务工作所担负的职责已经远远超出了传统的军事范围，所以需要在传统军事卫生法的基础上建立和完善与形势发展相适应的新型军事卫生法律体系。

本书作者认为，随着军队卫生体系本身的逐渐成熟和我军法制建设的逐渐完备，可以制定一部《中国人民解放军军事卫生法》，作为军事卫生法律体系中的主要法律和核心法律。凡在其他单行法中一时难以覆盖全面而根据军队卫生发展现实又必须加以规范的，均可放入其中加以规定。它可以和其他单行的法律、法规互相补充、互相完善，一起构成一个完整的法律体系。

根据军事卫生法律体系所涵盖的内容来设计，未来我国军事卫生法律体系至少应当包括以下几个方面的内容：

(1)军队卫勤保障。包括战时卫勤保障、非战争军事行动中的卫勤保障、平时卫勤保障等。

(2)灾害与应急医学救援。包括国防灾害的医学救援、人为灾害的医学救援、自然灾害的医学救援、突发卫生事件的医学应对、重大活动的卫勤保障等。

(3)军事职业的医学防护。包括国防科工职业病防治与评价、选兵的医学评价与兵源健康保护、军人职业病防治与评价、高新武器装备的卫生学评价与医学防护等。

(4)国防卫生动员。包括国防卫生事业管理，部队战备教育、训练、演习，卫生战备基础设施建设，卫生战备技术成果转化等。

(5)国家安全的医学保障。包括国民健康安全的医学保障，国家重大建设、发展与科学研究相关医学保障，军控履约相关医学任务等。

上述各类任务的规范往往都需要同时涉及多个法律部门和多种调整手段。例如，灾害医学救援的法律规范起码涉及军事法、行政法、经济法、社会法、环境法五大法律部门。军队参加抢险救灾的时机、方式、动员等属于军事法的管辖范畴；医学救援行为的行政管理和行政处罚是行政法的侧重点；涉及交通、通信方面的义务与责任则属于经济法的管辖范畴；公民的社会公共利益、对救灾资金的使用等相关规定由社会法部门规范；而对人为造成的自然环境恶化所导致的自然灾害进行遏制则属于环境法的范畴。各部门法规范的角度和侧重点各有不同，从而形成全方位的保护态势。因此，从不同法律功能和管理手段来设计，军队卫生法律体系的建构还需要考虑与军事法、卫生法之外的法律部门的协调关系。这将是一个相对艰巨的挑战。然而，在大力推进依法治军、从严治军的今天，通过运用一切可运用的立法手段、立法资源，建立起一个层次分明、结构合理、相互联系、相互补充、相互协调的法律体系，是当前较为迫切的任务。

第四节　军事卫生法的审查、清理与汇编

对军事卫生法进行审查和清理，是为适应我军革命化、现代化、正规化建设要求而采取的积极举措，有利于提高军队卫生工作的法治化水平，不断提升军队卫生工作效能。

一、军事卫生法审查与清理的必要性

军事卫生立法涉及的内容较为广泛，目前军事卫生法律制度体系已初步形

成，军队卫生工作已基本做到了有法可依。但与党的十八届三中、四中全会的决定和中央军委依法治军的决定的要求相比，仍存在明显的差距，仍不能很好地跟上军事卫生工作的发展步伐。以往的军事卫生立法工作的不足之处主要体现在以下三个方面。

（一）立法需要总体和全面统筹

这一现象的主要表现是低层次的、微观的、具体的法较多，高层次的、宏观的、综合的法较少。从对军队颁发的或转发的尚未明确废止的军事卫生法规规章来看，法规占比不足1%，其他大多是规章和规范性文件。而这些规范性文件中，一些文件与上位法规制度重复，更多的完全可以合并。此外，还存在该修订的尚未及时修订、该废止的尚未及时废止的情况。通过和外军的对比，我军军事卫生立法还存在立法相对滞后的问题，比如目前我军还没有系统的战时卫勤法律制度体系。为解决现有军事卫生法规存在的部分杂、乱、散、旧等问题，有必要进行综合分析和全面统筹，建立起长远规划。

（二）法律冲突现象依然存在

这主要是由于部分军事卫生法律法规同我国现行法律法规之间存在抵触或与其不一致。通过对现有军事卫生法中的法律冲突现象进行分析，得出主要存在以下几种冲突：军事卫生法同宪法及普通法相冲突，下位法与上位法相冲突，同位法之间相冲突。这些法律冲突的存在，容易造成对法律权威性的损害。此外，还少量存在授权不当等问题。对这些由于以往立法技术而导致的问题，有必要进行一次全面系统的清理。

（三）部分军事卫生法规制度规范性有待提高

我军内部的军事卫生法规、规章，仅名称就包括条例、条令、规定、办法、细则、命令、规程、纲要、报告、意见、建议、说明、措施等30余种，名称繁杂带来了法律效力难以确定、效力等级难以体现、法律体系难以协调等问题。一个成熟的法律条文，对主体、权利、义务、责任应该界定明确，但在实践中可能还存在一些规范性不足的问题：命名不准确；权利和义务错位；内容要件不全，缺项多；语言表述上没有使用法言法语。此外，因为受“重实体、轻程序”的影响，规定过于原则和宏观、程序欠缺或是虽有程序但表述不清，可操作性不强。通过进行法律审查和清理，提升军事卫生法的引导、预测、惩处、教育和预防等规范功能，对提高军事卫生法规制度的规范性是有积极作用的。

二、军事卫生法的审查

为了保证下级机关制定的法规与上级机关制定的法规相一致，维护军事法制的高度集中统一，《条例》明确了军事规章发布后的审查制度。报送中央军委备案的军事规章由中央军委法制机构负责审查，经审查发现与法律、军事法规相抵触，不符合立法权限和程序的规定，与其他军事规章对同一事项的规定有矛盾，不符合立法体例规范的要求时，中央军委法制机构根据需要，可以将备案的军事规章发送有关单位征求意见，也可以要求军事规章的制定机关或者起草单位说明有关情况，并分不同情况进行处理：一是与法律、军事法规相抵触的，或者不符合立法权限规定的，提出修改意见或者撤销的建议，报中央军委批准后，通知制定机关予以修改或者撤销；二是与同一机关制定的军事规章对同一事项的规定有矛盾的，告有关制定机关予以修改；三是与其他机关制定的军事规章对同一事项的规定有矛盾的，告有关机关协调处理；四是违反军事规章制定程序的规定或者有关立法体例规范要求的，提出意见，告制定机关处理。此外，军队单位和人员认为军事规章与法律、军事法规相抵触或者存在其他重大问题的，可以向中央军委法制机构提出审查建议，由中央军委法制机构研究后，按照上述规定的情形处理。《条例》还规定，依据原总部规章制定的军兵种、军区规章，在报送中央军委备案的同时，还应当报送原有关总部备案，并参照有关规定审查。自1990年起，中央军委法制机构依据《条例》和有关军事规章备案的规定，对全军各大单位和武警部队报送中央军委备案的上年度发布的军事规章进行审查，并写出年度审查报告，报军委批准后，通报全军各大单位。

三、军事卫生法的清理

法规清理主要包括军事法规、军事规章的修改与废止。军事法规、军事规章在发布施行后进行修改和废止的程序，是对军事立法程序的补充，同属于军事立法的重要组成部分。自1988年中央军委法制局成立截止到2010年年底，经中央军委批准，全军先后开展了五次军事法规、军事规章清理工作，对其中主要内容与新法或者已经修改的法律，党和国家、中央军委新的方针政策或者已经调整的战略方针政策不相适应的，适用期已过或者调整对象已经消失，实际上已经失效，以及被相关法规、规章已经明令废止的，通过印发通知的形式予以废止和宣布失效，有力地维护了军令的畅通和军事法制的高度统一。

《条例》设立了专门章节并设定了相应的内容。其中分别规定军事法规、军事规章应当进行修改和废止的具体情形、权限和程序。修改军事法规、军事规章，可以由制定机关作出决定对该法规或者规章的部分规定进行修改，也可以重新制定新的法规或者规章取代原法规或者规章。作出修改决定的，应当将修改决定与修改后的法规或者规章文本一并发布；重新制定新的法规或者规章取代原法规或者规章的，应当在新的法规或者规章中明确规定废止原法规或者规章。废止军事法规、军事规章，应当以专门的决定宣布或者在新的法规、规章中明确规定。《条例》还规定了军事法规、军事规章的适用与解释、体例规范等问题。其中明确了军事法规的效力高于军事规章;原总部规章的效力高于原军兵种、原军区规章;原总部规章之间,原军兵种、原军区规章之间具有同等效力,应在各自的权限范围内施行。确立了"特殊规定优于一般规定、新规定优于旧规定"的适用原则,军事法规、军事规章不溯及既往,但为了更好地保护军人权益而作的特别规定除外。同时明确了军事法规、军事规章在适用中由制定机关解释的具体情形、解释机关和程序等。

从我军卫生立法现状来看,在理顺编制体制的前提下,有必要对军事卫生法律法规进行一次全面的专项清理。以灾害救援为例,《突发事件应对法》总则中虽已规定突发事件应对工作的主要方针是"预防为主、防御与应急相结合",但在实践中却没有充分贯彻"预防为主"的方针,例如,灾害救援的针对性训练和装备保障就没有纳入《中国人民解放军院校教育条例》和《中国人民解放军装备条例》。2016 年印发的《关于深化国防和军队改革期间加强军事法规制度建设的意见》明确要求,要适应新体制、新职能、新使命,全面清理现有军事法规制度,对不适应新的领导指挥体制和政策制度的,及时进行修改;对已被新法规取代和实际已经失效的,及时予以废止;对需要进一步明确执行要求的,及时作出解释。因此,集中时间和力量解决军事卫生领域内法律法规的矛盾和冲突,做好军事卫生法的清理工作,并为法律编纂做好充分准备,将有力地推进我军军事卫生法制建设进程。

四、军事卫生法的汇编

尽管汇编法律法规本身不属于立法范围,但将军事卫生工作的规范性法律文件按照不同类别或性质汇编成册,是一项有利于军事卫生法学研究和法律适用的工作。

我军的军事卫生法汇编工作,由军队相关部门牵头的情形较多,还有部分军事卫生法律法规散见于卫生法规汇编或军事法规汇编之中。我们认为,在组织军事卫生法的汇编过程中,在新的法律体系尚未构建完毕之前,当前较为可行的办法是依据《中国人民解放军卫生条例》的有关规定,按照工作职能将军队卫生法规划分为卫生综合类、卫生防病类、医疗保健类、药品器材类、医学专业训练类、医学科研类、兽医保障类、战时卫勤保障类、军兵种卫勤保障类等九类,依据效力层级、时间顺序,作出系统排列,汇编成册。

第四章　军事卫生法的实施

第一节　军事卫生法实施的一般理论

一、军事卫生法实施的含义

军事卫生法的实施是指军事卫生法的实际贯彻与具体施行，是军事卫生法调整军事领域卫生关系的活动过程，是军事卫生法运行的主要环节，是对军事卫生活动实际发生作用的具体形态和方式的总称。军事卫生法实施的功能在于使军事卫生法律法规从规范性文件转化成军事卫生领域人们的具体行为，从应然状态进入实然状态。因此，军事卫生法的实施，就是使军事卫生法的内容从一般的、抽象的权利义务关系具体化为特定主体间的权利义务关系。

军事卫生法的实施是连接军事卫生立法与实现的桥梁和纽带，也是国家卫生法治的重要组成部分。军事卫生法实施运行环节包括军事卫生法生成及实现的逻辑机制及其动态过程。健全的军事卫生法治不仅需要创制出反映军事卫生发展规律、符合社会价值标准的军事卫生法规体系，还要求使现行的军事卫生法得到普遍遵循和公正适用。

二、军事卫生法实施的依据

军事卫生法实施的依据是指实际贯彻与具体施行军事卫生法所遵循的标准，这里主要指规范依据。显而易见，军事卫生法实施的规范依据是军事卫生法律规范本身。然而，在我国，除法定立法主体制定的军事卫生方面的规范可以作为军事卫生法实施的依据之外，还有大量的非立法主体制定的规范性文件，也在实质上发挥着调整军事卫生法律关系的作用。据此，军事卫生法律实施的依据可以分为立法主体制定的军事卫生法律规范、非立法主体制定的军事卫生方面的规范、国际军事卫生条约。

1. 立法主体制定的军事卫生法律规范

(1)具有立法权的国家机关制定的卫生法律规范。根据《中华人民共和国立法法》的规定，全国人民代表大会及其常委会有权制定卫生及其相关法律；国务院有权制定卫生行政法规；国务院各部委有权制定卫生部门规章；地方（含省、自治区、直辖市，省、自治区的人民政府所在地的市，经济特区所在地的市和国务院批准的较大的市）人民代表大会及其常务委员会有权制定地方性卫生法规；地方（含省、自治区、直辖市，省、自治区的人民政府所在地的市，经济特区所在地的市和国务院批准的较大的市）的人民政府有权制定地方政府卫生规章；民族自治地方（含自治区、自治州、自治县）人民代表大会有权制定民族自治条例和卫生单行条例。

如无特别规定，上述具有立法权的国家机关制定的卫生法律规范适用于军事卫生领域，就形成了军事卫生法律关系，因而这些规范可以成为军事卫生法实施的依据。

（2）具有立法权的军事机关制定的军事卫生法律规范。《立法法》赋予了中央军委、军兵种、武装警察部队等军事机关立法权，在学界称作“军事立法权”。具有军事立法权的军事机关制定的军事卫生法律规范是军事卫生法律实施的依据。具体包括：①中央军事委员会制定的军事卫生法规。如《中国人民解放军环境保护条例》《中国人民解放军卫生条例》《中国人民解放军计划生育条例》等。②原总部机关、各大军区、各军兵种制定的军事卫生规章。如原总后勤部制定的《军队药材供应站业务工作规则》、原总参谋部制定的《中国人民解放军医院战时保障条例》、原总政治部与原总后勤部联合制定的《军队医疗机构医德医风建设规定》，在尚未废止的情况下，这些规章依然具有法律效力。

（3）具有立法权的国家机关和军事机关联合制定的军事卫生法律规范。由于国家机关与军事机关在国防卫生领域的职能交叉，一些事项的法律制度涉及军地双方。遇到此类情况，需由国家机关和相应的军事机关联合制定颁布法律规范：①联合制定的军事（行政）卫生法规。这类法规是由国务院与中央军事委员会联合制定的。如《中国人民解放军实施〈中华人民共和国执业医师〉办法》。②联合制定的军事（行政）卫生规章。这类规章是由国务院所属各部委与原中央军委各总部联合制定的。如民政部、原劳动和社会保障部、原卫生部、原总后勤部联合制定的《军人残疾等级评定标准（试行）》。

2. 非立法主体制定的军事卫生方面的规范

立法主体制定的军事卫生法律规范是我国军事卫生法规体系的组成部分。但在军事卫生法实施的过程中，常常需要具体的业务部门对具体事务规定实施细则或标准。尤其是 2015 年中央军委下发的《中央军委关于新形势下深入推进依法治军从严治军的决定》，赋予了更多军事主体制定规范性文件、规定和惯例规定的职权，这意味着将有更多的非立法主体参与制定军事卫生规范。这些非立法主体制定的细则或标准，在不违背军事卫生法律规范的前提下，对军事卫生法律关系的调整也有着不可替代的作用。具体包括:①原总部二级部制定的军事卫生规范,如原总后勤部卫生部制定颁布的《军队消毒管理办法》《军队预防接种管理办法》《军队远程医学信息网管理规定》;②其他各级军事机关为适用军事卫生法律、法规和规章,在职权范围内制定颁布的相关规定和实施细则。

军事卫生标准是指为实施军事卫生法律法规和有关卫生政策,对军事医药卫生领域的有关事项制定的各类技术规定,例如《军队战时饮用水卫生标准》,包括各类卫生规程、技术要求、通用规范。从严格意义上讲,军事卫生标准是技术规范,不规定主体间的权利义务关系,不属于“法”的范围。但它是适用某些军事卫生法律规范的前提,当某种行为、事件未达到军事卫生标准时,就可能产生、变更或消灭某种军事卫生法律关系。例如,战时的军队饮用水没有达标,则相应的部门和人员需要承担过错责任。因而军事卫生标准也是实施军事卫生法的依据。

3.国际军事卫生条约

国际军事卫生条约,是指我国同外国缔结的双边或者多边军事卫生条约、协定和其他具有条约、协定性质的国际军事卫生规范性法律文件以及我国加入的国际组织制定的军事卫生公约。对于我国已经加入或者签署的国际军事卫生条约,除我国声明保留的条款以外,都是实施军事卫生法的依据。

三、军事卫生法的实现与实效评价

(一)军事卫生法的实现

军事卫生法的实现与军事卫生法的实施既有联系又有区别。军事卫生法的实现是军事卫生法实施的目标与结果,军事卫生法的实施是实现军事卫生法的作用与目的的条件和方式。

军事卫生法本身反映了立法者通过军事卫生法律规范调整军事卫生关系的愿望和方法,反映了立法者的价值追求。每部军事卫生法都会在条文中明确其立法目的,例如,《部队卫勤保障能力综合评估办法》申明:“为了贯彻军委新时期战略方针,扎实做好军事斗争卫勤准备,促进部队整体卫勤保障能力建设,制定本法。”目的是立法者的主观愿望,军事卫生法的实施就是实现卫生立法目的的活动过程,使军事卫生法的要求在军事社会生活中转化为现实,从而实现军事卫生秩序、自由、效益和正义的价值目标。

(二)军事卫生法的实效评价

军事卫生法的实施未必必然地导致军事卫生法目的和价值的实现。因此,需要及时对军事卫生法的运行状况和效果,即军事卫生法的实效进行评价。军事卫生法的实效是指军事卫生法的要求在军事现实生活中实现的程度或状态,也称军事卫生法律实效或效果。

对军事卫生法实效的评价，可以根据不同的评价目的，选择不同的评价参数来进行。如果我们从“效率”这一角度来评价军事卫生法的实施，通常可以选择从军事卫生法实现的军事效率、法律效率、社会效率及经济效率等参数来进行评价：

（1）军事卫生法实现的军事效率，是指军事卫生法的实现对军事斗争准备，军队战斗力的生成、维持与存续的有益帮助与军事卫生立法目的之间的比例关系。军事卫生法是军事领域的卫生法，其根本宗旨是服从服务于军事斗争准备与作战，军事效率是军事卫生实效评价的首要指标。

（2）军事卫生法实现的法律效率，是指军事卫生法律规范所设定的权利义务关系可以在多大程度上转化为现实，即军事卫生法律法规赋予的权利被行使，军事卫生法律法规设定的义务被遵守和执行的状况与军事卫生法律规范要求之间的比例关系。

（3）军事卫生法实现的社会效率，是指军事卫生法的实现所带来的社会效果与军事卫生立法目的之间的比例关系。军事卫生法是国家卫生法体系的组成部分，在卫生法领域，军民融合是一个重要事实，军事卫生法实现的社会效率可以评价出军事卫生法与其他卫生法律的互动关系，可以反映出军事卫生立法目的的合理性、现实性以及是否健全。

（4）军事卫生法实现的经济效率，是指军事卫生法的实施所带来的有益的效果与军事卫生法实现所需的经济成本之间的比例关系。经济效率不是军事卫生法实现的主要目的，但军事卫生法实现的方法、手段、途径可以用经济标准来衡量，它反映出军事卫生法运行的成本，是衡量军事卫生法是否存在合理性的重要标尺。

四、军事卫生法实效生成的制约因素

军事卫生法的实施结果有时会不尽如人意，制约军事卫生法实效的因素是多方面的。宏观地说，军事卫生法的实效生成受以下几个方面制约：

（1）军事卫生法内容的有效性。军事卫生法的有效性是军事卫生法生成实效的前提。这种有效性体现为形式有效性和实质有效性。军事卫生法的形式有效性决定了军事卫生法的效力，它与军事卫生法的立法主体和立法程序相关。经由合法的军事立法主体和立法程序制定的军事卫生法，即具有的形式效力。我国的军事卫生法从形式上可分为军事卫生法规、军事卫生规章及相关规定标准等。不同的制定主体决定其不同的形式效力等级。

军事卫生法的实质有效性则直接关系着卫生法的实效。形式上同样有效的军事卫生法在实施过程中的实现程度却不同，原因之一就在于这些军事卫生法中的内容与军事需要相一致的程度不同。

(2)军事卫生法律制度的整体有效性。一般地说，军事卫生法律体系应该与一个国家的卫生法体系及军事法体系是一个统一、协调的整体，军事卫生法实施的各项制度和机制应该是相互配套的。军事卫生法的实施是否成功在一定意义上就取决于上述体系是否健全、合理、统一、高效。

(3)军事卫生法实效的社会依赖性。军事卫生法律现象是社会现象的组成部分，不可能脱离社会而存在，军事卫生法的实效必然受到其他社会因素的制约。这些因素中起主导作用的有国家卫生法律和军事基本制度、军事卫生管理体制及军事权力运行机制等。

第二节　军事卫生法实施的基本形式

军事卫生法实施的基本形式是军事卫生法作用于军事领域卫生关系的具体表现形式。按照军事卫生法律实施主体及其职能来分，军事卫生法的实施包括军事卫生法的遵守、军事卫生法的执行、军事卫生法律监督和军事卫生法的适用。

一、军事卫生法的遵守

军事卫生法的遵守简称军事卫生守法，是指一切机关、团体、组织和个人依照军事卫生法的规定，行使权利和履行义务的活动，反映着军事卫生守法主体遵从军事卫生法律规范的状态。《中国人民解放军卫生条例》第七条规定："遵守卫生法规，维护环境卫生和生活卫生设施，尊重和配合卫生人员的工作。提高自身的卫生素养、身体素质和健康水平，是全军所有人员的共同责任。"可见，军事卫生守法是军事卫生法实施的一种最基本最主要的形式，包括军事卫生守法主体、守法内容、守法范围和守法状态等构成要素。

(一)军事卫生守法的主体

军事卫生守法的主体是指在一个国家和社会中应该遵守军事卫生法律法规的人或组织。任何一个国家和社会中的所有主体，包括自然人和法律拟制人，都应该成为军事卫生守法的主体，但由于军事卫生法制定主体和适用范围的特殊性，军事卫生守法的主体主要以我国的武装力量及其成员为主。

(二)军事卫生守法的内容和范围

军事卫生守法的内容包含行使军事卫生法规定的权利和履行军事卫生法律义务两方面的有机统一，两者密切联系，不可分割。正确行使权利和切实履行义务是对军事卫生守法内容的全面理解，这种理解有利于军事卫生法的全面实现。军事卫生法是通过军事卫生权利和军事卫生义务的设定和运行来调整军事卫生主体行为，实现对军事卫生关系的调整。如果将军事卫生守法仅仅理解为主体履行军事卫生法律义务，就很容易使人们只看到军事卫生法的强制性与惩罚性的一面，从而产生对军事卫生法损益性的片面认识，进而损害主体守法的积极性和自觉性。反之，如果军事卫生守法要求不仅能体现履行军事卫生义务，更强调享有军事卫生权利，人们便会增强对军事卫生法受益性的认识，从而激发主体守法的积极性与自觉性。

军事卫生守法的范围，是指军事卫生守法主体需要遵守的行为规范的种类。守法范围直接决定于一个国家的法律渊源。在我国，军事卫生守法范围主要是各种制定法，包括我国的宪法、军事卫生（行政）法规、军事卫生（行政）规章、国家有关机关和军事机关制定的一些军事卫生标准和技术规范，以及我国缔结或加入的国际军事卫生条约、协定等。此外，有些非规范性文件如人民法院、人民检察院有关司法解释，卫生领域的判决书、调解书、裁定书等，因具有明确法律效力，也属于军事卫生守法的范围。

二、军事卫生法的执行

（一）军事卫生执法的含义和特点

军事卫生法的执行，简称军事卫生执法，是指军队卫生行政机关通过制定、实施军事卫生法以及将军事卫生法律法规的一般规定作用于军事卫生行政相对人或军事卫生事务的活动。在我国，军事卫生行政机关应当主要包括中央军委后勤保障部卫生主管部门，军兵种、战区、军以下部队后勤机关卫生管理部门及卫生保障单位。这些执法机构，根据军事卫生法律规范的要求，在各自的职权范围内负责落实军事卫生法律规范，必要时可采取一定的强制或制裁措施。

由于军事卫生执法是军事行政执法中的一个专业类别，是国家意志在军事卫生领域得以实现的具体形式，其表现出一些自身特点：

(1)特殊的目的性与科学性。军事卫生法实施的整体目标是实现军事卫生秩序、军事卫生效益和军事卫生正义，维护军人的生命健康权益。健康权不仅是公民也是军人的基本权利，是军人以其身体生理功能的完整性和保持完满的心理状态、良好的适应能力为内容的权利系统。以保护军人的生命健康权为目的的军事卫生执法有别于其他以维护军人人身权利、利益为目的的军事行政执法活动，它是围绕军人在入伍后至退役前不同阶段的生理、心理需求；围绕军人在从事平时或战时的军事活动中，需要避免和抵御疾病与损害，维持健康并保持良好心理状态；围绕对已患病的军人进行治疗、促进其康复等系统性活动而展开的军事卫生执法活动，需要遵循生命科学规律，按照医学技术方法和手段来实现执法目的。

(2)突出的专业性和技术性。军事卫生执法是一项专业性、技术性非常强的军事行政执法工作，这是军事卫生执法的特殊的目的性和科学性特征所必然派生的。卫生法的特点和功能决定了军事卫生法律规范在制定过程中必然注入大量的卫生技术规范，通过这些军事卫生技术规范、卫生标准的贯彻执行，才能真正实现对军人卫生权利和健康权益的维护。军事卫生执法就是要求保证军事卫生法律法规中这些卫生技术规范和标准得以正确地实施。因此，在军事卫生执法过程中，需要有强大的卫生技术系统作为保障；需要进行卫生学评价和分析，对特定人群进行预防性健康检查；需要对药物进行不良反应监测；需要对产品进行卫生检验；需要对场所进行卫生监测；需要对健康致害因素进行卫生学处理等。总之，离开了专业性和技术性工作，军事卫生执法就失去了其实质的含义和作用。

(3)显著的社会性和协同性。军事卫生执法是一项系统工程，涉及复杂的人群和联动的社会关系，要实现执法目标就必须在实际运行过程中，协调各方面的关系，采取联动反应的卫生措施，进行综合执法。实施任何孤立的、单纯的监督检查、许可、处罚等具体行政行为均不会取得良好的实效。

(二)军事卫生执法的原则和要求

军事卫生执法的原则是在军事卫生执法活动中所应遵循的基本准则，应当符合合法性原则、合理性原则和效率原则。

1.合法性原则

合法性原则是指军事卫生执法主体的设立和执法活动要有法可依，军事行政执法职能必须由法律授权并依据法律规定，这是现代法治原则在执法中的具体体现，也是依法行政原则的具体要求。在军事卫生执法中，合法性原则的要求主要体现在以下几方面：

(1)军事卫生执法主体要合法。执法主体的设立及其职权的设定必须有法律或军事法规依据，必须具有法律法规赋予的权利能力和行为能力；军事卫生执法主体必须在法律法规规定的职权范围内活动，非经法律法规直接规定或授权、委托，任何机关和个人都不能行使军事卫生执法权。

(2)军事卫生执法内容要合法。军事卫生执法主体实施的一切能产生特定法律效力和法律后果的行为都是执法内容。军事卫生执法行为必须有军事卫生规范性法律文件作为依据，且符合军事卫生立法目的、立法精神及军事利益；军事卫生执法的具体措施与方法必须合法，军事卫生执法机关对其违法、侵权行为应当承担法律责任。

(3)军事卫生执法程序必须合法。程序伴随着执法的全过程和全方位,军事卫生执法必须遵循现代法治所要求的基本程序制度,并符合法定步骤、顺序及时限规定,不能任意简化、改变、调换和省略程序,不能超越法定时限。

2.合理性原则

合理性原则又称行政适当原则,是依法行政原则的重要内容。行政合理是基于行政自由裁量权而言的,要求军事卫生执法主体的执法内容既要体现军事卫生法的基本精神和目的,又要符合公序良俗的要求和社会常理,做到适当适度、合乎情理、恰到好处。在军事卫生执法中,合理性原则要求:①军事卫生执法活动与行为符合军事卫生立法的目的和基本精神;②军事卫生执法主体行使自由裁量权,不得超越军事卫生法律规范规定的幅度;③军事卫生执法过程中,必须公正、平等地实施军事卫生法律规范,不得因人因事而异;④军事卫生执法方式符合军事利益需要与公序良俗要求;⑤军事卫生执法遵循卫生工作规律,符合医学的自然法则。

3.效率原则

效率原则又称效益原则,是依法行政的目的要求之一,也是军事行政管理的基本要求。效率原则要求军事卫生执法主体在依法行政的前提下,作必要的可行性分析和成本效益分析,使军事执法行为具有最大的合理性,尽可能给国家、军队和军人带来益处,尽可能避免或减少损害,以尽可能低的成本取得尽可能大的执法效益。

(三)军事卫生执法主体

军事卫生执法主体,是指以自己的名义实施军事行政执法行为,并对行为后果独立承担法律责任的组织,主要包括以下五种法律、法规授权的组织。

1.国家卫生行政机关

军事卫生是国家卫生事业的一部分,必须接受国家卫生行政机关的领导或指导。国家卫生行政机关作为各级政府的组成部分,是代表国家行使卫生行政权、管理社会事务的机关。国家卫生行政机关包括国务院卫生行政主管部门即卫生与计划生育委员会;省、自治区、直辖市卫生厅(局);地(市)卫生局;县(县级市、区、旗)卫生局。现行的卫生法律、法规大多由卫生行政机关负责执法。但在实际的卫生执法过程中,卫生行政机关常常依照卫生法律、法规的规定委托其他一些机构具体执行卫生监督工作。新中国成立后,卫生防疫站多年来受卫生行政部门的委托,承担着大量的卫生监督工作,成为了最主要的卫生执法机构之一。目前,全国绝大多数省、自治区、直辖市已完成了卫生监督所的组建。卫生监督所是同级卫生行政部门在其辖区内,依照法律、法规行使卫生执法职责的执行机构,负责具体的卫生执法工作。根据卫生监督所承担的卫生监督任务,它应当属于卫生行政机关内专事行政执法工作的一个职能机构。

2.中央军委后勤保障部(原总后勤部)

中央军委后勤保障部是全军卫生工作的主管部门,履行下列职责:①拟制全军卫生方针、政策、法规,制订全军卫生工作和医疗科技发展规划、计划;②组织指导全军卫生防疫、医疗保健、药材保障、机动卫勤、兽医勤务和计划生育技术等工作;③组织指导全军医学教育训练;④组织指导全军卫生备战工作;⑤对全军执行卫生法规情况实施监督;⑥参与拟制全军卫生装备、卫生事业费标准制度,协同有关部门管理全军卫生人员,参与管理全军医学科技对外交流与合作;⑦组织和管理全军卫勤学术研究、医学书刊出版和卫生工作信息;⑧承办全军爱国卫生运动委员会、全军保健领导小组和全军计划生育领导小组的日常工作;等等。

3.军兵种、各大单位后勤卫生管理部门

军兵种、各大单位后勤卫生管理部门是本级卫生工作的主管部门;履行下列职责:①贯彻执行全军卫生方针、政策、法规,制订本系统、本区卫生工作规划、计划和规章;②组织指导本系统、本区卫生防疫、医疗保健、药材保障、机动卫勤、兽医勤务和计划生育技术等工作;③组织指导本系统、本区专业教育训练、医学科学技术研究工作;④组织指导本系统、本区卫生备战工作;⑤对本系统、本区卫生法规情况实施监督;⑥协同有关部门管理本系统、本区卫生人员和卫生事业费;⑦组织和管理本系统、本区卫勤学术研究和卫生工作信息;⑧承办本系统、本区爱国卫生运动委员会、保健领导小组和计划生育领导小组的日常工作;等等。

4.军以下部队卫生管理部门

军以下部队卫生管理部门是军以下各级卫生工作的主管部门。履行下列职责:①贯彻执行全军卫生方针、政策和军队卫生法规,制订本单位卫生工作规划、计划;②组织指导本单位卫生防疫、医疗保健、药材保障、机动卫勤、兽医勤务和计划生育技术等工作;③组织指导本单位人员的专业训练和新技术的推广应用;④组织本单位药品器材的供应和管理;⑤组织实施本单位的卫生战备工作;⑥对本单位卫生法规情况实施监督;⑦协同有关部门管理本单位卫生人员和卫生事业费;⑧承办本单位爱国卫生运动委员会和计划生育领导小组的日常工作;等等。

5.军队卫生保障单位、医学院校和医学科研单位

军队卫生保障单位、医学院校和医学科研单位,按职能分工分别负责组织实施军队卫生防疫、医疗保健、药材保障、机动卫勤、医学科技人才培养和医学科学技术研究工作。

(四)军事卫生执法行为

军事卫生执法行为,是指军事卫生执法主体在行使军事卫生执法职权过程

中，依法做出具有法律意义和法律效力的行为。

军事卫生执法行为具有以下特征：

(1)从属法律性。军事卫生执法行为必须依法实施，任何行为都必须有法律依据，军事卫生执法主体不得在法律规定外创制新的没有法律依据的行为。

(2)单方意志性。军事卫生执法行为，是军事卫生执法主体在军事卫生领域行使军事行政权的行为。只要在法定的职权范围内，符合法律规定，军事卫生执法主体即可自行决定和直接实施军事卫生执法行为，无须与相对人协商或征得相对人的同意。

(3)裁量性或政策性。军事卫生执法主体依法享有广泛的自由裁量权，在执法过程中，需要军事卫生执法主体依据政策和相关的因素进行裁量。

(4)效力先定性。军事卫生执法行为一经做出，对军事卫生执法主体本身和相对人就产生约束力，在没有被宣布无效前，任何组织和个人都必须遵守和服从。

(5)强制性。军事卫生执法主体的执法行为是代表国家实施的军事行政行为，具有强制性。

(五)军事卫生执法程序

军事卫生执法程序是指军事卫生执法主体作出具体军事卫生执法行为应当遵循的步骤、方式和时限。军事卫生执法程序的意义主要表现在：军事卫生执法程序合法、适当，是军事卫生行政行为的有效要件；军事卫生执法程序违法、失当，可以构成相对人申诉的理由，以及权力机关和上级军事卫生行政机关撤销其行为的理由。

我国目前已具备了一套相对成熟和完整的程序制度，以适用于军事卫生执法行为。主要包括：

(1)情报公开制度。军事卫生执法的相对人有权获得军事卫生执法主体的记录和资料。除涉及军事秘密外，军事卫生执法主体有义务依相对人申请主动公开记录和资料。

(2)表明身份制度。军事卫生执法主体及其工作人员在行使军事卫生执法权之始，即应向相对人出示必要的证件或作出口头说明，以证明其享有军事卫生执法职权并正在或即将开始行使权力。

(3)告知制度。军事卫生执法主体及其工作人员在行使军事卫生执法权过程中，应将相对人应该知道的事项通过一定方式和途径告知相对人。

(4)回避制度。与军事卫生执法行为有利害关系的军事卫生执法主体不得参与该执法行为的调查和决定。

(5)证据制度。军事卫生执法主体在作出军事卫生行政决定前，应通过一定方式收集必要的证据。

(6)说明理由制度。军事卫生执法主体对相对人作出不利决定时,必须说明作出该决定的事实根据、法律根据和裁量政策理由。

(7)申辩制度。军事卫生执法主体对相对人作出调查处罚决定时,应当允许当事人依法申辩,如果申辩理由充足、合法,军事卫生执法主体可以而且应当修订原处罚决定。

(8)时效制度。军事卫生执法行为的某一步骤和全过程均应有合理期限,军事卫生执法主体应在合理期限内完成行为。

三、军事卫生法的适用

(一)含义和特点

军事卫生法的适用,通常简称军事卫生司法,是指司法机关依据法定职权和法定程序,应用法律处理具体军事卫生案件的专门活动。军事卫生司法是军事卫生法实施的一种特殊形式。其特殊性就在于军事卫生守法和执法是有关主体主动实施军事卫生法的活动,而军事卫生司法是被动的,是在军事卫生守法和执法状态遭到破坏或无法继续时产生的军事卫生法的实施形式。因而,它是军事卫生实施的终端形式,是军事卫生权利的救济状态。

(二)军事卫生司法主体

军事卫生司法主体是指享有军事卫生司法职权,以自己的名义实施军事卫生司法行为,并承担相应责任的司法机关,包括审判机关和检察机关。军事卫生司法是国家司法活动的组成部分,但因其所适用的案件的军事属性,军事卫生司法主体的职权划分、案件管辖、法律程序均遵循司法活动的普遍规律,只是军事卫生司法针对的案件本身是涉及军事卫生争议的案件。因此,军事卫生法的适用主体既有可能是军事司法机关也有可能是地方司法机关,这取决于案件的性质及民事案件中当事人的选择。军事卫生司法主体可以分为国家司法机关和军事司法机关。

1. 国家司法机关

国家司法机关是指行使司法权的国家机关,在我国包括各级人民法院和人民检察院。各级人民法院是国家的审判机关,审理除法律规定由军事法院审理外的军事卫生民事案件、军事卫生行政案件和军事卫生刑事案件。人民检察院是国家的法律监督机关,负责法律规定由军事检察机关受理之外的军事卫生刑事案件的侦查、拘留、执行逮捕和提起公诉。

2. 军事司法机关

军事司法机关是国家设立在军队中的人民法院和人民检察院。目前,军事司法机关按三级设置，即中国人民解放军军事法院、军事检察院；战区、海军、空军、总直属队、武警部队和火箭军军事法院、军事检察院；海军舰队、军区空军军事法院、军事检察院和省军区（含南疆军分区）、驻香港部队、武警部队及火箭军设立的基层军事法院、军事检察院。解放军军事法院的内设机构有刑事审判庭、民事审判庭、审判监督庭和秘书室。战区级单位军事法院的内设机构有第一审判庭、第二审判庭和直属军事法院。解放军军事检察院的内设机构有刑事检察厅、法纪经济检察厅、民事检察厅和秘书室。战区级单位军事检察院的内设机构有刑事检察处、法纪经济检察处和直属军事检察院。

根据相关法律法规和司法解释的规定，军事法院依法审理军事卫生刑事案件以及双方当事人都是现役军人、部队管理的离退休干部、部队在编职工或者军内法人的军事卫生民事案件。军事检察院对军队保卫部门侦查的军事卫生刑事案件进行审查，决定是否逮捕、起诉或者不起诉，并对军队保卫部门的侦查活动以及军事法院的审判活动是否合法实行监督。

（三）军事卫生司法的程序

我国没有专门的军事司法程序。军事司法机关受理军事卫生刑事或民事案件分别遵循《民事诉讼法》《刑事诉讼法》及相关司法解释的规定。从主体上可以区分为军事法院的审判程序和军事检察院的法律监督程序。军事法院的审判程序从案件性质上可分为民事审判程序和刑事审判程序；从步骤上又可分为一审程序、二审程序、审判监督程序。军事检察院的法律监督程序则包括侦查程序、批准逮捕程序、审查起诉程序、提起公诉程序及抗诉程序，等等。

四、军事卫生法律监督

对于军事卫生法律监督，通常有广义、狭义两种解释。狭义的军事卫生法律监督是指有关国家或军队机关依据法定职权和程序对军事卫生立法、执法、守法等军事卫生法制运行环节的合理性所进行的监察、控制和督导；广义的军事卫生法律监督则是一切国家机关、军事机关或社会组织、军人或公民对军事卫生法制全部运作过程的合法性所进行的监察、控制和督导。无论广义、狭义的军事卫生法律监督，都是军事卫生法制运行过程中不可缺少的机制，是军事权力制约体系的组成部分。

根据监督对象的不同，军事卫生法律监督可分为对军队医疗机构的监督和对军队医务人员的监督；根据监督主体的不同，军事卫生法律监督有内部监督与外部监督两种形式。实际上这两种划分标准，互有重叠，对军队医务人员的监督，也可根据监督主体的不同分为内部和外部监督。而在内部监督和外部监督中，自然包含着对军队医疗机构和医务人员的监督。在这里，我们选取内部监督和外部监督来重点论述。

1. 内部监督

内部监督是指军事卫生行政主管部门对军队系统内部所属的医疗机构和医务人员实施的法律监督。1994 年 2 月 26 日国务院第 149 号令发布的《医疗机构管理条例》第五条专门规定了卫生法律监督的主体，即由“国务院卫生行政部门负责全国医疗机构的监督管理工作”。该条第三款，规定“中国人民解放军卫生主管部门依照本条例和国家有关规定，对军队的医疗机构实施监督管理”。这说明，中国人民解放军卫生主管部门对军队医疗机构的监督管理权来自于国务院卫生行政部门的授权。基于这一授权，我军制定的军事卫生法规明确了具体的监督主体：《中国人民解放军卫生条例》第四十六条第一款规定：“师以上单位的卫生部门是本单位执行卫生法规的监督部门，依法行使卫生监督权，对所属机构和人员实施卫生监督。”

2. 外部监督

外部监督是指国家卫生行政部门或专业机构对军队医疗机构，或者其他组织和个人对违反卫生法规的监督。具体包括两类：一是国家机构的外部监督。根据《医疗机构管理条例》有关规定，军队编制内医疗机构的监管部门为军队卫生主管部门，但《医疗机构执业许可证》由地方卫生行政部门核发并允许其对社会开放，故地方行政部门也有对其进行监管的义务。尤其是《军队医疗机构对外医疗有偿服务管理办法》允许部分军队医疗机构按照规定为地方人员提供医疗服务。这在客观上也决定了军队医疗机构接受国家卫生行政主管部门监督的必要性。《中国人民解放军卫生条例》第四十六条第二款规定：“卫生防疫机构、药品检验机构、医学计量检测根据职责和卫生部的授权，实施专业检验、检测和监督。”二是其他组织或个人的外部监督。《中国人民解放军卫生条例》第四十八条规定：“任何单位或个人对妨害卫生健康和违反卫生法规的行为都有权提出批评和检举。”这其中当然也包含对军队医疗机构存在的一些错误行为的批评和检举。

综上所述，军事卫生法律内部监督与外部监督主要是根据监督主体的性质决定的：由军队卫生主管部门实施的监督被称为内部监督，而由国家卫生主管部门对军队医疗机构和人员实施的监督则被称为外部监督。根据这一标准，目前军队编制内医疗机构共分为两类：一类为不对社会开放的医疗机构，此类军队医疗机构，只对军队内部服务无须取得地方政府核发的《医疗机构执业许可证》。对此类医疗机构的监管由军队卫生主管部门实施。另一类为向社会开放的军队医疗机构，这类医疗机构需要取得地方卫生行政部门核发的《医疗机构执业许可证》，除对军队内部服务外，还同时为社会提供医疗服务。对第一类军队卫生医疗机构的监督，在军队系统内部即可完成，但对于第二类军队医疗机构在理论上存在了两个监督管理主体。在实际操作中，并未对地方卫生行政部门和军队卫生主管部门在监管范畴和内容上进行明确界定，故造成了在具体执法和管理过程中职责不清和可能存在监管内容的盲点。这类问题需要在下一步军队医疗机构改革中着重解决。

第三节　军事卫生违法及法律责任

一、军事卫生违法的含义及构成

军事卫生违法，是指军事法律关系主体实施的一切违反军事卫生法律规范的行为。即违反了有关军事卫生法律法规对其权利行为的约束，或未履行有关军事卫生法律法规规定应履行的义务的行为。

构成军事卫生违法，必须符合以下四个要件：

（1）军事卫生违法必须是客观上违反军事卫生法律、法规的行为。这种行为必须是客观存在、并产生一定作用和影响的行为。单纯的思想和意识活动没有转为客观行为，则不是违法。军事卫生违法可以分为两种基本表现形式：不作为，即消极地不去实施军事卫生法律、法规要求的行为，如“不执行国家环境影响评价和‘三同时’制度”“无正当理由未完成期限治理任务”等；作为，即积极地实施军事卫生法律、法规所禁止的行为，如“以不正当手段或方式排放污染物”“非法倒卖避孕药具”等。

（2）军事卫生违法必然具有一定的社会危害性，即在不同程度上侵犯了军事卫生法所保护的社会关系和社会秩序。这种危害性既可能是已经发生了的危害后果，也可以是一种潜在的威胁和危害；可以是具体的、有形的，也可以是抽象的、无形的。

（3）军事卫生违法必须是行为人有主观过错的行为。过错是指违法行为实施者的某种主观心理状态，包括主观上的故意和主观上的过失。如果军事违法行为是因不可抗力造成或者由无行为能力人造成，则不构成军事卫生违法。

（4）军事卫生违法的行为人必须是具有法定责任能力的公民（包括军人）、法人（包括军队法人）或组织（包括军事组织）。

二、军事卫生法律责任

（一）军事卫生法律责任的概念和特点

军事卫生法律责任，是指军事卫生法律关系主体由于违反军事卫生法律规定的义务，所应承担的带有强制性的法律后果。

军事卫生法律责任主要有以下特点：

(1)军事卫生法律责任是违反军事卫生法律规范的后果。只有在构成军事卫生违法的前提下，行为人才有可能承担某种相应的军事卫生法律责任。一般情况下，不构成军事卫生违法，就无须承担军事卫生法律责任。

(2)军事卫生法律责任必须由军事卫生法律、法规、规章明确规定。只有军事卫生法律、法规、规章在设定权限范围内作出了明确规定，行为人才承担相应的军事卫生法律责任。

(3)军事卫生法律责任以国家强制力作为后盾。违法者如拒绝因其违法而必须承担的法律责任，国家或军队将以强制力保证其承担相应的法律责任。

(4)军事卫生法律责任必须依法追究。即由国家授权的专门机关，在法定权限内依法追究违法者相应的法律责任。其他任何组织和个人都不能行使这种职权。

(二)军事卫生法律责任的归责原则

归责，即法律责任的归结，是指国家专门机关和其他授权的组织根据法律规定，依照法定程序判断、认定、归结和执行法律责任的活动。归责原则在不同历史时期、不同国家存在差别。根据我国法律的规定，适用法律认定和归结法律责任一般应遵循以下原则：

1.责任法定原则

责任法定原则是法治原则在归责问题上的具体运用。作为一种否定性的法律后果，法律责任应当由法律规范预先规定，违法行为或违约行为发生后，应当按照事先规定的性质、范围、程度、期限、方式追究违法者、违约者或相关人的责任。责任法定原则的基本特点为法定性、合理性和明确性，即事先用成文的法律形式明确地规定法律责任，而且这种规定必须合理、恰当。

2.因果联系原则

在认定和归结法律责任时，必须首先考虑因果关系。这种因果关系表现为存在的客观性、因果的顺序性、作用的单项性、内容的决定性。具体包括行为人是否存在违法行为、行为人的行为与损害结果或危害结果之间的因果联系、违法行为或违约行为与行为人内心主观意志的关系。在认定和归结法律责任时，不仅要确认其行为是否引起了损害结果或危害结果，而且要确认这一违法行为或违约行为与其所引起的损害结果或危害结果之间是否具有内在的、直接的、逻辑的联系。

3.责任相当原则

责任相当原则是公平观念在归责问题上的具体体现，其基本含义为法律责任的认定、处罚的轻重应与违法行为或违约行为的轻重相适应，做到“罚责均衡”“罚当其责”。

责任相当原则的内容具体包括以下几个方面：

(1)法律责任的性质与违法行为或违约行为的性质相适应。不同性质的违法行为或违约行为决定了法律责任的性质和法律责任的大小，不能用刑事责任来代替民事违法责任。

(2)法律责任的种类和轻重与违法行为或违约行为的具体情节相适应。违法行为或违约行为的情节反映了不同的社会危害程度，法律责任的归结应有所不同。

(3)法律责任的种类及轻重与违法行为人的主观恶性相适应。行为人的主观故意、过失以及平时的品行、事后态度等因素，对法律责任的具体归结产生影响。

4.责任自负原则

现代社会每个人都是独立个人，在法律上具有独立的地位，在归责问题上要遵循责任自负原则。凡是实施了军事卫生违法行为或违约行为的人，均应对自己的违法或违约行为负责，并独立承担相应的法律责任；同时，没有法律依据就不能让没有军事卫生违法行为或违约行为的人承担法律责任，禁止株连或变相株连。当然，责任自负也不是绝对的，在某些特殊情况下，为了军事利益或社会公共利益的需要会产生责任转移的问题。如新成立单位对已撤销单位承担责任，上级单位对下级单位承担责任；再比如，领导为下属的违法行为承担领导责任。

三、军事卫生法律责任的实现形式

(一)军事卫生法律责任的形式

由于行为人违反军事卫生法律规范的性质和危害程度不同，其所承担的法律责任形式也不同。军事卫生法律责任分为民事责任、行政责任和刑事责任。

1.民事责任

军事卫生法律关系主体违反军事卫生法律、法规，造成他人损害的，应当承担民事责任。我国军事卫生法律、法规所涉及的民事责任大体上有两类：一类是违反军事卫生法律、法规的民事责任，是指军事卫生法律关系主体因违反军事卫生法律规范而侵害了公民、法人和其他组织合法权益，所应承担的以财产为主要内容的法律责任。例如，《军队医疗事故处理办法》第三十七条规定：“已经确定为医疗事故并且双方需要调解解决赔偿争议的，军队有关卫生部门应当根据双方当事人请求，按照本办法规定的赔偿数额进行赔偿调解。达成的赔偿调解，属于民事责任的承担方式。”《中国人民解放军实施〈中华人民共和国执业医师法〉办法》第二十一条规定，军队医疗、预防、保健机构未经批准擅自聘用地方医师或非医师行医，给患者造成损害的，依法承担赔偿责任。这里的“赔偿”在违法行为不构成犯罪的情况下，应当是一种民事责任。

2. 行政责任

军事卫生法律关系主体违反军事卫生法律、法规所确立的军事卫生行政管理秩序，尚未构成犯罪的，应当承担行政责任。主要包括行政处罚和行政处分两种形式：(1)军事卫生行政处罚，是指军事卫生行政机关或军事卫生法律、法规授权的组织，在职权范围内依据法律规定的内容和程序对违反军事卫生行政管理秩序的军人、军事单位或者组织，实施的一种惩戒或制裁。根据我国现行的军事卫生法律、法规，行政处罚主要分为财产罚、行为罚和申诫罚。例如，《中国人民解放军实施〈中华人民共和国执业医师法〉办法》第七条，对存在上述三种情形不宜从事医疗、预防、保健业务的军队医师，给予注销其证书的行政处罚。(2)军事卫生行政处分，是指军事卫生行政机关依据行政隶属关系，对违反军事卫生行政管理秩序或失职人员给予的行政制裁。军事卫生法律关系中的行政处分的种类主要由《中国人民解放军纪律条令》规定，包括警告、严重警告、记过、记大过、降职(级)或者降衔(级)、撤职、开除军籍等。违反军事卫生行政管理秩序的行政处分，主要是对军事卫生行政机关或有关机关内部的执法人员、公务人员，军队医疗机构内部的从业人员违反军事卫生行政管理秩序所给予的制裁。

3. 刑事责任

军事卫生法律关系主体违反军事卫生法律规范，侵害了刑法所保护的社会关系，构成犯罪，应承担刑事责任。刑事责任是由犯罪所引起的法律制裁，具有强制性和最严厉的惩罚性。根据我国刑法规定，实现刑事责任的方式是刑罚。刑罚分为主刑和附加刑。主刑有管制、拘役、有期徒刑、无期徒刑和死刑；附加刑有罚金、剥夺政治权利、没收财产，对犯罪的军人还可附加剥夺军(警)衔。军事卫生法中的刑事责任很难一概而论，也就是说，没有专门适用于军事卫生行为的刑事责任，而是需要根据行为人的行为，依据《刑法》定罪量刑，只不过这种行为是军事卫生管理活动中发生的行为。例如，《中国人民解放军实施〈中华人民共和国药品管理〉办法》中规定，军队医疗机构使用假药、劣药，主要负责人、负有责任的主管人员和其他直接责任人员，构成犯罪的，依法追究其刑事责任。至于具体追究何种刑事责任，则依据《刑法》确定。

(二)军事卫生法律责任的实现方式

军事卫生法律责任的实现方式，是指承担或追究军事卫生法律责任的具体形式，包括惩罚、赔偿、补偿、强制四种。

1.惩罚

惩罚，即法律制裁，是由司法机关或军事卫生执法机关对责任主体的人身、财产和精神实施强制制裁的责任方式。通过使用强制力对责任主体的人身、精神施加痛苦，对财产予以剥夺，使责任主体受到压力、损失和道德非难，从而起到强制预防和矫正的作用，以平衡军事卫生法律关系，实现军事社会秩序有序发展，维持军事正义。军事卫生法律制裁包括民事制裁、行政制裁（包括军事纪律制裁）、刑事制裁。

2.赔偿

赔偿是指当军事卫生行政主体因违法或错误的执法行为侵犯了军事卫生行政相对人的合法权益，并造成了实际的财产损失而承担的法律责任。赔偿旨在制止对军事卫生法律关系的侵害，以及通过对被侵害的权利的救济，使被侵害的军事社会关系恢复原态，起到谴责和警示的作用。

3.补偿

补偿是责任主体以作为或不作为的形式，弥补军事卫生行政相对人损失的责任方式。补偿侧重强调相对人遭受损失的事实，较少渗入道德评判，目的主要在于弥补损失。

4.强制

强制是通过国家或军事强制力迫使不履行义务的责任主体履行义务的责任方式。强制的功能在于保障义务的履行，从而实现权利，使军事卫生法律关系正常运转。强制包括对人身的强制、对财产的强制。对人身的强制有拘传、强制传唤、强制戒毒、强制隔离、强制治疗、强制检疫等。对财产的强制有强制划拨、强制扣缴、强制拆除、强制拍卖、强制变卖等方式。

（三）军事卫生法律责任的减轻与免除

法律责任的减轻与免除，即通常所说的免责。“免责”和“无责任”或“不负责任”在内涵上是不同的。“免责”是以法律责任的存在为前提，违法者具备承担法律责任的条件，只是法律规定可以被部分或全部地免除（即不实际承担）法律责任。“无责任”或“不负责任”是指虽然行为人事实上或形式上违反了法律，但不具备法律上须承担责任的条件。

在我国法律规定和法律实践中，免责的条件和情况是多种多样的，通常可以分为：

（1）时效免责。即违法者在其违法行为发生一定期限后不再承担强制性法律责任。

（2）不诉免责。即所谓“不告不理”。在我国，不仅大多数民事违法行为是受害当事人或有关人告诉才处理，而且有些轻微的刑事违法行为也是不告不理。

不告不理意味着当事人不告，国家就不会把法律责任归结于违法者，亦即意味着违法者实际上被免除了法律责任。

(3)自首、立功免责。即对那些违法之后有立功表现的人，免除其部分或全部法律责任。

(4)补救免责。即对于那些实施违法行为造成一定损害，但在国家机关归责之前及时采取补救措施的人，免除其部分或全部责任。这种免责的理由是违法者在规则之前已经履行了第二性义务。

(5)协议免责。即基于双方当事人在法律允许范围内的协商同意而免责，也即俗话所说的“私了”。这种免责一般不适用于犯罪行为和行政违法行为。

(6)自助免责。即对自助行为所引起的法律责任的减轻或免除。所谓自助行为是指权利人为保护自己的权利，在情势紧迫而又不能及时请求国家机关予以救助的情况下，对他人的财产或自由采取法律或社会公共道德所认可的行为。自助行为可以免除部分或全部法律责任。

(7)人道主义免责。权利是以义务人的实际履行能力为限度的，在义务人没有能力履行部分责任或全部责任的情况下，有关国家机关或权利主体可以出于人道主义考虑免除或部分免除责任人的法律责任。

第五章　军事卫生组织法律制度概要

军事卫生组织是军事卫生法的立法、守法、执法的重要主体。军队卫生组织的依法建设、依法管理是军队卫生法制建设的主要内容之一。目前，与卫生组织相关的法律制度已基本确立。同时，实际卫生立法过程中，由于机构与管理工作、业务工作密不可分，许多卫生组织法律制度同时规范了卫生组织的业务工作或标准，对军队卫生组织的法制化、规范化起到了重要作用。

第一节　军事卫生组织法律制度概述

一、军事卫生组织的定义

军事卫生组织是军队中组织实施卫生工作的专业单位，包括卫生管理机构、卫勤保障与服务机构、医学教学机构和医学科研机构，健全的卫生机构是完成军队卫生工作的重要保证。隶属于军队的卫生机构，包括规范各级各类卫生机构隶属关系及组织形式的卫生组织体制，以及卫生机构内部不同类型子机构的设置和人员数量类型的卫生组织编制。

二、军事卫生组织的种类

根据卫生组织性质与平时、战时承担的任务，军队卫生组织可分为不同类别，按平时职责可分为卫生管理机构、卫勤保障机构、医学教学机构、医学科研机构；按战时职责可分为卫勤组织指挥机构和战时医疗后送机构。

（一）平时卫生机构

（1）卫生管理机构。卫生工作的主管部门，负责军队卫生工作的组织、计划、指导、协调和控制。中国人民解放军在军委卫生主管部门和战区、军兵种后（联）勤部门设卫生局（处）；在集团军、海军基地、舰队航空兵、战区军兵种、空军和相当军级单位的后勤部门以及各后勤保障中心设卫生处；在师和相当师级单位的后勤部设卫生科。

（2）卫勤保障机构。主要包括：①医疗保健机构。包括总医院、中心医院、教学医院、队属医院、专科医院、疗养院、门诊部、体检队及医学专科中心等。负责军队人员医疗保健和伤病员的门诊、住院治疗、疗养等工作。②卫生防疫防护机构。主要有“三防”医学救援(大)队、核事故医学救援队、野战防疫队、高原病防治队、心理卫生救援队、动物疫病应急处置队等。③药材机构。主要有药材仓库、医疗器械检修所、药品检验所、供血站、医用制氧站、制液站、野战药库、基地药库等。④部队综合卫勤保障机构。包括师(旅)医院、海军部队医院、空军场站医院、旅(团)卫生队、卫生所、舰艇卫生部门等。

(3)医学教学科研机构。主要有军医大学、军医进修学院、西部战区陆军综合训练基地军医训练大队、白求恩医务士官学校等医学院校,以及军事医学科学院、海军医学研究所、空军航空医学研究所、航天医学工程研究所、野战外科研究所等军事医学科研机构。

(二)战时卫生机构

(1)卫勤组织指挥机构。由于中国人民解放军卫生机构隶属于后勤,战时卫勤没有单独的指挥机构,通常是在各级联合指挥机构内设立卫勤指挥席位。

(2)战时医疗后送机构。《中国人民解放军医院战时保障条令》规定:战时医院按照分级救治体制,分为野战医院、基地医院和后方医院;战时医院执行专项或者特殊任务时,可称为轻伤医院、分类后送医院、中转医院、传染病医院和战俘医院等。《战伤救治规则》将我军医疗后送机构区分为连抢救组、营救护所、海军舰艇救护所、救护艇医疗队、团救护所、兵种旅救护所、海军作战编队救护所、空军乙级场站救护所、空运医疗队、卫生列车医疗队、卫生运输船医疗队、码头伤病员转运站、师救护所、步兵旅救护所、应急保障旅卫生营、野战医疗所、空降医疗队、空军甲级场站救护所、支队码头救护所、野战医院和加强的应急保障旅卫生营、野战医疗所、医院船医疗队、基地医院、后方医院。

三、军事卫生组织法律制度的发展历程

世界各国军队卫生组织法律制度建设各有特色,但都为健全各国军队卫生组织机构,规范并促进卫生工作产生了积极作用。西班牙军队在1579年颁布了医院条令;法军在1718年颁布了军队医院条令;普鲁士于1734年颁布了第一个关于组织野战医院的条令。俄国在1716年颁布了彼得一世军人法令等,对军队卫生机构的设置、卫生工作管理体制都做了规定;苏联于1917年12月7日颁布了关于组建红军总卫生部的法令,规定了卫生勤务的领导机关职能,使医务人员第一次具有了行政组织职能,包括对卫生部门的管理职能。1933年,苏联红军又颁布了卫生勤务条令,规定了不同规模的医疗机构构成的“救治阶梯”,即营、团、师的医疗救护站和师的野战医院的职能,该条令对我军卫生组织法律制度建设产生了重要影响,为我军战时卫生组织立法提供了借鉴经验。

我军卫生组织法律制度也经历了从无到有再到逐步完善的发展过程。早在1932年1月，中央军委就颁布了《关于建立军医工作系统的训令》；1933年12月又颁布了《中国工农红军组织序列表》等，规范了红军卫生机构设置、卫生工作基本任务和基本原则、伤病员救治和传染病预防等工作。1935年10月，红军到达陕北后，就开始调整军委总卫生部及下属各级卫生组织。抗日战争时期，1937年5月中央组织部卫生干部会议通过了《卫生部门暂行工作条例》，该条例不仅明确规定"军委总卫生部为卫生部门工作最高行政指导机关，凡党、政、军属各级卫生机关之工作，概受其指导或管辖之，为适应抗战需要与加强卫生部门工作之领导，分别对党、政、军采取集中分管制，以加速其效率"，而且明确规定了中央卫生机构及边区卫生机构的职能任务和人员编成，如规定"中央卫生处为中央各机关学校的卫生行政机关"，其直属单位为中央医院、疗养院、肺结核病院及党校、女大、陕公、鲁艺、统战部的卫生(科)所，职责是掌管伤兵收治，以及医务人员药品器材之调补和保健等事宜，"边区卫生处为边区卫生行政机关，下设边区医院1个(处兼院部)，同时设安塞、边中、边府及各分区诊疗所，由各驻地之保安部队卫生所兼理。县设卫生科，乡设卫生督检员以司其事。关中另组疗养所，收容该地区病人"。依法定编已经逐步得到强化。解放战争时期，各军区、野战军也颁布了有关军队卫生组织设置的法律制度，如1948年1月制订了《战勤卫生部门工作条例》，专门规定了东北民主联军东线、西线战地后勤卫生部的任务。

1948年7月下发的《东北军区后勤卫生部工作条例》，第一次用条例形式对东北军区后勤卫生部的工作职能与任务作了明确规定，为新中国成立后我军卫生组织法律制度建设奠定了基础。

新中国成立后，全军卫生组织法律制度逐步完善，卫生组织建设和管理日益法制化、规范化。在军队卫生组织建设方面，重点规范了卫生组织体制、卫生机构的建设标准、药材装备配备标准、考核评估验收标准，通常以建设标准、考核评估标准、验收标准、建设规定、建设管理办法等形式颁布，如1989年总后卫生部颁布的《全军医学专科中心建设暂行管理办法》、1991年总后勤部颁布的《关于加强军队卫生防疫队(所)建设的通知》、1995年总后卫生部颁布的《全军医学专科中心建设管理办法》、1996年中央军委颁布的《中国人民解放军卫生工作条例》、2001年总后卫生部颁布的《军队卫生防疫机构建设和工作标准》、2006年总后卫生部颁布的《军队特需药品中试基地建设标准(试行)》等；在卫生机构工作方面，重点规范了各级各类卫生机构的职责、工作任务与标准要求、收治范围，通常以工作条例、工作规定、工作规范、工作规则、工作制度、工作职责、工作标准、服务标准、业务管理办法等形式颁布实施，如1980年总后勤部颁布的《中国人民解放军军区军事医学研究所工作条例》、1989年总后卫生部颁布的《中国人民解放军部队医疗卫生单位平时基本任务、工作制度、各级人员职责(试行)》、2001年总后勤部颁布的《部队卫生机构工作规则》、2011年总后勤部颁布的《军队医院医疗工作规则》等;在卫生机构管理方面,重点对各级各类卫生机构的管理工作进行规范,通常以管理办法、管理规定、工作规划等形式颁布,如1985年总后卫生部颁布的《中国人民解放军药材仓库业务管理暂行规定》、1992年总后卫生部颁布的《军队医学专业实验室管理办法》《中国人民解放军医院分级管理办法(试行)》、1999年转发卫生部颁布的《血站管理办法(暂行)》、2009年总后勤部颁布的《军队医学专业重点实验室管理办法》《关于统一调整部队医疗体系的通知》等。

第二节　军事卫生组织体制编制的法律制度

军队卫生组织体制编制是我军卫生组织编成的基本准则,是设置卫生组织机构、控制定额、配备卫生干部、补充卫生人员以及医疗用房建设和配发医疗卫生装备的基本依据和关于各级、各单位、各部门卫生工作职能任务的规定。它涉及军队卫生组织的各个层次、各个单位和所有部门,是一个比较复杂的系统工程,必须以完备的法律制度体系为保证,必须根据时代发展和军事斗争卫勤保障的需求,在保持相对稳定的前提下,适时调整完善卫生组织体制编制,重点解决卫生组织体制编制中影响保障力提升,制约卫生组织建设全面、协调、可持续发展的弊端和不足。因此,需要加强卫生组织体制编制的立法和管理,建立完善军队卫生组织体制编制法律制度体系,使我军卫生组织体制编制能够更好地服务于卫勤保障力的生成。

一、军事卫生组织体制编制设置的法律依据和权限

根据《中华人民共和国宪法》和《中国人民解放军立法程序暂行条例》的规定,我军的编制通常由中央军委、军委职能部门和各军兵种制定颁发。

中央军事委员会领导全国武装力量,行使的职权包括"决定中国人民解放军的体制和编制,规定军委相关职能部门以及战区、军兵种和其他军区级单位的任务和职责"。在制定编制时,严格遵循立法程序。首先按军委体制编制规划和计划,在调查研究的基础上,拟制体制编制调整方案,报军委审查批准;而后根据批准的方案研究体制编制草案;编制草案形成后由党委、领导集体研究审定。编制一经审定,即按规定权限以命令形式正式颁发执行。

在确定军队卫生体制编制时,通常以军委颁布或上级部门颁布的编制表形式予以明确。如1978年7月,军委原三总部印发的《关于医院、疗养院的整编方

案》，明确规定全军医院床位的编设比例由原来按部队总人数的2.7%减为2.5%，1982年又减为2.2%，并不再编设野战医院床位，撤销野战医院番号；1992年，中央军委颁发的《“八五”期间军队体制编制调整精简总体方案》（中央军委〔1992〕4号文件）确定，平均每59名军人编1张床，每20名老干部编1张老干部病床，明确规定了军队医院的规模。

二、军事卫生组织体制编制设置的法制原则

（一）与国家政策制度相适应

医疗卫生工作的军地通用性较强，我军从军民结合、军民融合到军民融合深度发展，军队卫生机构的类型、数量、规模必须依赖于国家的卫生服务能力，考虑利用国家卫生力量，特别是国家正在开展的公立医院改革、军队建立医疗保险制度（退役、大病），都要求军队卫生体制编制的确定必须充分考虑国家的相关规定和规划。此外，从法律的效力等级和效力范围来看，国家颁布的卫生法律军队必须执行，国务院和国家部委颁布的卫生法规、卫生规章，军队也要根据情况参照执行。如军队采供血机构的设置应当充分考虑《采供血机构设置规划指导原则》中对采供血机构的分类，血站设置规划的目标和原则、设置标准等；军队医疗机构设置要参照《医疗机构设置规划指导原则（2009版）》，医院管理和建设要参照1994年国务院颁布的《医疗机构管理条例》、卫生部1994年颁布的《医疗机构基本标准（试行）》，军队医院等级评审也必须按照《国家二级综合医院评审标准（2012年版）》执行，使医院设置、功能和任务符合国家区域卫生规划和医疗机构设置规划的定位和要求；在军队疾病预防控制机构纳入国家疾病预防控制体系的大局下，军队疾病预防控制机构建设也要符合卫生部2005年颁布的《关于疾病预防控制体系建设的若干规定》等。

（二）与作战保障体制相一致

我军卫生体制编制，必须与作战体制、战略战术、武器装备技术性能相适应。不仅要设立战略、战役卫勤支援保障力量，还要建立部队建制卫勤保障机构。陆军、海军、空军、火箭军、战略支援部队的卫生机构也要根据其部队规模、保障任务设立不同类型、规模的卫生机构，军队体制编制不同，其卫生体制和编制也不同。我军建立的卫生联勤保障体制，统筹使用各军兵种卫勤力量，如《军队联勤卫生工作规定》《济南战区联勤卫生工作规定》重点调整和规范了卫勤保障机构和设施的隶属关系，合理划分保障区域，重新调整医疗保障关系，统一调整各军兵种保障任务，采取了就近就便保障的机制和办法。

（三）与卫勤保障需求相一致

战伤救治是卫生组织体制赖以产生的根本原因。战时伤员批量出现，同一

时间到达救治机构的伤员较多,特别是师以下部队救治机构距离战场前沿较近,易受敌炮火威胁,且可能随部队作战进程而改变部署地点,不宜留治大量伤员。采取的权宜之计,首先是满足保住生命的需要,对重伤员、危重伤员以及可能致残致畸的伤员优先处置,对轻中度伤员进行简单处理,待伤情稳定即迅速送往上一级救治机构。例如,《战伤救治规则》规定战时伤员按连抢救组、营救护所、团救护所、师救护所、野战医院、基地医院、后方医院顺序逐级或越级救治和后送。不仅战时如此,为了保持平战一体,方便平战转换,我军平时卫生机构设置也是按照连卫生室、营卫生所、团卫生队、师医院、中心医院、总医院的顺序阶梯式部署,各级救治范围从小到大、从简至繁。依法管理军队卫生机构,也必须突出军队各级医疗卫生机构的救治范围、药材装备、救治能力的差异,实施个性化管理。

三、军事卫生组织体制编制法律制度的主要内容

(一)军队卫生体制

军队卫生体制是关于军队卫生机构设置、隶属关系和管理权限划分等方面的组织体系和工作制度的总称。卫生人员、卫生装备、医疗设施和药品器材的数量和质量是构成卫勤保障能力的物质基础,但并不是全部。卫勤保障能力的生成还依赖于科学合理的组织形式;结构决定功能,只有采取最佳的排列组合方式,才能形成最佳的系统功能和规模效益。因此,科学合理的卫生组织体制是凝聚和组合卫生人力、物力、财力、技术的重要条件,也是军队卫勤赖以存在和发展的重要组织基础。

按照军队卫生组织不同的功能和规模,可将军队卫生组织体制划分为以下几类:

(1)按功能划分。可分为卫勤指挥体制,包括战略卫勤指挥体制、战区卫勤指挥体制、部队卫勤指挥体制;卫勤保障体制,包括医疗、防疫、药材等诸专业的保障体制;医学教育科研体制等。

(2)按规模划分。可分为战略卫勤体制、战役卫勤体制、战术卫勤体制。

(3)按军兵种划分。可分为陆军卫勤体制、海军卫勤体制、空军卫勤体制、火箭军卫勤体制、战略支援部队卫勤体制等。

我军卫勤一直在探索最佳的卫生组织形式,根本目的是形成最大卫勤保障能力。近年来,随着军队卫勤体制不断调整改革,包括精简员额、调整各级卫生机构、精简卫生机关、缩减军队后方医疗机构、加强卫勤部分队战斗化编组等,都是为了从整体上提升卫勤保障能力。

(二)军队卫生编制

卫生编制是军队编制的组成部分,军队卫生编制是军队卫生组织的微观构

成，涉及各个具体单位的内部机构设置和职能划分，人员类型、数量、职责，医疗卫生装备的配备等具体编配规定。军队卫生编制的根本目的是实现各级卫生组织、卫生人员和医疗卫生技术装备，包括各级卫勤指挥管理机关，卫勤保障部分队，军官、士兵、文职人员和各种卫生技术装备的最佳结合，使之成为精干高效的严密组织实体。科学合理的军队卫生编制是各类卫生组织形成卫勤保障能力的关键。

卫生编制是军队卫生法律制度的重要组成部分。军队卫生编制以最高统帅或军队最高军事领导机关以及授权机关的命令颁布执行，具有权威性、强制性和相对稳定性，是直接为军队卫生建设和保障部队作战服务的。平时，要依据平时编制有计划地补充卫生人员和技术装备，培养、调配卫勤军官和技术人员，控制卫生人员定额，实施卫勤训练，组织实施各项卫勤保障；战时，要依据战时编制计算卫勤保障任务和保障能力，组织战时卫勤保障，根据战时部队扩编、新建的计划扩编、新建卫勤部分队。

为加强对编制的管理，中国人民解放军专门出台了《组织编制管理条例》。根据不同时期军事斗争卫勤保障重点的变化，军队对卫生组织体制和编制进行了相应的调整。例如，军委后勤保障部卫生局就经历了多次调整。1982 年 10 月 4 日中央军委颁发编制表，总后勤部卫生部设办公室、政治处、计划财务处、科技处、训练处、卫生防疫处、医疗处、药材处、全军计划生育办公室、卫生勤务研究室、药品仪器检验所、人民军医出版社共 12 个处(室)；1986 年中央军委颁发编制表，总后勤部卫生部精简整编为 8 个处(室)；2015 年开始的新一轮军队编制体制调整改革，又将总后勤部卫生部更名为军委后勤保障部卫生局，下设 5 个业务处。

为完成战时卫勤保障任务，军队还明确了战时各级救治机构的编成。《军队机动卫勤分队建设管理规定》明确了 4 类 21 种机动卫勤分队的职能任务、组室构成和人员数量。

(三)军队卫生组织的职责

卫生组织体制是为提高卫勤保障能力提供组织保障的，必须合理明确地规定各级卫生组织要完成的任务及其具备的职责和权限，使各级卫生组织能够根据其被赋予的权力和职责，充分发挥应有的职能，高效率地完成保障任务。因为只有明确了职权范围，建立健全了责任制度，才能克服无人负责和办事拖拉的现象。大量的事实也说明，任何一级卫生组织，只要任务范围明确，职责权限清楚，相互关系顺畅，就能高效率地实施卫生工作。

(四)军队卫生组织行为

卫生体制不仅是一个组织规则体系，同时又是一个行为规范体系。如果说军队卫生体制除了解决各级卫生组织乃至每个成员的职责问题，即“应该做什么”和“不应该做什么”外，还要解决“应该怎么做”和“不应该怎么做”的问题。因此，军队卫生体制必须要通过一系列国家、军事卫生法律制度具体规范各类卫生组织行为。比如，卫生动员要遵循《中华人民共和国国防动员法》(以下简称《国防动员法》)，军队药品食品检验部门要遵循《军队药品仪器检验所业务工作规则》，从而维持正常的卫生工作、生活秩序，保证军队卫生建设的顺利进行。

（五）军队卫生组织的关系

军队卫生组织法律制度主要调整规范的是军队卫生机构组织设置、任务及其内外工作关系，为军队卫生系统的组织编制和组织管理工作提供了基本依据。如《中国人民解放军卫生条例》《中国人民解放军驻香港部队卫勤保障暂行规定》等。1999 年总后勤部卫生部颁布的《军队各级医疗机构平时收治范围和转送标准》明确规定了各级医疗机构的收治范围、各级医疗机构的转送关系；2004 年针对军队大卫生联勤体制的实施，总后卫生部出台了《关于统一调整部队医疗体系的通知》；2011 年总后勤部颁布的《军队医疗机构业务帮带管理规定》明确了总后勤部直属医院和跨区、跨系统的医院之间的业务帮带关系，以及各战区医疗机构之间的帮带关系。

第三节　军事卫生组织法律制度的主要内容

军队卫生组织法律制度重点规范了军队卫生组织职权行为、卫生组织建设、卫生组织管理和卫生服务保障等内容。

一、卫生组织职权行为

在卫生组织职权行为方面，中央军委颁布的《中国人民解放军卫生条例》作为军队其他卫生法的母法，明确规定了军队卫生组织的各种职权行为。

（一）卫生管理职能

战略联勤管理机构是全军卫生工作的主管机关，各级联（后）勤机关是本级卫生工作的主管机关。各级卫生部门是本级卫生工作的主管部门，在本级联（后）勤首长领导和上级卫生部门的指导下开展工作。各级爱国卫生运动委员会和保健领导小组是本级爱国卫生工作和干部保健工作的议事和协调机构，负责制订爱国卫生工作和干部保健工作规划和计划，并协调有关部门组织实施。

（二）服务保障职能

军队卫生组织的服务保障主要包括卫生防病、医疗保健、药材保障等。

在卫生防病方面，军队卫生部门应当按照爱国卫生工作规划和计划，组织协调有关部门开展群众性的卫生防病活动，建立健全卫生防病制度，加强卫生管理和卫生监督。指导卫生防病建设，卫生防疫机构应当指导部队的健康教育和卫生防病技术工作，实施卫生监督和疾病监测，预防与控制有害健康的媒介生物，控制传染病流行。医疗保健机构应当按照防治结合的原则为部队提供卫生防病技术服务，普及卫生知识，指导卫生防病技术工作，参与疫情处理并有效控制本单位的传染源、污染源、放射源，防止环境污染和院内感染。各单位应当加强对饮水和食品卫生的管理，对不合格的饮用水源进行治理，保证饮食卫生，防止食物中毒和食源性疾病的发生。

在医疗保健方面，军队医疗卫生机构应按照保障体系和职能分工，实施军队人员的医疗保健。综合医院和专科医院按照就近医疗、统一收治的原则实施划区医疗保障；师以下部队医院和各类门诊部、卫生所对本级机关和所属部队实施建制医疗保障；医院负责军队伤病员的门诊、住院治疗和转送；疗养院负责规定范围内军队干部和特勤人员的健康疗养和康复疗养；师以下部队的医疗卫生机构和各类门诊部、卫生所，以预防工作为主，同时开展职能范围内的医疗保健工作。

在药品器材保障方面，军队药品检验、医疗器械检修机构和药材仓库等机构在卫生部门领导下，负责军队的药品器材保障工作：药品检验机构负责药品制剂的质量检验；后勤保障部、卫生局药品检验所同时负责军队药品检验技术仲裁和军队进口药品的检验；医疗器械检修机构负责医疗设备的检验、修理和医疗设备维护的技术指导工作；药材仓库负责药材的接收、保管和发放供应。

（三）监督执法职能

军队师以上单位的卫生部门是本单位执行卫生法规的监督部门，依法行使卫生监督权，对所属机构和人员实施卫生监督；卫生防疫机构、药品检验机构、医学计量检测机构根据职责和卫生部门的授权，实施专业检验、检测和监督；军队卫生部门和被授予专业检验、检测和监督权的机构，有权对违反卫生法规的单位及人员提出质询，实施检查、检测，提出处理意见。

（四）教育训练职能

军队医学院校负责培训全军卫生专业技术干部，培养适应军队建设需要和现代战争要求的军队医学专业人才；卫生专业兵的训练，由部队训练机构根据军事训练大纲和卫生部门的要求，统一组织实施。

（五）科学研究职能

《中国人民解放军卫生条例》规范了军队医学科学技术研究机构和高等医学院校的军事医学研究职能、研究宗旨、成果管理、科研指导、科研管理、保密要求等，明确规定军队医学科学技术研究机构和高等医学院校负责研究军事医学的重点科研项目，其他有条件的医疗卫生机构，应当结合医疗卫生工作实际开展应用研究和技术革新，研究成果由军级以上单位后勤机关归口管理。

二、卫生组织建设

（一）业务建设

军队卫勤保障专业性强，对维护军人身心健康，保持和生成军队战斗力起着重要作用。根据卫勤保障工作性质和特点，我军对卫勤保障机构的业务建设进行了明确规范，为促进卫勤的正规化建设，提高卫勤保障水平和质量发挥了积极作用。

1. 医院业务建设

2011年由总后勤部颁布的《军队医院医疗工作规则》，规范了总医院、军医大学附属医院、中心医院和队属医院的主体任务，医院、医院门诊部、急诊科（室）、临床科室、医技科室、医疗质量管理委员会、药事管理与药物治疗委员会、输血管理委员会、感染管理委员会、病案管理委员会、医疗设备和器材管理委员会、医学伦理委员会的职责，院长、医务（教）部（处）主任、医疗处（科）长、医务部门各科助理员、护理部主任、护理部助理员、科室主任、护士长、科室主任医师、医师、主任药师、药师、主任护师、护士、主任技师、技士、高级工程师、工程师、助理工程师等人员的职责，以及接诊、住院与出院、特殊治疗、死亡伤病员处理、医院感染与消毒供应、医疗行政、药品与医疗设备器材、教育训练与战备、医疗信息化建设等内容。

此外，针对联勤系统，医院承担特勤人员的医疗保健任务，军队专门出台了《军队医院和疗养院海潜空勤科建设标准》，明确规定了军队医院编设的海潜科、空勤科、空潜科和海军航空潜水医学专科中心以及疗养院编设的海潜空勤科、海潜空勤疗养区、海军疗养区、空军疗养区的科室设置、人员配备及基本素质、设施设备配置、技术建设、组织领导与教育管理等内容。

2. 部队卫生机构业务建设

部队卫生机构是指军以下部队编配的门诊部、医院、医疗所、卫生队、卫生所、卫生室、舰（潜）艇医务室、航医室等，是军队一线卫勤保障力量，是医疗救治的第一道关口。部队卫生机构门类多、专业性强，为提高其医疗保障水平规范工作秩序，我军制定了《部队卫生机构建设和工作标准》《部队卫生机构工作规则》，规定了部队各类卫生机构、管理人员、技术人员职责；建立了部队卫生机构会议、值班和交接班、请示报告、卫生战备、处方管理、科研和训练、消毒和隔离制度，卫生防疫中的卫生监督、疾病监控、消毒、杀虫、灭鼠、健康教育制度，门诊、急诊工作中的门诊、巡诊、急诊、肠道门诊，以及治疗室、换药室、观察室、口腔治疗室、理疗室、心理咨询室、心理测评室、心理治疗室、计划生育工作制度，临床工作中的接诊、检诊、会诊、查房、临床病例讨论、危重伤病员抢救、麻醉工作、手术室工作、遗嘱与病案书写、分级护理、病区管理、伤病员住院管理、探视、陪护制度，辅诊工作中的检验、心电图、超声、X线、纤维内窥镜、脑电图室工作制度，药材供应管理工作中的药品供应管理、药品调剂、抗生素使用、普通制剂配制、灭菌制剂配制、药品检验、医疗仪器和设备管理、医学计量、消毒供应室工作制度，卫生信息工作中的登记、统计、病案管理、医学图书管理制度。除此之外，该规则还规定了部队卫生机构的建设、工作标准和考评制度。这一规则使得部队卫生机构业务工作有了可靠的法律保障，促进了部队卫生机构工作的发展。

3. 军队机关院校门诊部业务建设

机关院校门诊部是基层医疗单位，是为方便机关院校官兵、职工及其家属就近就便就医，减轻中心医院工作量，提高医疗保障时效的机构。《军队机关院校门诊部工作规定》对军队机关院校门诊部工作做了全面规定，要求机关院校门诊部坚持为部队服务的方向，加强技术建设，提高服务质量，保证医疗安全。医疗工作方面，军人优先就诊、不限号，重症伤病员提前安排诊治，离退休老干部和保健对象直接到诊室就诊，严格执行本级救治范围和后送标准等规定，突出了基层医疗单位的职能；急诊抢救、门诊留观、疑难会诊、重病转诊、定期巡诊制度，使机关门诊部诊治工作有了明确的标准。卫生防病方面，要求加强对营院供水系统，食堂，食品加工，制作、销售点，公共场所及服务人员的卫生检查，贯彻预防为主的方针，明确了卫生防病的重点。保健工作方面，建立了情况分析、巡诊访视、健康体检、陪同探望等制度。卫生管理方面，制定了会议、请示报告、登记统计、考勤以及经费、药品、医疗设备管理制度。该规定使得机关院校门诊部工作有章可循，保障了机关院校门诊工作的健康发展。

4. 军队疾病预防控制机构业务建设

军队疾病预防控制机构主要开展卫生、防疫、检验工作，开展卫生宣传教育，对部队环境、饮食等进行卫生监控，指导部队预防接种，指导与协助部队对传染病、流行病的调查、检疫、消除，指导与协助部队对敌生物武器的检验、消毒、预防、治疗等工作。《军队卫生防疫工作规定》和《军队卫生防疫机构工作规定》对军队卫生防疫机构的基本任务和要求，卫生防疫机构及其人员的职责，以及疾病监控、卫生监督监测、消毒、杀虫、灭鼠、卫生防护、健康教育、战备、基础建设、考核评比等工作做了明确规定。《军队疾病预防控制机构业务工作规定》规范了中国人民解放军三级疾病预防控制机构的基本任务、职责、工作制度、建设标准、工作标准、检查考评等内容，并通过《军队疾病预防控制机构基本卫生装备配备标准》明确了各级疾病预防控制机构基本卫生装备的配备。

(二)药材装备建设

针对不同类型的卫生机构,军队出台了各类相关的药材装备建设管理规定。中国人民解放军卫生管理部门为了确保军人合理医疗用药,专门制订了《军队合理医疗药品目录》,并适时组织修订。针对军队医院接收地方患者的实际情况,军队医院还应当按照国家制订的《基本医疗保险药品目录》合理采购药品,并严格遵守《军队医院药品集中招标采购工作暂行规定》《军队医疗机构药事管理规定》,完成医疗机构的药品供应与调剂、药品临床应用、科研与训练、监督与检查等工作。为满足战时药材装备保障需求,原总后勤部专门颁布了《师以下部队卫生装备配备标准》《师以下部队战备药材基本标准》《军队医院和疗养院海潜空勤科主要医疗设备配备标准》,明确了各级卫生机构战备药材、装备的类型和数量。

(三)作风建设

为了加强军队医疗机构的作风建设,我军多次出台了相关规定,如1996年总后勤部颁布的《进一步加强军队医疗机构为部队服务工作》,2004年总政治部、总后勤部颁布的《军队医疗机构医德医风建设规定》等;明确规定了军队医疗机构医德医风教育包括我军性质宗旨教育、军人道德规范教育、职业道德教育和法纪观念教育等内容,明令禁止军队医疗机构、军队医务人员的违纪行为,规范了军队医疗机构医德医风监督的领导机构、考评制度以及承诺、公示制度。

三、卫生组织管理

(一)医院管理

目前我军尚未制定有关军队医院管理的专门的规章制度,只是在医院的分级管理、感染管理、业务管理、设备管理、为部队服务、聘用人员等方面分别出台了相关的管理制度,如《中国人民解放军医院分级管理办法(试行)》《中国人民解放军医院战时保障条令》《军队医院医疗设备管理规定》《军队医院聘用护士管理规定》《军队医院感染管理规定》《军队医院和疗养院海潜空勤科建设标准》《军队医院中医临床科室建设标准》《军队医院为部队服务工作规定》《军队医院发热门诊设置标准与管理规范》等。

(二)疗养院管理

2010年总后勤部颁布的《军队疗养机构疗养工作规则》对疗养机构的管理作出了具体规定,重点规范了军队疗养机构及机关、科室的工作职责,疗养管理的工作制度、门诊接诊工作制度、临床工作制度、药械工作制度、医技工作制度,以及疗养工作标准、疗养工作考核标准等。

(三)卫生防疫机构管理

军队卫生防疫机构包括各级疾病预防控制中心、军兵种卫生防疫队、部队卫生机构等，是我军的一支非常重要的卫勤力量，在重大疫情防控和维护国家生物安全方面发挥了重要作用。为加强对卫生防疫机构的管理，我军先后出台了《关于加强军队卫生防疫队（所）建设的通知》《加强部队卫生机构建设若干问题》，从加强组织领导、改进医德医风、加强分类指导、落实标准经费、改善支撑条件、抓紧战备训练、配齐卫生装备、落实战材标准、配齐配强卫勤领导、保证卫生干部满编在位、完善卫生员训管用机制、重视和解决卫生干部的实际困难、强化继续医学教育、落实技术帮带责任制、加强业务锻炼、严格依法行医、规范工作秩序、推进信息化管理、实行工作质量考评等方面，对卫生防疫机构管理提出了明确要求。

（四）药材仓库管理

军队药材仓库包括综合仓库中的药材分库以及专业的药材仓库，其中以药材分库为主。对军队药材仓库的管理，没有专门的法律制度，但针对战备药材储备管理则出台了多个规定，如《军队战备药材储备管理规定》明确规定了战备药材储备管理部门的职责、药材规划计划的制订，以及药材采购、储存与保管、轮换更新、维护保养与处理、动用与补充、监督检查等事项。我军为提高药材供应保障效率，以药材仓库为依托，成立了药材供应站。2006 年总后勤部出台的《军队药材供应站业务工作规则》明确规定了药材供应站的任务分工、药材筹购与验收、药材保管、药材供应、设施设备管理、人员与培训、战备建设一系列工作制度。2008 年总后勤部颁布的《军队药材供应站业务建设标准》则重点规范了药材供应站的内设机构、办公用房使用面积、药材库房、安全防护设备、专用设施、储存设施设备、搬运工具、指导药材供应、采购计划、药材价格管理制度、药材采购合同、药材验收、库存药材数量、药材的登记统计、财务管理制度、药材战备预案和药材应急保障方案、药材供应管理信息系统、业务训练和药材供应站档案等内容。

（五）机动卫勤分队管理

《军队机动卫勤分队建设管理规定》将机动卫勤分队分为医疗救护分队、伤病员后送分队、防疫防护分队和药材保障分队四类。其中，医疗救护分队包括野战医疗所、野战传染病医疗所、医院船医疗所、野战医疗队、综合手术队、救护艇医疗队、援潜救生医疗队、空降医疗队 8 种机动卫勤分队；伤病员后送分队包括卫生列车医疗队、卫生运输船医疗队、空运医疗队、直升机后送医疗队 4 种机动卫勤分队；防疫防护分队包括“三防”医学救援（大）队、核事故医学救援队、野战防疫队、高原病防治队、心理卫生救援队、动物疫病应急处置队 6 种机动卫勤分队；药材保障分队包括野战药材保障队、野战血站、野战卫生装备维修队 3 种机动卫勤分队。除此之外，还对原总部、军区、军兵种的数量分布进行了区分，总体上形成了全军统一的机动卫勤分队布局模式。对于机动卫勤分队的建设管理，先后颁布、废止了多个法规性文件，1994 年颁布了《应急机动医院战备工作若干问题暂行规定（试行稿）》《应急机动医院卫生战备训练实施细则（试行稿）》，2001 年颁布了《军队医院机动卫勤分队建设暂行规定》《野战防疫队建设暂行规定》《野战卫生装备维修队（分队）建设暂行规定》《军队"三防"医学救援队（分队）建设暂行规定》等，规范的主体内容包括：任务要求、保障能力，以及组织建设、技术建设、战备训练、战备物资、战备计划和战备制度等建设任务。

（六）爱国卫生运动委员会管理

《中国人民解放军卫生条例》规定："各级爱国卫生运动委员会和保健领导小组是本级爱国卫生工作和干部保健工作的议事和协调机构，负责制订爱国卫生工作和干部保健工作规划和计划，并协调有关部门组织实施。"为了体现卫生工作的群众性和多部门交叉性，中国人民解放军在团以上单位设立了负责组织指导爱国卫生工作的领导机构，即全军爱国卫生运动委员会，简称全军爱卫会。为加强对爱国卫生运动委员会的领导和管理，中国人民解放军先后出台了《关于加强军队爱国卫生工作的决定》（1989 年总参谋部、总政治部、总后勤部联合颁布）和爱国卫生工作的五年规划，如《"十二五"期间全军爱国卫生工作规划》（2010 年中央军委办公厅颁布），均对全军各级爱卫会的工作进行了规范和部署。与爱国卫生运动委员会有关的法律制度主要规范了各级爱卫会的机构设置、人员构成、工作职责和主要任务。

（七）临床研究中心管理

中国人民解放军依托军队医院和医学研究机构设立了各类专科中心、专科研究所、专业重点实验室、技术中心、技术基地、实验室，如计划生育优生优育技术中心、卫生信息技术基地、医学专科中心等研究和保障机构；出台了《军队计划生育优生优育技术中心管理规定》《军队医学专科中心和专科研究所管理规定》《军队医学专科中心建设基本标准》《军队卫生信息技术基地管理规定》等专门的规章制度，对其构成、建设标准、管理办法进行规范。在建设标准方面，重点规范了机构设置、人员配备、基本设施、工作职责、工作制度、考评标准等，如《军队医学专科中心建设基本标准》详细规范了军队医学专科中心的学科带头人条件，人员配备要求，专用设备总值及使用率、完好率，病房、资料室、实验室设施，展开床位、床护比、床位使用率，信息化建设和远程医学系统使用，学科技术标准，任务完成情况，承担国家和军队医学研究课题、获奖、发表临床研究论文影响因子，经费支持额度，研究生、进修生培养，为部队服务，医德医风等具体标准和要求；在管理办法方面，重点规范了基本任务、申报与审批程序与材料要求、机构建设、考核评估等内容，如《军队病原体实验室认定办法》对军队病原体实验室的认定机构、认定程序、认定标准、评审办法进行了重点规范。

（八）医药卫生专业学术组织管理

中国人民解放军依托医疗卫生机构成立了各类医药卫生专业学术组织，如中国人民解放军医学科学技术委员会及其下属的各专业委员会、军队医药卫生标准化技术委员会、全军继续医学教育指导委员会、全军卫生经济管理专业委员会、全军卫生信息化专业委员会等。在卫生法制建设方面，中国人民解放军出台了《中国人民解放军总后勤部卫生部药品审评委员会章程》（1987 年总后卫生部颁布）、《全军继续医学教育指导委员会章程》（1998 年总政干部部、总后卫生部颁布）等，重点规范了各类专业学术组织的宗旨、主要任务、办事机构设立等内容。

第六章　军队卫生人员执业管理法律制度概要

第一节　军队卫生人员执业管理法律制度概述

一、军队卫生人员界定

（一）军队卫生人员的含义

军队卫生人员是指军队内部从事卫生工作的专业技术人员。1996年中央军委颁布的《中国人民解放军卫生条例》指出：“军队卫生人员应当忠于职守，全心全意为部队和伤病员服务；刻苦钻研业务，对技术精益求精；模范执行卫生法规，严格遵守技术操作规程，严防差错、事故；遵守职业道德规范。”同时，该条例规定由后勤保障部卫生管理部门协同有关部门对全军卫生人员进行管理。

由此可以看出，军队卫生人员至少应具有以下特征：第一，从事军队卫生工作。军队卫生人员的职责主要是为部队和伤病员服务，具体来说包括预防和救治伤病，改善部队环境卫生和生活卫生条件，增强军队人员自我保健能力和环境适应能力。第二，具有专业性和技术性。军队卫生人员岗位职责的实现要求从业人员具备特定的卫生专业知识和技术水平，遵守专门的操作流程和执业规范。第三，管理上的双重性。军队卫生人员服从军队卫生管理部门和有关部门的双重管理。

军队卫生人员是实现军队卫生工作目标的主要力量和最活跃因素，其职责履行对加强军队卫生建设、增进与维护军队人员健康、巩固和提高部队战斗力发挥着至关重要的作用。全军所有人员都应该尊重和配合卫生人员的工作。

（二）军队卫生人员的分类

1. 军队执业医师

军队执业医师，是指依法取得执业医师资格或者执业助理医师资格，经注册后，在军队医疗、预防、保健机构中从业的专业医务人员。其专业技术职务分为主任医师、副主任医师、主治医师、医师。军队执业医师包括执业医师和执业助理医师。

2. 军队执业护士

军队执业护士，是指经执业注册取得《中华人民共和国护士执业证书》，在军队医疗、预防、保健等机构中从事护理工作的卫生专业技术人员。其专业技术职务分为主任护师、副主任护师、主管护师、护师、护士。

3. 卫生员

卫生员是专门从事基层卫生工作的士兵，通常接受过短期卫生训练，具有医疗卫生基本知识和急救护理技术，分为卫生专业兵和卫生士官两个层次。处在两年服役期内的卫生员称为卫生专业兵，服役期满后转为士官的卫生员称为卫生士官。军队卫生员的诞生是为了适应战争年代战场救死扶伤的需要，随着人民军队的不断发展壮大，军队卫生员队伍也不断成长，专业化水平不断提升。进入和平年代后，军队卫生员作为部队医疗卫生工作的一支重要力量被保留下来，承担起疾病初诊与治疗，部队防疫与卫生防护，战伤救治与卫生勤务的基本职能。随着兵役制度的改革，一些卫生干部的工作岗位也逐渐被卫生士官所取代。作为部队卫生防病工作的第一道防线，军队卫生员的重要性进一步加强，成为基层部队平时保健康，战时保生命的主要技术骨干。

《中国人民解放军内务条令》对卫生员职责作了明确规定："（一）抢救、治疗、护理伤病员，护送伤病员及时就诊；（二）按时组织预防接种、服预防药，指导卫生防病工作，督促全连执行各项卫生制度；（三）进行卫生宣传教育，负责连队的卫生防护和自救互救训练；（四）指导炊事班搞好饮食卫生，负责饮水净化和消毒；（五）经常了解驻地疫情，发现传染病及时报告，并采取防疫措施。"军队基层单位的卫生员没有执业医师资格，可以按照卫生员职责从事一般护理工作。其中，经过护理专业学历教育的卫生员，符合护士执业注册条件的，可以按照相关规定进行护士执业注册。在医疗保障条件欠缺的紧急情况下，军队卫生员也可以对伤病员进行初级的卫生救护和疾病初诊治疗。条件允许时，再按分级转诊的规定，将伤病员转送至上级医疗单位。

基层部队单位分布广，集中医疗保障难以实施，但军队卫生员数量大、分布广，较好地适应了部队日常初级医疗保障的需要。

4. 其他卫生技术人员

其他卫生技术人员，是指从事军队药剂、检验、理疗、病理、口腔、同位素、放射、营养等技术操作及器械维修的专业技术人员。其中，军队药师是指在军队医疗、预防、保健等机构中从事药学技术工作的人员。其专业技术职务分为主任药师、副主任药师、主管药师、药师、药士。军队药师主要负责军队医疗机构的药品筹措、供应、调剂，其职责履行是伤病员用药安全有效的重要保障。从事检验、理疗、病理、口腔、同位素、放射、营养等技术操作及器械维修的专业技术人员的专业技术职务分为主任技师、副主任技师、主管技师、技师、技士。

二、军队卫生人员执业管理法律制度

（一）军队卫生人员执业管理法律制度的含义

军队卫生人员执业管理法律制度是由国家和军队制定或认可，由国家强制力保证实施的，调整在管理军队卫生人员执业活动的过程中产生的各种社会关系的法律规范的总称。

（二）军队卫生人员执业管理法律制度的渊源

军队卫生人员执业管理法律制度形式多样，具体而言，其渊源有：

（1）有关卫生人员执业管理的法律。全国人大常委会制定的卫生法律中，既有针对卫生人员执业管理的专门立法，也有在相关立法文件中涉及卫生人员执业管理的法律规范，例如1999年5月起施行的《执业医师法》和2015年修订实施的《药品管理法》。这两种形式的法律规定共同构成全国范围内卫生人员执业管理的基本依据，对军队卫生人员也产生着同等效力。

（2）有关卫生人员执业管理的卫生行政法规。国务院根据宪法和法律，制定行政法规，其中涉及卫生人员执业管理的法律规范，构成了军队卫生人员执业管理法律制度的渊源。目前，国务院制定的《护士条例》《突发公共卫生事件应急条例》《医疗事故处理条例》《医疗废物管理条例》等法规，对全国范围内卫生人员的执业行为起着规范作用。

（3）有关卫生人员执业管理的卫生行政规章。国务院卫生行政部门及其他部门制定的行政规章中，有关卫生人员执业管理的法律规范是军队卫生人员执业管理法律制度的又一重要渊源。例如原卫生部发布的《护士执业注册管理办法》。

（4）有关军队卫生人员执业管理的军事法规。军队卫生人员执业行为直接关系到军队人员的健康甚至生命，还关系到军队战斗力生成。因此，规范军队卫生人员执业行为、加强军队卫生人员队伍建设、保障军队卫生人员合法权益、明确军队卫生人员责任义务具有重要的现实意义。为此，中央军委制定了专门的军事法规，例如，2000年国务院、中央军委颁布的《中国人民解放军实施〈中华人民共和国执业医师法〉办法》。同时，中央军委制定的其他军事法规中，也不乏涉及军队卫生人员执业管理的法律规范。

（5）有关军队卫生人员执业管理的军事规章。总部根据法律、军事法规、中央军委的决定和命令，制定了有关军队卫生人员执业管理的军事规章，例如，2008年总参谋部、总政治部、总后勤部制定的《军队护士执业管理规定》就对军队医护人员执业资格、执业登记和注册、执业权利义务、执业法律责任等问题作出了规定。

（三）军队卫生人员执业管理法律制度的特点

1.管理对象的复杂性

军队卫生人员执业管理的对象是军队卫生人员的执业活动。一方面，就职业岗位而言，军队卫生人员涉及军队卫生工作的多种岗位，不同的岗位在执业资格、承担职责、工作规则等方面的要求不尽相同。例如，军队卫生人员中既有军队执业护士，也有基层部队的卫生员。护士在军队从事执业活动，要以经过执业注册并取得执业证书为前提。而基层部队的卫生员，没有执业护士资格，依然可以按照卫生员职责从事一般护理工作。另一方面，就人员类别而言，军队卫生人员中既有现役军人，也有文职人员。所谓文职人员，是指按照规定的编制聘用到军队工作，履行现役军官和文职干部同类岗位相应职责的非现役人员。尽管文职人员和现役军人在岗位职责上可能相同，但二者的区别也很明显。例如，在职称认定上，专业技术军官一般评定有专业技术职务，授予专业技术军衔，实行专业技术等级。而文职人员的岗位等级参照国家事业单位人员，将专业技术岗位分为高级、中级、初级，由高到低设一至十三级。总之，军队卫生人员执业管理法律制度的管理对象具有明显的复杂性，不同种类的人员在管理方式、享有权利、承担义务上都有所区别，不能一概而论。

2.管理主体的双重性

军队卫生人员既是军队人员，又是卫生人员。作为军队人员，要服从部队行政管理，遵守部队纪律，履行军人特殊使命；作为卫生人员，他们要遵守卫生领域普遍适用的从业规范和技术规则。军队卫生人员身份的这种双重性导致了管理主体的双重性，其执业行为既要接受国家卫生行政部门、也要接受军队卫生行政部门的管理。《中国人民解放军卫生条例》中就明确规定了由原总后勤部卫生管理部门协同有关部门对全军卫生人员进行管理。这种双重性明显地体现在军队卫生人员执业管理法律规范的内容既要符合国家层面的法律法规，也要适应军队的特殊要求。事实上，军队卫生人员执业管理的部分基础性法律就直接由军地双方管理部门共同制定完成。例如，2000年国务院、中央军委共同制定颁布了《中国人民解放军实施〈中华人民共和国执业医师法〉办法》，该办法是目前军内针对执业医师管理的效力最高的法律文件。

3.管理内容的特殊性

现实生活中，对军队卫生人员执业活动的管理涉及的内容可以很广泛，比如，工作中行政管理的问题、工作待遇的问题、职业发展前景的问题，等等。但在本章讨论的法律制度层面，必须要将卫生人员的个人实际利益与军队卫生事业的长远发展相结合，将政策规定落脚到法定权利义务，故而，在这里我们讨论的“管理”的内容具有特殊性，它指的是军队卫生人员执业资格的取得、执业注册相关规定、工作准则、执业过程中享有的权利义务及承担的法律责任等问题。

4.管理制度的多样性

军队卫生人员执业管理法律制度调整的是管理军队卫生人员执业活动过程中产生的各种社会关系，现实生活的多样性决定了该法律制度无论在调整的领域，还是在法律规范的种类上都呈现出多样性的特点。在调整领域上，军队卫生人员执业管理法律制度既明确了军队卫生人员执业资格的取得条件、取得方式、注册规则，也规定了其执业活动中享受的权利和承担的义务，以及可能承担的法律后果。在法律规范的层级上，既包括中央军委制定的军事法规，也包括军委职能部门制定的军事规章，除此之外，还有各级机关为了进一步落实相关法规规章而出台的大量规范性文件。

（四）军队卫生人员执业管理法律制度的沿革

在革命战争时期，卫生人员队伍的专业性和技术性尚不明显。由于战争形势所迫，战斗人员和医护人员之间并没有明显的界限，战斗人员也常常参与医疗救护工作。这一阶段，军队卫生人员执业资格、执业权利与义务都缺乏明确的规定，军队卫生人员执业管理法律制度还没有建立，对军队卫生人员进行管理的主要依据是部队纪律。

新中国成立以后，国家制定了卫生工作方针，确立了卫生行政管理体制，建立了卫生防疫体系和医疗服务体系，军队卫生工作也开创了新的局面。在立法层面上，国家颁布的卫生行政法规及规章，对我国卫生行政机关的组织、职权、工作方式和责任进行了规定，为军队卫生立法提供了参考和借鉴。但这一时期，军队卫生立法表现出鲜明的以具体工作为牵引的特点，对军队卫生人员执业管理尚未进行专门的立法，相关内容的法律规范大多散见于各类工作规定中，其中又以军队卫生人员的执业规则为重。例如，1986 年总后勤部制定的《军队肉品兽医卫生检验工作暂行规定》明确了兽医卫检人员的工作职责和工作制度。

随着军队卫生工作的不断深化，军队卫生人员的专门化程度不断加深，军队卫生人员执业管理法律制度随之得到完善。1987 年总参谋部、总政治部、总后勤部制定《中国人民解放军药品监督员工作条例》，从卫生人员岗位分工的视角，对军队药品监督员的任命和聘任、职权、条件进行了系统的规定。2000 年由国务院、中央军委共同制定颁布《中国人民解放军实施〈中华人民共和国执业医师法〉办法》和 2008 年总参谋部、总政治部、总后勤部制定《军队护士执业管理规定》，引入资格考试和执业注册制度，对军队医护人员执业资格、执业登记和注册、执业权利义务、执业法律责任等问题作出了规定，为军队医护人员的执业行为提供了基本准则，使相关的管理工作有法可依，同时也为军队卫生人员执业管理法律制度的进一步完善指明了新的方向。

第二节　军队执业医师管理法律制度

军队执业医师管理法律制度包括国家法律、行政法规、部门规章、军事法规、军事规章以及军队卫生管理部门制定的相关规范性文件，其中最主要和直接的是2000年国务院和中央军委根据《中华人民共和国执业医师法》制定的《中国人民解放军实施〈中华人民共和国执业医师法〉办法》（以下称《办法》）。《办法》明确了军队执业医师资格考试制度、执业注册制度、执业规则、考核培训制度、法律责任等方面的内容。

根据《办法》，军队执业医师工作由我军主管单位负责管理。军队各级政治机关、卫生管理机关按照职责分工，负责本级医师的管理工作。

一、军队执业医师资格考试制度

为了确保任职能力，军队人员必须经国家医师资格考试成绩合格，才能取得执业医师资格或者执业助理医师资格。

（一）考试条件

军队人员参加医师资格考试必须具有相应的医学专业学历，且在医疗、预防、保健机构中试用满特定期限。

具有下列条件之一的，可以参加执业医师资格考试：1.具有高等学校医学专业本科以上学历，在执业医师指导下，在医疗、预防、保健机构中试用期满一年的；2.取得执业助理医师执业证书后，具有高等学校医学专科学历，在医疗、预防、保健机构中工作满两年的；具有中等专业学校医学专业学历，在医疗、预防、保健机构中工作满五年的。

具有高等学校医学专科学历或者中等专业学校医学专业学历，在执业医师指导下，在医疗、预防、保健机构中试用期满一年的，可以参加执业助理医师资格考试。

根据《办法》，以师承方式学习传统医学满三年或者经多年实践医术确有专长并经特定机构考核推荐均不能作为军队人员参加医师资格考试的条件。

（二）申报程序

军队人员参加医师资格考试须经军队团级以上单位干部部门和卫生部门或者团级以上医疗、预防、保健机构医务部门和政治部门审核符合条件，并由该卫生部门或者医务部门到所在地县级以上人民政府卫生行政部门集体办理报名手续。

（三）实践技能考试

军队参加医师资格考试人员的实践技能考试，由军委各主管部门、军兵种以及其他相当级别单位的干部部门、卫生管理部门组织实施。

二、军队医师执业注册制度

军队实行医师执业注册制度。取得医师资格的军队医师可以向军队卫生管理部门申请医师执业注册。未经执业注册取得军队医师执业证书的人员，不得在军队从事医师执业活动。军队有任免权的单位对未取得军队医师执业证书的人员，不得任命卫生专业技术职务。军队医师执业注册的监督管理工作由军队干部部门和卫生管理部门负责，军队医师执业证书由军委主管部门统一印制。

（一）注册程序

军队医师执业注册的申请由团级以上单位的卫生管理部门或者团级以上医疗、预防、保健机构的医务部门逐级上报至军兵种级单位的卫生管理部门，由该卫生部门与同级干部部门共同审核，报军委卫生管理部门审批。军委直属单位的医师执业注册应当将审核合格的申请和有关材料，直接报军委卫生管理部门审批。除有不予注册的情形外，应当自收到申请之日起三十日内准予注册，并由该卫生管理部门发给军队医师执业证书。

军队医疗、预防、保健机构可以为本机构中的医师集体办理注册手续。

（二）不予注册

军队医师执业注册与军队医疗卫生事业建设、申请人个人利益密切相关，必须慎重对待。因此，经审核不符合注册条件不予注册的，受理注册的卫生管理部门应当书面通知申请人所在单位的卫生管理部门或者团级以上医疗、预防、保健机构的医务部门，并说明理由。

不予注册的情况可能有：申请人不具有完全民事行为能力；①申请人因受刑事处罚，自刑罚执行完毕之日起至申请注册之日止不满二年；申请人受吊销医师执业证书行政处罚，自处罚决定之日起至申请注册之日止不满二年；申请人有国务院卫生行政部门规定不宜从事医疗、预防、保健业务的其他情形的。

（三）注销注册

军队执业医生注销注册是指法定的事由出现后，已经取得执业注册的军队医师丧失执业资格，由准予注册的机关注销注册并收回军队医师执业证书。

① 指可完全独立地进行民事活动，通过自己的行为取得民事权利和承担民事义务的资格。《中华人民共和国民法通则》规定：十八周岁以上的公民是成年人，具有完全民事行为能力，可以独立进行民事活动，是完全民事行为能力人。十六周岁以上不满十八周岁的公民，以自己的劳动收入为主要生活来源的，视为完全民事行为能力人。

由于军队管理的特殊性，除了《执业医师法》规定的六种情形①之外，军队执业医生受开除军籍或者除名处分的，转业、复员以及离休、退休后移交地方人民政府安置不再继续从事医疗、预防、保健业务的，有军队规定不宜从事医疗、预防、保健业务的其他情形的都将导致其执业证书的注销注册。

（四）变更注册

变更注册是指军队执业医师注册登记的事项发生重大改变后，由卫生管理部门按实际情况对注册内容予以变更。需要进行军队执业医师变更注册的情形包括同一注册机关管辖内的执业变动、不同注册机关管辖间的执业变动、军地执业变动，不同情形下分别由不同单位办理变更手续。

军队医师执业类别和执业范围变动前后均隶属同一注册机关管辖的，应当到该机关办理变更注册手续。

军队医师执业地点、执业类别和执业范围变更前后，分属不同注册机关管辖的，应当持原准予注册机关出具的证明，在新的单位按照申请注册的规定申请办理变更注册手续。

军队医师转业、复员以及离休、退休后由地方人民政府安置并继续从事医疗、预防、保健业务的，应当交回军队医师执业证书，并持军队原准予注册的机关出具的证明，到所在地县级以上人民政府卫生行政部门申请办理变更注册手续，领取医师执业证书。

地方医师入伍后继续从事医疗、预防、保健业务的，应当交回医师执业证书，并持地方原准予注册的机关出具的证明，到所在军兵种级单位卫生管理部门申请办理变更注册手续，领取军队医师执业证书。

三、军队执业医师执业规则

军队执业医师在执业活动中，既要享受权利，也要承担义务。

① 《执业医师法》第十六条规定："医师注册后有下列情形之一的，其所在的医疗、预防、保健机构应当在三十日内报告准予注册的卫生行政部门，卫生行政部门应当注销注册，收回医师执业证书：(一)死亡或者被宣告失踪的；(二)受刑事处罚的；(三)受吊销医师执业证书行政处罚的；(四)依照本法第三十一条规定暂停执业活动期满，再次考核仍不合格的；(五)中止医师执业活动满二年的；(六)有国务院卫生行政部门规定不宜从事医疗、预防、保健业务的其他情形的。"

（一）权利

军队执业医师享有执业医师依法享有的普遍权利。①

（二）义务

由于军队的特殊任务，军队执业医师在履行防病治病、救死扶伤、保护人民生命健康的神圣职责之外，还肩负着服务部队医疗卫生建设、提高部队卫勤能力、保障部队战斗力生成的特殊使命。因此，军队执业医师既要承担执业医师的普遍义务，②也要承担身为军人的特殊义务，做到服从命令，听从指挥，尽心尽责地为部队服务，为伤病员服务。军队执业医师在业务工作中要平战结合，不仅要完成平时卫生勤务保障任务工作，也要注重学习战时卫生勤务和卫生防疫知识，提高战伤救治技术水平，确保战时卫生勤务保障任务工作顺利完成。此外，在日常工作中还要指导部队开展战伤救治训练，对军队人员进行健康教育。

（三）工作准则

军队执业医师在工作过程中，应该树立高尚的医德观念，强化敬业精神、遵守职业道德，尊重病人人格与权利，严守工作规范。同时，由于军人的特殊身份，军队执业医师还要尤其注意自觉维护军人形象、严守军队纪律要求：军队医师不得拒诊、拒治伤病员；不得向伤病员或者其家属推销药品、医疗保健器械；不得开展以牟利为目的私人诊疗活动；不得以军队医师身份做医疗广告；不得从事损害军队形象或者伤病员利益的其他行为。

四、军队执业医师考核培训法律制度

军队医疗卫生工作需要长期建设，不断推进，军队执业医师的工作也相应呈现为动态的过程。为了保证军队卫生事业的持续向上发展，必须要对军队执业医师的业务水平、工作成绩和职业道德状况进行定期的考核，要为军队执业医师接受继续医学教育提供条件，防止军队医师队伍能力僵化，促使军队医师个人技术提升和知识更新，确保为实现强军目标发挥应有的保障作用。

---

① 《执业医师法》第二十一条规定："医师在执业活动中享有下列权利：（一）在注册的执业范围内，进行医学诊查、疾病调查、医学处置、出具相应的医学证明文件，选择合理的医疗、预防、保健方案；（二）按照国务院卫生行政部门规定的标准，获得与本人执业活动相当的医疗设备基本条件；（三）从事医学研究、学术交流，参加专业学术团体；（四）参加专业培训，接受继续医学教育；（五）在执业活动中，人格尊严、人身安全不受侵犯；（六）获取工资报酬和津贴，享受国家规定的福利待遇；（七）对所在机构的医疗、预防、保健工作和卫生行政部门的工作提出意见和建议，依法参与所在机构的民主管理。"

② 《执业医师法》第二十二条规定："医师在执业活动中必须履行下列义务：（一）遵守法律、法规，遵守技术操作规范；（二）树立敬业精神，遵守职业道德，履行医师职责，尽职尽责为患者服务；（三）关心、爱护、尊重患者，保护患者的隐私；（四）努力钻研业务，更新知识，提高专业技术水平；（五）宣传卫生保健知识，对患者进行健康教育。"

(一)考核法律制度

军队医师的考核由军兵种级单位干部部门和卫生管理部门按照《中华人民共和国执业医师法》和军队的有关规定组织实施。考核应该符合相关规定,做到客观公正。

军队医师在工作中有下列情形之一的,应当依照《中国人民解放军纪律条令》的有关规定,给予表彰或者奖励:在执业活动中医德高尚,为部队、伤病员服务,事迹突出的;热爱临床工作,医术精湛,完成医疗救治任务,成绩突出的;在战场救护中不怕流血牺牲,完成任务出色的;遇有自然灾害、传染病流行、突发重大伤亡事故及其他严重威胁军队人员和人民生命健康的紧急情况时,救死扶伤表现突出的;长期在边远、艰苦的基层单位或者条件艰苦的岗位努力工作,作出显著贡献的;对医学科学技术研究有重大突破的;有国家和军队规定应当予以表彰或者奖励的其他情形的。

(二)培训法律制度

军队医师的培训由军兵种级单位干部部门和卫生管理部门,按照《中华人民共和国执业医师法》和军队的有关规定组织实施。相关部门应当制订培训计划,采取有力措施为医师的培训和接受继续医学教育创造条件。

五、法律责任

(一)军队医师的法律责任

医师在执业过程中如果违反了《执业医师法》的有关规定,应当根据违法行为的事实、性质、情节和社会危害程度,承担相应的法律责任。《执业医师法》规定的法律责任包括刑事责任、行政责任和民事责任三大类。具体而言,医师在执业活动中,违反《执业医师法》规定构成犯罪的,依法追究其刑事责任;医师在执业活动中,实施了特定行为,违反《执业医师法》规定的,依法追究其行政责任①;

---

① 《执业医师法》第三十七条规定:“医师在执业活动中,违反本法规定,有下列行为之一的,由县级以上人民政府卫生行政部门给予警告或者责令暂停六个月以上一年以下执业活动;情节严重的,吊销其执业证书;构成犯罪的,依法追究刑事责任:(一)违反卫生行政规章制度或者技术操作规范,造成严重后果的;(二)由于不负责任延误急危患者的抢救和诊治,造成严重后果的;(三)造成医疗责任事故的;(四)未经亲自诊查、调查,签署诊断、治疗、流行病学等证明文件或者有关出生、死亡等证明文件的;(五)隐匿、伪造或者擅自销毁医学文书及有关资料的;(六)使用未经批准使用的药品、消毒药剂和医疗器械的;(七)不按照规定使用麻醉药品、医疗用毒性药品、精神药品和放射性药品的;(八)未经患者或者其家属同意,对患者进行实验性临床医疗的;(九)泄露患者隐私,造成严重后果的;(十)利用职务之便,索取、非法收受患者财物或者牟取其他不正当利益的;(十一)发生自然灾害、传染病流行、突发重大伤亡事故以及其他严重威胁人民生命健康的紧急情况时,不服从卫生行政部门调遣的;(十二)发生医疗事故或者发现传染病疫情,患者涉嫌伤害事件或者非正常死亡,不按照规定报告的;(十三)使用假学历骗取考试得来的医师证的。”

医师在医疗、预防、保健工作中造成事故的，依照法律或者国家有关规定处理。

军队医师法律责任除了要适用《执业医师法》的前述规定以外，《办法》还针对军队医师工作的特殊性，增加了对军队执业医师的追责事由。军队医师有下列行为之一的，依照《中国人民解放军纪律条令》的有关规定，给予处分，军队团级以上单位卫生管理部门可以责令其暂停执业活动六个月以上一年以下；情节严重的，吊销执业证书；构成犯罪的，依法追究其刑事责任：拒诊、拒治伤病员的；利用职务之便，索取、收受伤病员财物，向伤病员或者其家属推销药品和医疗保健器械，以及牟取其他不正当利益的；擅自开展行医活动，利用媒体做医疗广告，造成恶劣影响的；发生自然灾害、传染病流行、突发重大伤亡事故及其他严重威胁军队人员和人民生命健康的紧急情况时，不服从命令的；违反国家和军队规定，给伤病员造成其他严重损害的。

（二）军队非医师人员的法律责任

在军队医师执业相关工作中，非医师人员也有可能违反相关法律规定，需要承担相应的法律责任，主要包括以下三类情况：军队人员以不正当手段取得医师执业证书、军队人员非医师行医、未经批准擅自聘用地方医师或者非医师行医。

军队人员以不正当手段取得医师执业证书的，由军队发给证书的部门予以吊销；对负有直接责任的主管人员和其他直接责任人员，依照《中国人民解放军纪律条令》的有关规定，给予处分。

军队人员非医师行医的，依照《中国人民解放军纪律条令》的有关规定，给予处分；给患者造成损害的，依法承担赔偿责任；构成犯罪的，依法追究刑事责任。

未经批准擅自聘用地方医师或者非医师行医的，依照《中国人民解放军纪律条令》的有关规定，对聘用单位负有直接责任的主管人员和其他直接责任人员给予处分。所聘用的地方、非医师由县级以上地方人民政府卫生行政部门依法处罚；给患者造成损害的，依法承担赔偿责任；构成犯罪的，依法追究其刑事责任。

第三节 军队执业护士管理法律制度

军队执业护士管理法律制度既包括国家制定的法律法规，也包括军队有立法权限的机关制定的军事法规、军事规章以及相关规范性文件。护士工作繁复，与患者接触的时间最长。其执业行为，不仅直接关系到患者的医疗安全和治疗效果，还关系着医疗工作目标的实现。为了维护护士的合法权益，规范护理行为，促进护理事业发展，保障医疗安全和人体健康，国家制定了系列法律规范，最为重要的是2008年国务院颁布的《护士条例》，该条例对护士执业资格取得、注册管理、护士权利义务等问题作了详细规定。2008年12月1日，根据国家和军队有关规定，中国人民解放军总参谋部、总政治部、总后勤部联合出台了《军队护士执业管理规定》(以下简称《规定》)，为军队护士执业管理工作提供了基本依据。

根据《规定》，军队护士人格尊严、人身安全不受侵犯，军队护士依法履行职责，受法律保护。有关部门应按规定采取措施，改善军队护士的工作条件，保障军队护士待遇，加强护士队伍建设，发挥军队护士在医疗、预防、保健中的作用，促进军队护理事业健康发展。

一、军队执业护士资格考试制度

军队执业护士实行资格考试制度。护士执业资格考试是评价申请者是否具备执业所必需的护理专业知识与工作能力的考试。军队执业护士必须通过全国护士执业资格考试。

(一)考试条件

在军队医学院校或者地方普通全日制院校护理、助产专业完成3年以上护理、助产专业课程学习的军队人员，可以申请参加全国护士执业资格考试。

(二)申报程序

申请参加全国护士执业资格考试的人员，属于应届毕业生的，由申请人所在学校办理报名手续；属于非应届毕业生的，由申请人所在医疗卫生机构办理报名手续。

军队护士执业资格考试成绩，由军队有关主管部门公布。

二、军队执业护士注册制度

军队实行护士执业注册制度。军队护士经执业注册取得《中华人民共和国护士执业证书》后，方可按照注册的执业地点从事护理工作。未取得《中华人民共和国护士执业证书》的人员，不得被任命或者聘用为军队护士。

(一)申请条件

申请护士执业注册，应当具备下列条件：①具有完全民事行为能力；②在军队医学院校全日制护理专业毕业或者在中等职业学校、高等学校完成国务院教育主管部门和国务院卫生主管部门规定的普通全日制三年以上的护理、助产专业课程学习(包括在教学、综合医院完成8个月以上护理临床实习)，并取得相应学历证书；③通过全国护士执业资格考试；④身心健康，无影响履行护士职责的疾病、残疾或者功能障碍，经体检合格。

(二)申请程序

申请护士执业注册，应当在自申请人通过护士执业资格考试之日起3年内提出。申请人须向拟注册的医疗卫生机构提交指定材料。逾期提出申请的，除提交上述指定材料之外，还应当提交在军队医院（不含部队师旅医院）或者省级人民政府卫生行政管理部门规定的教学、综合医院接受3个月临床护理培训并经考核合格的证明。

对申请护士执业注册的申请人提交的申请材料，医疗卫生机构应当进行初审，经本单位卫生部门审核后，逐级上报至护士所在军兵种级单位卫生管理部门接受审批。其中，军委直属单位应当将审核合格的申请和有关材料，直接报至军队有关卫生管理部门接受审批。军队医疗卫生机构应当为申请护士执业注册的人员集体办理申请执业注册手续。

军委卫生主管部门、军兵种级单位卫生管理部门应当在自受理申请之日起20个工作日内，对医疗卫生机构提交的申报材料进行审核。审核合格的，准予注册，发给国务院卫生部统一制发的《中华人民共和国护士执业证书》，对不符合规定条件的，不予注册，并书面说明理由。

（三）注册的延续、变更和注销

1.注册的延续

军队护士执业注册有效期为5年。护士执业注册有效期届满需要继续执业的，应当在有效期届满前30日，向原注册审批部门申请延续注册。军队护士因执行军事任务或者上级指派的其他任务，不能按时申请延续注册的，经所在医疗卫生机构批准，可以在执行任务结束后，再行申请办理护士执业延续注册手续。

军队护士执业注册审批部门应在自受理延续注册申请之日起20个工作日内对其进行审核。审核合格的，予以延续注册，延续执业注册有效期为5年。对受到暂停执业活动处罚且处罚期限未满的，或者经健康体检不符合健康要求的申请人，不予延续注册，并书面说明理由。

2.注册的变更

军队护士在其执业注册有效期内，执业地点和其他注册项目发生变化时，应当申请办理变更执业注册手续，但经所在医疗卫生机构批准，参加支援保障、进修学习、学术交流等任务的，不办理变更执业注册手续。

军队护士办理变更执业注册手续，应当提交《军队护士变更执业注册申请表》和《中华人民共和国护士执业证书》，按申请注册的程序和要求进行。

3.注册的注销

军队护士办理注册后，有下列情形之一的，护士执业注册审批部门应当注销执业注册：注册有效期届满未申请延续注册的；受吊销《中华人民共和国护士执业证书》处罚的；死亡或者丧失民事行为能力的。

注册注销后，不能按注册的执业地点从事护理工作。

三、军队执业护士执业规则

军队执业护士是军队医疗救护工作的一线力量，其执业行为直接关系到部队伤病员的身体健康和军队战斗力巩固。由于军队任务的特殊性，军队执业护士在承担普通护理活动之外，还可能参加作战、军事演习、军事训练和处置突发事件。《军队护士执业管理规定》对军队护士在执业活动中享有的权利义务作出了明确规定。

（一）权利

军队执业护士享有广泛的政治、经济等方面的权利：

按照国家和军队的有关规定享有参加政治活动，获得政治荣誉和精神、物质奖励的权利，享有获取工资报酬、享受福利待遇、参加社会保险的权利。护士所在的医疗卫生机构应当执行国家和军队有关工资、福利待遇、保险等规定，保障军队护士的合法权益。对在艰苦边远地区工作，或者从事直接接触有毒有害物质、有感染传染病危险工作的，军队护士所在医疗卫生机构应当按照国家和军队的有关规定给予津贴补助。

军队护士享有获得与其所从事的护理工作相适应的卫生防护、医疗保健服务的权利。从事直接接触有害物质、有感染传染病危险工作的军队护士，享有依照国家和军队有关规定接受职业健康监护的权利；患职业病的，享有依照国家和军队有关规定获得赔偿的权利。

军队护士享有按照国家和军队有关规定获得与本人业务能力和学术水平相应的专业技术职务（资格）的权利；享有参加专业培训、从事学术研究和交流、参加行业协会和专业学术团体的权利。医疗卫生机构应当保证军队护士接受注重新知识、新技术应用的培训，并且应当根据临床专科护理发展和专科护理岗位的需要，开展对军队护士的专科护理培训。

军队护士享有获得疾病诊疗、护理相关信息和其他与履行护理职责相关的权利，享有对医疗卫生机构和卫生部门的工作提出意见和建议的权利。

（二）义务

军队护士执业，应当遵守国家和军队的法律、法规、规章和诊疗技术规范。

军队护士应当全心全意为伤病员服务，尊重、关心、爱护伤病员，严格执行医嘱，认真观察病情，正确实施护理，准确书写护理记录，进行健康教育和康复指导，保护伤病员的隐私。

军队护士在执业活动中，发现伤病员病情危急，应当立即通知有关医师；在紧急情况下为抢救垂危伤病员生命，应当先行实施必要的紧急救护。

军队护士发现医嘱违反有关规定和诊疗技术规范的，应当及时向开具医嘱的医师提出；必要时，应当向该医师所在科室的负责人或者医疗卫生机构管理医疗工作的负责人报告。

军队护士应当服从命令，听从指挥，按照军队有关规定和上级的命令、指示参加作战、军事演习、军事训练和处置突发事件中的医疗救护工作。发生严重威胁官兵和公众生命安全健康的自然灾害、公共卫生事件等情况时，军队护士有义务参加医疗护理工作。

四、奖惩法律制度

军队执业护士工作业绩突出、有重大成绩的应获得奖励。反之，违反相关法律法规要求，则要根据违法行为的事实、性质、情节和社会危害程度，承担相应的法律责任。

（一）奖励

对在军队护士执业管理工作中作出突出成绩的单位和个人，依照《中国人民解放军纪律条令》和有关规定，给予奖励。

（二）法律责任

军队护士在执业活动中有下列情形之一的，医疗卫生机构应暂停其执业活动，情节严重的，应由《中华人民共和国护士执业证书》发证部门吊销其证书，并依照《中国人民解放军纪律条令》和有关规定，给予处分：发现患者病情危急未立即通知医师的；发现医嘱违反法律、法规、规章或者诊疗技术规范的，未依照本规定提出或者报告的；泄露患者隐私的；不服从命令和安排，不参加医疗救护工作的。

军队护士在执业活动中造成医疗事故的，依照国家和军队医疗事故处理的有关规定承担法律责任。

第四节 军队卫生人员执业管理法律制度的健全

当前，国家医药卫生体制改革进入了“深水区”，各种医疗矛盾凸显。军队卫生事业作为国家卫生事业的重要组成部分，对满足广大官兵和人民群众的合理医疗保障需求来说意义重大。与此同时，世界新军事变革的潮流方兴未艾，卫生作为现代战争后勤保障的重要环节，将对战争结局产生重要影响。因此人民军队在新时期新阶段肩负的新的历史使命，也对军队卫勤保障能力提出了更高要求。然而，实践中，军队卫生人员的执业管理还存在一些问题，制约着卫生人员个人能力的发挥和卫生工作的成效提升。因此，有必要对军队卫生人员执业管理制度的优化和完善作出思考，以期提高军队卫生工作水平和医疗保障效益，推动现代卫勤的全面建设。

一、健全不同岗位卫生人员的执业管理法律制度

随着国家法制建设工作的不断推进，我国卫生人员执业管理法律制度不断完善，同时也为军队卫生人员的执业管理立法提供了依据和参考。《中国人民解放军实施〈中华人民共和国执业医师法〉办法》《军队护士执业管理规定》的颁布和实施使军队执业医师和执业护士的管理工作真正做到有法可依，促进了军队执业医师和执业护士的合法权益保护，医护质量提升和医疗安全。而军队其他卫生技术人员尚缺乏专门的执业管理立法，造成了实践中部分卫生工作岗位准入规则混乱，卫生工作人员学历、技术水平参差不齐，执业管理工作难以展开，相关人员权益无从保护等问题。

（一）建立军队执业药师管理法律制度

1999 年，国务院人事部和国家医药管理总局共同发布《执业药师资格制度暂行规定》，实行执业药师资格制度。执业药师是指经全国统一考试合格，取得《执业药师资格证书》并经注册登记，在药品生产、经营、使用单位中执业的药学技术人员。按照规定，未经注册者，不得以执业药师身份执业。但是军队医疗单位接受的是国家卫生部和军队卫生管理部门的双重管理，人事部和国家医药管理总局发布的《执业药师资格制度暂行规定》对军队医疗单位不具强制的约束力。因此，取得《执业药师资格证书》并完成注册并不是军队医疗单位药剂工作人员的执业前提。那么军队药师的执业资格如何确定？执业权利义务如何划分？目前，军队尚无专门的法律，只有 2005 年总后勤部制定的《军队医疗机构药事管理规定》中对军队药师的资格作出了较为笼统的规定："军队医疗机构的非药学专业人员不得直接从事药学专业技术工作。"

（二）建立军队医技人员执业管理法律制度

从事药剂、检验、理疗、病理、口腔、同位素、放射、营养等技术操作以及器械维修的军队医技人员面对的情况与军队药师类似。医技人员的执业规则主要由 1982 年原卫生部发布的《医院工作制度》来进行指导。而该制度仅对各个岗位的具体工作规则进行了操作方面的规定，人员的执业资格取得方式、执业权利义务等问题依然缺乏专门的法律予以明确。

（三）建立卫生员执业管理法律制度

基层卫生员对于基层卫勤保障来说意义重大。建立完善卫生员执业管理制度，首先要严格卫生员的从业资格条件，提升卫生员平均专业知识技能水平。目前，基层部队卫生员大多只接受过卫生员训练队的短期培训，整体学历偏低，但却承担着多项对医疗卫生专业知识能力水平要求较高的卫勤任务。因此，有必

要在卫生员的执业资格上提升要求，严格卫生员的选拔，加大有医学专业背景的卫生士官比例，同时也要改革卫生员的教学培训方法和内容，提高培训质量。其次，参考对军队执业护士管理的规定，建立卫生员执业注册制度。目前，卫生员队伍编制少、人员流动快，基层卫生员队伍建设的连续性和完整性面临着较大挑战。对此，可以通过参照军队执业护士管理，建立卫生员的执业注册制度，打通部队卫生员教育培训与地方学历教育的对接环节，既优化了卫生员教育培训体系，提升教育培训质量，同时也解决了卫生员退伍转业的后顾之忧，便于培养业务骨干，尤其是中高级卫生士官，最后起到稳定队伍的作用。

总之，健全相关卫生岗位人员的执业管理法律制度意义重大：首先，有利于实现对岗位的执业准入控制。执业准入性考试是我国行业管理的发展趋势。通过执业资格考试，可以更科学、公正客观地选拔技术人才，促进卫生人员整体素质的提升，打造专业素质全面、技能过硬的执业队伍；其次，有利于卫生人员的权责明晰。通过相应的立法，对必须具备执业资格的岗位作出明确规范，以法律形式规定该岗位的具体权益和职责，做到权责明晰、有法可依。再次，有利于实现军地卫生人员的对接。通过执业资格考试、执业注册认定等工作的推行，军队相关卫生人员的管理将更加规范，同时，由于有国家统一的注册管理机构，也更容易实现与地方行业的管理对接，有利于军队引进地方的人才和回到地方的复转人员继续执业。

二、切实落实卫生人员的执业权利

军队卫生人员执业管理法律制度规定军队卫生人员享有广泛的执业权利。然而，实践中，由于各种原因，部分权利往往难以兑现，需要完善相关配套制度予以保障。例如，现代社会中知识的更新速度加快，科学的不断发展决定了卫生人员必须不断更新知识技能。传统的院校教育无法满足卫生人员提升工作能力和操作水平的迫切要求，这使得继毕业学校规范化专业培训后，以学习新理论、新知识、新技术和新方法为主的继续教育成为必需。《中国人民解放军实施〈中华人民共和国执业医师法〉办法》和《军队护士执业管理规定》都对医护人员接受继续教育的权利进行了规定，但是现实生活中医疗单位工作任务重、压力大，工学矛盾突出，医护人员接受继续教育的权利往往落为空谈。要解决这一问题，首先就要对继续教育制度从细节上完善，将规则明确化具体化，强化单位责任并予以量化考察，开展多种培训层次和方式确保一个部门内部有计划、有梯次地实现人员深造目标。

三、探索创新执业规则

卫生人员执业管理的法律制度与现代科技的进步紧密相关，与社会生活的发展密切相连。在深化我国医疗卫生体制改革的大背景下，军队医疗工作的管理体制也面临着多方面的调整，军队卫生人员执业管理法律制度不可避免地将要面临对规则的创新和探索。

2011年，国务院发布《关于建立全科医生制度的指导意见》，决定建立全科医生制度。2009年1月，国务院常务会议通过《关于深化医药卫生体制改革的意见》和《2009—2011年深化医药卫生体制改革实施方案》，推动了执业医师多点执业的试点尝试。军队基层医疗卫生人力资源缺乏，全科医生作为综合程度较高的医学人才，更能有效应对基层综合问诊的现实需求，有效配合军队的分级转诊模式，为官兵提供连续协调、方便可及的基本医疗卫生服务。另一方面，医师多点执业可以促进军队医疗资源的合理配置，促进医疗人才的双向交流，为基层部队，特别是边、散、远部队官兵就诊提供便利。[①] 目前，军队医疗卫生机构尚未实施相关制度，但国家层面的试点工作也为解决军队基层卫生建设中的矛盾问题提供了制度借鉴。现实中，如何在制度上作出更精细的设计，例如，全科医生的注册管理、多点执业医师与执业机构的权责划分，则有可能是我们未来需要解决的问题。

① 参见《军队医院医师多点执业的伦理探讨》，张珊，全军第六次医学伦理学专业学术会议论文集，解放军出版社2012年版。

第七章　军队医学科研管理法律制度概要

第一节　军队医学科研管理法律制度概述

一、军队医学科研管理法律制度概念

军队医学科研管理法律制度是由一系列规范军队医学科研活动的法律制度构成的，是军队卫生机构在从事医学科学研究及科研管理时遵守的各种行为规则的总和，包括各项法律、法规、规章、制度。

二、军队医学科研管理法律制度的地位与性质

军队医学科研管理法律制度是军队医学科研管理的基本依据，是医学科研活动的基本准则。军队医学科研管理法律制度具有法律性、军事性和军民融合性。从法律性上讲，它是国家法律制度的组成部分，具有国家法律制度的一般特征；从军事性上讲，军队医学科研活动源于军事需求，服务于军事活动，致力于战斗力的提高；从军民融合性上讲，医学科研成果军为民用、民为军用，充分体现了军民融合，军队医学科研活动受地方和军队科研法律制度的双重制约。

三、军队医学科研管理法律规范的作用

军队医学科研管理法律制度涉及科研活动的方方面面，贯穿科研活动的始终，包括科研计划、立项、研究、验收、转化全过程。其作用是确保军队医学科研在国家和军队的规范下科学有序地进行，各项医学科研管理活动有法可依，有据可查，最终使科研成果服务于军队和国家。

四、军队医学科研管理法律规范的对象

军队医学科研管理法律制度规范的对象为军队科研活动和军队医学科研管理活动。

（一）军队医学科研的类型

军队医学科研主要有以下几种类型：按照性质分为基础研究、应用研究和发

展研究；按照任务来源分为国家科研任务、军队科研任务、地方政府科研任务、单位内部科研任务、国际合作科研任务和科研人员自行开展的科研课题；按照所属学科分为基础医学研究、临床医学研究、预防医学研究、中医学研究、药学研究、军事医学研究；等等。

（二）军队医学科研管理

军队医学科研管理是军队运用科学和管理学的理论、方法对医学科学技术研究进行的计划、组织、协调和控制活动。其目的是通过优化课题、人才管理和资源配置，达到出成果、出人才、出效益，加强医学科学技术的创新和转化的效果，为军队卫勤保障和卫生建设服务。

全军从事医学科技研究的机构包括专职研究机构和非专职研究机构。专职研究机构有军事医学科学院、野战外科研究所、海军医学研究所、空军医学研究所等。非专职研究机构包括军医大学的部、院、系，军队各级医院等。

军队医学科研管理体系基本由三个层次管理机构组成：决策层是卫生机构的各级领导和科学技术委员会；指挥层是各级的科研管理机构，如军事医学科学院的科技部、军医大学的科研部、军队各级医院的医务部（处），以及军委后勤保障部卫生局、各军种卫生局、军委机关事务总局卫生局的科研管理部门；执行层是从事具体研究活动的工作单元，包括部分科研管理机构和具体研究单位的科研管理部门以及从事科研实质性工作的研究室、课题组等。

军队医学科研管理的具体工作，包括：军队医学科技管理发展方针、政策的确定，科研规划、计划的拟制和组织实施医学科研资源状况、水平评价、支撑条件的改善，拔尖人才的培养、成果的效益等。

五、军队医学科研管理法律制度的分类与特征

（一）军队医学科研管理法律制度的分类

按照医学科研管理的内容可以将军队医学科研管理法律制度分为医学科研计划管理类、医学科研项目管理类、医学科研成果管理类和医学科研支撑条件管理类四类。

（二）军队医学科研管理法律制度的特征

1. 军队与国家的兼顾性

军队医学科研活动既有军队的科研项目又有国家、地方的科研项目，因此军队医学科研活动既要遵循国家、地方制定的法律制度，又要遵守军队各级部门制定的各种法律制度。军队医学科研管理法律制度，除针对特殊军事医学科研项目的管理制度外，其他各项法律规范均应在国家法律规范的框架指导下制定细化。

2.宏观与微观的全局性

军队医学科研管理既有宏观管理又有微观管理。宏观管理包括:贯彻科技政策,确定发展战略和方向、任务;组织调研预测,规划重点课题和学科建设;合理安排部署,确保成果转化和发展后劲;优化资源配置,理顺运行机制和各种关系;深化科技改革,优化组织体制和人才机构;强化科技法制,规范常规管理和监督机制。微观管理包括:以选题为重点的项目管理,以人才为主体的学科管理,以经费为核心的条件管理和以效益为目标的成果管理。因此军队医学科研管理法律制度既包括宏观的法律制度,又包括具体的实施细则。

六、军队医学科研管理法律制度亟须加快完善

(一)军队医学科研管理法律制度应更加着眼军民融合

今后军队医学科研的发展方向是军民融合,但现有的法律制度大多并不是专门着眼军民融合本身,结构合理、全面系统、配套完善的法规体系尚未形成,与军民融合发展的要求还有较大差距,这在一定程度上影响和制约了军民融合发展的步伐。近年出台的涉及军民融合的法规,有的内容过于原则,没有配套的实施细则,有的程序过于烦琐,导致操作性不强,难以有效落实,从而使科研管理在有些时候无所适从,缺乏依据。此外,军地各部门之间管理边界不清,管理内容交叉重叠,各自制定法规制度,导致法规文件之间协调不够,衔接困难。因此,应着眼军民融合进一步完善军队医学科研管理法律制度。

(二)军队医学应急科研管理法律制度应进一步完善

军队卫生机构,除计划课题研究外,在特殊情况下,还会根据国家和军队的需要进行应急科研活动。应急科研的科研立项往往是指令性的,有关部门会根据科研机构、科研团体的科研优势遴选研究承担单位。应急科研要求针对特定时间、特殊状态、特别情况,利用核心技术手段在较短时间内迅速解决面临的困难,而且要求其科研成果必须在实践中尽快得以应用。因此,不可能像平时那样完全按照科研程序规范进行各个阶段的评审、鉴定、试验,有时甚至仅拿出了少量样品就直接投入应用。目前,国家和军队尚未出台针对应急科研管理的法律制度,为保证应急科研的效率与质量,应针对应急科研制定相应的法律制度,确保应急科研的规范进行。

第二节 军队医学科技计划管理法律制度

一、军队医学科技计划管理的内容

国家科技计划是指根据国家、军队科技发展规划和战略安排的,受中央、军

队财政支持或以宏观政策调控、引导，由政府行政部门组织和实施的科学研究与试验发展活动及相关的其他科学技术活动。国家科技计划是国家解决社会、经济、军队发展中涉及的重大科技问题、实现科技资源合理配置的重要手段。医学科技计划管理是根据医学科技发展目标和任务，制订科研和资源配置的方案并组织实施的活动。

军队医学科技计划管理是医学科研管理的重要环节。军队医学科技计划是预先确定国家、军队医学科学技术的奋斗目标及实现途径的行动方案，包括预测科技发展的未来、确定目标和方针、制订和选择方案、综合平衡后作出决策。军队医学科技计划管理是组织制订和实施国家、军队医学科学研究计划的管理活动。科技计划管理的主要任务是贯彻执行党的科学技术方针、政策，使医学科学技术走在国防建设的前面，与后者发展协调一致，为军队提供新的军事医学理论知识和现代化装备、技术、方法，促进医学科技人才的成长，为部队服务，为战备服务。

二、相关法律制度

为了规范国家、军队科技计划管理，明确设立国家、军队科技计划的基本程序和要求，强化国家、军队科技计划管理的责任机制，建立国家、军队科技计划管理的基本制度，根据《中华人民共和国科学技术进步法》的有关要求，国家科技部和军队原总后勤部分别制定了《国家科技计划管理暂行规定》和《军队后勤科研计划管理规定》。《国家科技计划管理暂行规定》中要求国家科技计划管理应遵循以下基本原则：①制订、实施和管理国家科技计划必须依法进行；②国家科技计划设立和项目选择必须有利于保证国家目标的实现；③简化管理程序，加强国家科技计划管理的政策、制度和规律研究，提高国家科技计划管理的效率；④建立国家科技计划的管理公开制度，促进公众对国家科技计划管理的了解和参与，提高管理决策的公开性和公正性。

第三节　军队医学科研项目管理法律制度

一、军队医学科研项目管理的内容

医学科研项目管理是指医学研究机构和研究人员对相对独立的研究单元进行选择、决策，并对其工作加以组织和调控的活动。医学科研项目管理可分为两种类型：①学术技术管理。课题负责人按照科学技术规律和自己的学术思路选择课题，合理地安排研究进度和使用人、财、物、信息等资源，以解决研究过程中各种学术技术问题及相互衔接关系。②组织计划管理。研究机构管理人员，按照科学技术规律和管理学理论，通过开题评审使课题符合卫勤保障和科技发展需要，通过资源分配和组织协作解决课题对支撑条件的需求和各课题之间的关系。

科研项目管理的目的在于规范和加强科研项目日常管理，高效调动和利用科技资源，充分发挥基金课题效益，全面促进科技人才成长，从而实现军队医学科技事业的全面、协调和可持续发展。一般而言，科研项目管理是指下级及本级行政或业务领导机构对本单位科研课题具体实施的计划、组织、控制、协调等行为，具有设计、管理与服务多重内涵。军队医学科研项目管理程序和原则与常规科研项目管理基本一致，其目的都是保障科研项目实施的制度化和科学化，保证科研计划圆满完成，出成果、出人才、出效益，全面提高单位综合竞争力。与常规科研管理相比，军队医学科研管理工作具有指令性强、重点突出、监管严格和重视应用的特色。

科研项目管理的主要内容，包括项目申请、立项论证、组织实施、检查评估、验收鉴定、成果申报、科技推广、档案入卷等过程管理，以及经费管理（预算、开支与决算）、学术监管（伦理、道德）等环节，其主要内容可概括为五项：申请与立项、实施与评估、验收与归档、经费管理、学术监督。具体程序包括：①项目负责人进行信息调研、选题并按程序申报；②研究机构组织同行评议，批准立题并安排经费等条件；③组织结构合理的课题组，制订课题研究方案；④组织实施课题研究和中期检查，以实现课题目标；⑤进行课题总结，组织鉴定验收和资料归档；⑥组织学术交流、技术推广或开发，实现课题效益。

二、相关法律制度

（一）项目申报、过程管理

为规范科研项目管理，提高科研项目管理的效率，保证科研项目管理的公开、公正和科学，国家和军队都制定了相关的法规。2001年，中华人民共和国科学技术部颁布了最新的《国家科技计划项目管理暂行办法》，这个办法，对项目立项、项目实施管理、项目验收、专家咨询都做了详细的规定。此外，国家科技部针对各种不同的科技计划制定了相关的法规，如《国家高技术研究发展计划（863计划）管理办法》《国家科技支撑计划管理办法》《国家国际科技科技合作专项管理办法》等。

在国家制定的法律法规的基础上，军队对科研管理也制定了相关的法规，如为了规范军队后勤科研项目管理，提高后勤科研项目管理质量，原总后勤部根据《中国人民解放军后勤科学技术条例》和《中国人民解放军后勤装备条例》，发布了《军队后勤科研项目管理规定》作为军队后勤科研项目管理的基本依据。该规定对各机构在科研管理中的职责做了明确的规定，对装备研制项目（不含软件类装备项目）、技术产品研究项目、软件开发项目、应用基础研究项目、技术标准项目和软科学论证研究项目的课题论证、方案设计、研究研制、结题验收、检查评估等做了详细要求。

此外，针对科研过程中的各种科技报告，国家和军队也在此方面进行了规范，如国家科技部颁布的《国家科技计划科技报告管理办法》对科技报告的工作流程、内容要素、开放共享和权益保护等做了详细的规定。

（二）科研合作管理

随着现代科学技术的迅猛发展，科技合作已成为不可阻挡的历史潮流。所谓科研合作，是指两个或两个以上科研人员或组织共同致力于同一研究任务，通过相互配合、协同工作而实现科研产出最大化目标的一种科学活动，其本质是合作者之间的资源共享。科研工作的细化和科研效率的提升推动了研究人员之间的合作，我国政府充分认识到科技合作的重要性，在《国家中长期科学和技术发展规划纲要（2006—2020 年）》中已明确将扩大国际和地区科技合作与交流列为确保纲要各项任务落实的重要措施之一。国家"十二五"科学和技术发展规划中也明确提出要提升科技合作水平和加强科技合作国际化程度、完善政府间科技合作机制、积极参与国际科技组织与国际科学计划、加强与发展中国家和港澳台地区的科技合作。

现代科技活动有两大特征：一是跨学科、跨专业；二是国际交流。医学科学研究目前已形成一个多层次、多渠道、全方位的科技合作局面。由于科技合作的内容、参研单位和科研课题的性质不同，科技合作的组织形式也在不断创新和发展。按研究内容范围分为同学科团队合作研究和跨学科团队合作研究；按研究目的分为合作研究、联合调查和联合开发；按课题来源分为上级指令合作和自发联系合作；按合作对象分为单位内合作、本单位与外单位合作、军队与地方单位合作、国内与国外参研单位合作等。

为明确规定科研合作各方权责，保护各方利益，科研合作各方需签订技术合同。技术合同是当事人就技术开发、转让、咨询或服务订立的确立相互之间权利和义务的合同。在科研合作中，技术合同使研发者与需求者直接挂钩，有利于促进科研工作的发展，加快科研成果的转化、应用和推广。1987 年 6 月 23 日第六届全国人民代表大会常务委员会第二十一次会议通过了《中华人民共和国技术合同法》，对合同的订立、合同的效力、合同的履行、合同的权利义务终止、违约责任等进行了明确的规定。1999 年 10 月 1 日，随着《中华人民共和国合同法》的施行，《中华人民共和国技术合同法》正式废止，有关技术合同的条文列入《中华人民共和国合同法》第十八章。

技术合同根据其标的不同分为开发合同、转让合同、服务合同和咨询合同。从法律上讲，验收、交付后技术合同已结束合作关系，但在科技成果推广和应用过程中，还需要合作各方相互给予支持，这是合作各方不可推辞的责任。当然，也应在合同中明文约定期限。

(三)科研档案管理

军队医学科研档案，是医学科研管理档案和医学科研技术研究档案的总称，指在医学科研管理工作和医学科研技术研究活动中形成的，具有保存和利用价值的文字、图表、声像等各种形式的历史记录。

为了规范军队后勤科技装备档案管理工作，根据《中国人民解放军档案条例》《中国人民解放军后勤科学技术条例》和《中国人民解放军后勤装备条例》，原总后勤部制定了《军队后勤科技装备档案管理规定》。军队后勤科技装备档案工作的基本任务是：贯彻执行国家和军队档案工作规定；管理后勤科技装备档案，维护档案的完整与安全；组织实施后勤科技装备档案信息化建设；开发和利用后勤科技装备档案信息资源，为促进后勤科学技术进步和后勤装备建设发展，提高后勤综合保障能力提供支撑和服务。军队后勤科技装备档案工作，应当遵循集中管理与分级负责相结合、科学整理与分类保管相结合、方便利用与安全保密相结合的原则。

在科研活动中形成的电子文件及其支持软件，应及时按归档范围进行归档管理。科技电子文件，是指在科研工作全过程中形成的所有有查找利用价值的电子文件，包括在互联网上专家对该项成果所做评审结果的全部电子文件材料。如图像文件、图形文件、数据文件、文本文件、计算机程序等。电子文件由项目(课题)负责人负责收集积累，指定专人负责，定期把符合归档条件的电子文件按档案管理要求的格式存储到可长期保存的脱机载体，科研课题中的电子文件应在课题验收或经评审、鉴定测试合格后立即归档。在科研工作中产生的电子文件，应采取严格的安全措施，保证电子文件不被非正常改动。需要存档的各类电子文件，收集时应注明文件存储格式、属性，有使用范围限制的，应注明阅读范围，设有密码的应提供密码。对于需要多年才能完成的项目，要分段积累、归档。积累过程中电子文件的更改由形成者实施，并在检索系统中体现出更改情况。

第四节　军队医学科研成果管理法律制度

一、军队医学科研成果管理的内容

科技成果是指在科学研究活动中取得的具有一定学术意义或实用价值的创

造性结果。军队医学科技成果遵从国家科技成果管理原则及规定,但更强调其军事应用价值。医学科研成果管理是根据科技知识和法律规定对医学研究获得的结果进行鉴别、评估、交流、转化和保护的活动。成果管理的主要内容有:①成果的评价与鉴定。即从学术、技术上对成果的质量、水平和价值进行评估。形式有同行专家评审或会议鉴定,法定机构检测鉴定,委托方或招标方验收鉴定等。②成果的申报与登记。按规定程序和要求对成果履行登记和申报的手续。③成果的推广应用。根据成果的应用价值和需求的迫切性,由有关部门组织进行成果的普及、技术物化、效益扩增。④成果的保护和专利工作。运用法律和行政手段对成果中涉及国家、军队利益部分和法人、公民个人的知识产权进行保护。⑤成果的奖励工作。根据成果水平、价值和效益,对科技人员进行奖励。医学科研成果通常以论文、专利和装备的形式表达。由于多数医学科研成果直接服务于军人健康,其安全性评估尤为重要,因此有关的法律审查和监督特别严格。其中,药品器材的管理应执行国家药政管理法规和有关军用特需药品的管理规定;野战卫生装备还需军队装备管理部门进行标准化审查和定型工作。

二、相关法律制度

(一)科技成果鉴定

科技成果鉴定是指有关科技行政管理机关聘请同行专家,按照规定的形式和程序对科技成果进行审查和评价,并作出相应的结论。科技成果鉴定是评价科技成果质量和水平的方法之一,国家鼓励科技成果通过市场竞争以及学术上的百家争鸣等多种方式得到评价和认可。

为了加强对科技成果鉴定工作的管理,正确判别科技成果的质量和水平,促进科技成果的完善和科技水平的提高,加速科技成果推广应用,国家曾先后颁布实施过 3 个科技成果鉴定办法。1961 年 4 月,国务院颁布《新产品、新工艺技术鉴定暂行办法》,由此我国诞生了科技成果鉴定制度。1987 年 10 月,国家科委制定颁布《科学技术成果鉴定办法》,进一步完善了科技成果鉴定工作的管理。1994 年 10 月,国家科委又制定颁布了新的《科学技术成果鉴定办法》,对科技成果鉴定工作提出了新的要求。该办法要求列入国家和省、自治区、直辖市以及国务院有关部门科技计划内的应用技术成果,以及少数科技计划外的重大应用技术成果,均须按照该办法进行鉴定,并对鉴定的组织、程序、管理、责任进行了详细的规定。

后勤科学技术成果鉴定是指各级鉴定机构按照规定的形式和程序对单位和个人完成并用于军事目的的技术创新类成果、科学研究类成果和管理科学类成果进行审查和评价并做出相应结论的活动。为了规范军队后勤科学技术成果鉴定工作，促进后勤科学技术成果的推广和应用，原总后勤部根据《中国人民解放军后勤科学技术条例》制定了《军队后勤科学技术成果鉴定工作规定》作为军队后勤科学技术成果鉴定工作的基本依据。目前，军队医学科技成果鉴定工作的政策依据，主要是国家《科学技术成果鉴定办法》和2012年总后勤部修订的《军队后勤科学技术成果鉴定办法》。

原总后卫生部规定，科技和医疗成果在申请部队推广应用及申报军队奖励前须进行成果鉴定；列入体制内的装备类成果在结题验收时须申请装备定型。主要技术已获得专利，已定型装备，国家军用标准药品、诊断试剂和医疗器械等已取得国家和军队注册证书的，以及国家法律法规规定的、经过法定机构审查确认的成果申报军队奖励时不需要鉴定。

（二）科技成果推广、转让

为了鼓励科研机构、高等学校及其科技人员研究开发高新技术，转化科技成果，发展高新技术产业，进一步落实《中华人民共和国科学技术进步法》和《中华人民共和国促进科技成果转化法》，中华人民共和国科学技术部发布了《关于促进科技成果转化的若干规定》，军队也相应制定了《军队科技成果转化规定》。

技术转让是科技成果转化的一种形式，技术转让需要签订技术转让合同。为了规范技术合同认定登记工作，加强技术市场管理，保障国家有关促进科技成果转化政策的贯彻落实，科学技术部、财政部、国家税务总局联合制定了《技术合同认定登记管理办法》。该办法同时适用于法人、个人和其他组织依法订立的技术开发合同、技术咨询合同、技术服务合同、技术培训合同、技术中介合同的认定登记工作。

科技成果的试验一般都会在课题研究最后阶段进行，为验证其适用性，通常要进行进一步的扩试。为了规范军队后勤科技成果的扩试工作，解放军后勤科学技术条例制定了《军队后勤科技成果扩试规定》作为军队后勤科技成果（包括拟在军队单位推广使用的国内民用产品和技术）在军队单位考核、验证其战术技术性能和适用性的试验、试用活动的基本依据。

（三）知识产权保护

科研成果主要以论文、专著、工程设计、产品设计、计算机软件、专利等形式体现。为保护作者的著作权以及与著作权有关的权益，全国人民代表大会常务委员会制定了《中华人民共和国著作权法》，对著作权、著作权人、著作权人的权利，以及著作权的保护、许可、转让等做了详细的规定。国家版权局还根据《中华人民共和国著作权法》制定了《中华人民共和国著作权法实施条例》。

为了保护发明创造专利权，鼓励发明创造，有利于发明创造的推广应用，促进科学技术进步和创新，全国人民代表大会常务委员会制定了《中华人民共和国专利法》，对授予专利权的条件、专利的申请、专利申请的审查和批准、专利权的期限、专利实施的强制许可、专利权的保护进行了规定。在此基础上，中国专利局根据《中华人民共和国专利法》制定了《中华人民共和国专利法实施细则》，对专利法进行了解释和细化。此外，为了规范专利标识的标注方式，维护正常的秩序，国家知识产权局制定了《专利标识标注办法》；为了保障专利代理机构以及委托人的合法权益，维护专利代理工作的正常的秩序，国务院批准颁布了《专利代理条例》。

（四）科技奖励

为了奖励在科学技术进步活动中作出突出贡献的公民、组织，调动科学技术工作者的积极性和创造性，加速科学技术事业的发展，提高综合国力，国务院制定了《国家科学技术奖励条例》。国务院还设立了下列国家科学技术奖：国家最高科学技术奖、国家自然科学奖、国家技术发明奖、国家科学技术进步奖、中华人民共和国国际科学技术合作奖。国家科委为了做好国家科学技术奖励工作，保证国家科学技术奖的评审质量，根据《国家科学技术奖励条例》制定了《国家科学技术奖励条例实施细则》。该细则对科技奖励的范围和评审标准、评审组织、推荐和受理、异议处理等做了详细的规定。

为了规范军队后勤科技奖励工作，原总后勤部根据《中国人民解放军科学技术条例》制定了《军队后勤科学技术奖励工作规定》，该规定适用于军队后勤系统科学技术进步奖的推荐、评审、授奖工作，明确了总后勤部司令部（现军委后勤保障部综合计划局）主管军队后勤科技奖励工作，军兵种、军区后勤部（联勤部）主管本系统、本区的后勤科技奖励工作。全军军队后勤系统科学技术进步奖奖励范围包括：①创新技术类成果（包括新技术、新产品、新工艺、新方法、新材料、生物新品种等）；②科学研究类成果（包括新发现、新理论等）；③管理科学类成果（包括综合论证、情报研究、标准计量等）。上述内容仅限于当前用于军事目的的成果，军民通用和民用成果不列入军队后勤科技奖励范围。全军后勤系统科学技术进步奖奖励等级分为一等、二等和三等。除军队科学进步奖外，原总后勤部卫生部还设立了军队医疗成果奖、军队教学成果奖、军队后勤学术奖等。军队医疗成果奖主要奖励的是在疾病诊断、治疗、护理、康复及其保健工作领域取得的临床医疗成果；军队教学成果奖主要奖励在教学工作中对提高教学水平和教育质量、实现培养目标产生明显效果的教育教学方案；军队后勤学术研究优秀成果奖主要奖励的是在后勤学术研究中取得的优秀研究成果。

（五）成果保密管理

所有科研人员应牢固树立保密意识，对涉密成果须履行保密登记手续，专人保管，专册登记，专柜（库）存放；对外学术交流或转为民用时须注意保密，其军用价值不得公开发表。根据成果的涉密内容和程度划分为绝密、机密、秘密三个等级。绝密级成果划分权限为军级以上单位,机密级成果划分权限为师级以上单位,秘密级成果划分权限为团级以上单位。涉密成果的密级申请由完成人或业务主管部门根据项目内容和国内外技术情报提出,各单位应按审批权限组织本单位保密委员会审批,应根据情况变化适时调整涉密成果密级。密级调整由产生秘密事项的单位或成果完成人提出申请,经各级保密委员会按照审批权限核定审批。

第五节　军队医学科研支撑条件管理法律制度

一、军队医学科研支撑条件管理的内容

医学科研支撑条件管理是指对医学科学技术研究所需物质资源的筹措、分配、使用进行组织和调控的活动。科研支撑条件通常指科研活动的科研经费、药品器材、实验动物和实验室等物质条件。医学科研支撑条件管理目的是:通过优化资源配置,严格经济管理,提高使用效率,扩大产出效益。医学科研支撑条件管理主要内容:①科研经费管理;②科研药品器材管理;③实验动物管理;④实验室建设和管理。

二、军队医学科研支撑条件管理法律规范

(一)科研经费管理

科研经费是专为从事科研活动而设置的一种经常性支出的费用,是进行科研活动的重要的资源、物质基础。科研经费管理是军队医学科研管理的重要组成部分,是保证科研项目实现预期目标的重要环节。国家和军队相继出台的多项科研经费管理规定和监督审计办法,对科研课题的经费开支合理性、相关性和规范性提出了明确要求。

军队科研经费的开支包括项目研究费、科研条件建设费和科研管理费。科研经费管理主要内容包括:确定科研经费在各学科、各研究部门的投资比例及在各类研究工作中的投资重点;进行项目的经费核算和科研投资的效果分析;研究扩大科研经费的各种渠道及合理使用经费;做好经费分配等。科研经费管理的目的:①让有限的科研经费发挥出最大的效果,以最小的投入达到最佳效益;②促进出成果、出人才;③理顺关系,设法多途径、多渠道地获得更多科研经费。具体内容为:①科研经费预算和决算;②建立科研经费管理体制;③建立健全科研经费管理制度,加强检查监督;④经费核算与成果效益分析。

为了规范军队科学研究费管理工作，提高经费使用效益，原总后勤部根据《军队预算经费管理规定》和军队有关法规，制定了《军队科学研究费管理规定》作为军队科学研究费管理的基本依据。规范的科学研究费，包括军费安排用于武器装备科研、后勤科研、军事理论研究等的科研经费；以及承担国家、地方及企事业单位科研任务的军队单位获得的项目经费。

（二）实验动物管理

国家科技部强调要把实验动物质量管理纳入法制化管理的轨道，并要求加快政策法规建设，建立健全法制化管理体系，规范实验动物市场，营造竞争有序的市场环境；健全执法队伍，加大执法力度，严格执行实验动物标准，全面贯彻实验动物许可证制度，在科研立项、成果鉴定、产品检验与监督管理中逐步实行实验动物一票否决制；推动建立与国际接轨的动物福利保障制度。自 1988 年以来，我国先后制定了《实验动物管理条例》《实验动物质量管理办法》《实验动物许可证管理办法》等一系列法规，各省，直辖市结合本地区的实际情况制定了本地区的《实验动物管理条例》或《实验动物管理办法》等地方性法规，我国实验动物管理工作开始进入法制化管理轨道。

《实验动物管理条例》规定，国家实行实验动物的质量监督及质量合格证认证制度。实验动物合格证制度是一项具体的行政管理制度，其目的是保证促使人们繁育、供应、买卖或使用的实验动物及其有关的支撑条件的质量都能符合法定标准。这项制度已经列入我国行政法规，一切有关部门、地区、单位和个人都必须遵照执行，依法办理。合格证制度是各实验动物管理委员会依法实施科学管理的重要手段。实验动物合格证包括实验动物生产许可证和实验动物使用许可证及实验动物质量合格证。随着国家对合格证颁发工作的统一管理及合格证制度的严格执行，实验动物合格证制度的实施将作为一种综合性的强制措施在推动实验动物标准化工作中发挥越来越大的作用。

（三）医学重点实验室管理

医学专业重点实验室，是指军队卫生系统根据部队应对多种安全威胁、完成多样化军事任务的卫勤保障需要，经原总后勤部卫生部批准，在军队卫生勤务、核化与高新技术武器医学防护、生防与疾控、战时伤病救治、特需药品、野战卫生装备与军事生物医学工程、传染病防治、军事作业与应激、特殊勤务医学保障等领域，依托军队医疗、科研、教学单位建立的科研实体。其可分为国家重点实验室、军队重点实验室和军地共建重点实验室。

医学专业重点实验室的管理是医学科研管理工作的重要组成部分，是从事科研活动的基础性工作，是科研活动顺利进行的先期保证，同时也是提高科研效益、增强科研实力的管理工作。医学专业重点实验室基础管理的内容主要有规章制度、标准化工作、定额工作、计量工作、基础教育、岗位培训等。

为规范国家重点实验室的管理工作，国家科技部专门出台了《国家重点实验室建设管理办法》《国家重点实验室评估规则》等法规制度。军队医学专业重点实验室管理工作，当以国家和军队医学科技发展中长期规划为指导，坚持基地、人才、项目一体化发展。为规范军队医学专业重点实验室的管理工作，促进军队医学专业技术进步，原总后卫生部根据国家和军队的有关规定，制定了《军队医学专业重点实验室管理办法》，该办法明确了各级卫生管理机构在军队医学专业重点实验室管理方面的职责，对军队医学专业重点实验室的申报、审批、建设、评估的要求做了明确的规定，是军队医学专业重点实验室管理工作的基本依据。

（四）实验安全管理

实验安全是医学科研活动顺利进行的重要保障，医学科研活动往往用到实验动物、毒化学品、放射性物质、射线装置等，安全问题至关重要。为此，国家、军队以及各个科研单位均对此进行了严格规范。如国务院颁布的《中华人民共和国放射性污染防治法》《放射性同位素与射线装置安全和防护条例》《使用有毒物品作业场所劳动保护条例》《易制毒化学品管理条例》《危险化学品安全管理条例》等，国家环境保护总局颁布的《放射性同位素与射线装置安全许可管理办法》，国家经济贸易委员会颁布的《危险化学品登记管理办法》，以及各科研单位自行制定的《剧毒化学品管理规定》《化学废液处理办法》《科研物资保障相关管理规定》等。

第八章　军队医疗保健法律制度概要

第一节　军队医疗保健法律制度概述

一、军队医疗保健法律制度概念

（一）军队医疗保健

军队医疗保健工作是军队卫勤保障的内容之一，是指运用临床和预防医学技术，早期发现和诊疗疾病，实施保健指导，维护和增进军队人员健康的综合性医学保障活动。[①] 其主要工作有门诊、巡诊、收容治疗、体格检查、医学监督、组织疗养、评残和镶配等。[②] 其目的是维护和增进军队人员健康，增强军队的战斗力。

军队医疗保健工作包含了对军队人员疾病的救治和对其疾病的预防和保健，因此，将军队医疗保健工作分为军队医疗保障和军人保健两个部分。其中军队医疗保障的目的在于对伤病员进行检查、诊治，使其身体早日康复，侧重于治病；军人保健的目的在于对整个军队人员的疾病进行预防、对身体进行调理，提高身体素质，侧重于防病和保健。

（二）军队医疗保健法律制度

军队医疗保健法律制度是指在调整军队医疗保障和军人保健过程中所形成的法律规范的总称。包括军队医疗保障法律制度和军人保健法律制度。

二、军队医疗保健法律制度的发展

我军历来重视医疗保健制度，很早就认识到维护和增进军队人员的健康是提高军队战斗力的必要条件。

（一）土地革命时期

在土地革命时期，虽然当时医疗条件较差，医疗技术水平较低，但中央红军仍初步建立了医疗保健体系，经过抗日战争和解放战争，医疗保健体系逐步完善，但是，受当时各方面条件限制，发布的法律法规非常之少。在红军时期发布

---

① 中国人民解放军总后勤部卫生部：《军队卫生勤务学》，人民军医出版社 2011 年版，第 69 页。

② 高宏杰、张献志：《军队卫生勤务学》，第四军医大学出版社 2014 年版，第 31 页。

了《卫生条例(草案)》《红军抚恤条例》;抗日战争时期发布了《暂行卫生法规》《伤病员转运条例》等。但是,并没有形成完整的、系统的军队医疗保健法律制度。

(二)新中国成立后

新中国成立后,我军医疗保健法律制度从国家和军队改革发展的实际出发,逐步建立和完善相关政策规定,先后建立健全了各类医院、疗养院、门诊部及部队综合卫勤等保障机构,建立了以军人、军队职工免费医疗,随军家属经费包干医疗为主要表现形式的医疗保障制度,制定和发布了部队医疗保健的一系列法律法规,逐步建立了军队医疗保健法律制度。

1951 年 2 月,当时的军委总干部管理部发布了《关于干部保健暂行规定》,确立了对因长期战争与工作损害身体健康的干部进行保健的法律保障。1964 年军委转批总后勤部关于贯彻“主席关于高级干部保健工作的指示和中央关于保健制度问题的决定”的报告;1978 年,总后勤部发布了《关于建立干部体格检查制度的报告》,总后勤部卫生部发布了《关于加强干部疾病预防工作的意见》的通知;1994 年总后勤部发布了《中国人民解放军干部医疗保健工作规定》;1996 年总后勤部发布了《军队医院为部队服务工作规定》和《中国人民解放军卫生条例》;1997 年总参谋部、总政治部、总后勤部发布《军队人员及其家属医疗费用管理规定》;1998 年总参谋部、总政治部、总后勤部、总装备部共同发布了《中国人民解放军军人伤亡保险暂行规定》;2000 年总后勤部发布了《军队医疗体系划分和伤病员转送暂行办法》;2002 年总后勤部发布了《军队疗养工作管理规定》和《军队疗养院疗养工作规则》等一系列政策法规,初步确立了军队干部医疗、保健、疗养法律制度。

新中国成立后建立的军队医疗保健体系是在战争年代供给制的基础上建立和发展起来的,在新中国成立初期对维护军队人员健康,增强军队的凝聚力和战斗力发挥了非常重要的作用。随着国家综合实力的增长,人民对医疗需求不断提高,为进一步满足广大官兵的医疗需求和军队现代化建设发展的实际,我军的医疗保健法律制度不断发展和完善,逐步建立起适合军队现代化建设的新的医疗保障法律制度。

(三)军队医疗体制改革新时期

2004 年总参谋部、总政治部、总后勤部根据中央军委《军队医疗保障制度改革方案》发布了《军人及其家属医疗费用管理规定》。2007 年总参谋部、总政治部、总后勤部、总装备部发布的《军队疗养工作规定》,2010 年总参谋部、总政治部、总后勤部、总装备部发布的《军队干部保健工作规定》,以及《军队重点保健对象医疗费用管理办法》等形成了军人保健法律制度,共同构成了军队医疗保障法律制度。

随着法律法规的不断完善，我军新的军队医疗保健法律制度逐步确立。新的军队医疗保障制度更加适应国防和军队发展需要，改变过去全部人员大包干的做法，按照保障对象的不同进行分类保障。这在保障军人身体健康，保障军队战斗力的基础上，也为国防节约了经费支出。但是，新的医疗保健法律制度也存在着一些问题，例如，法律位阶低，法律效力最高的是中央军委制定的军事卫生法规，其余大部分主要为总参谋部、总政治部、总后勤部、总装备部共同发布的规定、通知或由总后勤部发布的规定，以及总后勤部卫生部发布的办法、规则等。

三、军队医疗保健法律制度的作用与意义

军队医疗保健工作关系着军队人员的身体健康、军队战斗力的提高以及军队的发展，在军队卫勤工作中占有非常重要的地位。军队医疗保健法律制度在法律层面对军队医疗保健工作进行规范，为军队医疗保健工作的顺利实施提供法律保障。

军队医疗保健法律制度最直接的作用就是能够保障军队人员的身体健康。军队人员的身心健康得到了保障，军队战斗力才能够得到有效提升。因此，军队医疗保健法律制度可以有效地巩固并提高军队的战斗力。

第二节　军队医疗保障法律制度

一、军队医疗保障法律制度概述

军队医疗保障法律制度就是军队在规范医疗保障活动中形成的法律规范的总称。

我军医疗保障制度是指在一定的历史条件下形成的军队人员医疗待遇、医疗服务保障基本方式、医疗经费运行机制等方面的制度体系。其核心是医疗费用制度。

军队医疗保障法律制度按照保障对象的不同可分为军人医疗保障法律制度、军人干部家属医疗保障法律制度和军队职工医疗保障法律制度。

二、军人医疗保障法律制度

（一）军人免费医疗保障法律制度

军人按照规定的医疗体系就医，在合理医疗的范围内，可享受免费医疗。军人享受免费医疗是军人职业的特殊性及军人的合法权益所决定的，体现了国家对军人的特殊优待，也是世界各国军队的通行做法。军人接受免费医疗的条件如下：

(1)主体必须是军人。《军人及其家属医疗费用管理规定》第二条规定,享受免费医疗保障的军人指中国人民解放军现役军官、文职干部、士官、义务兵、学员以及军队管理的离休、退休干部和退休士官。

(2)就诊医院必须是军队医疗机构,包括各级医院,疗养院,师(旅)医院、旅(团)卫生队,营卫生所,机关、院校门诊部(所)以及干休所卫生所等。

2000 年 1 月 1 日,总后勤部发布的《军队医疗体系划分和伤病员转送暂行办法》中规定了军人分级诊疗的法律制度。包括建制医疗保障和划区联勤医疗保障。

建制医疗保障的医疗机构按照级别从高到低分为:师旅医院、团(旅)卫生队、营卫生所,以及机关、院校门诊部(所)和干休所卫生所。部装备部和火箭军基地医院担负战区内建制部队和部分建制外部队的医疗保障任务。建制医疗保障的医疗机构实行分级诊疗的制度。

划区联勤医疗机构包括总医院、教学医院、附属医院,按就近医疗、统一收治的原则实施划区医疗保障。

军人外出期间患急性伤病,凭军人身份证明就近到军队医疗机构诊治,享受免费医疗。附近无军队医疗机构的,可以就近到地方医疗机构诊治;确需住院的,应当在一周内与本单位联系,病情稳定后,转体系医院或本单位指定的其他军队医疗机构诊治。军人外出工作、学习、进修,不能在其本人的体系医院就医的,凭军人身份证明就近到军队医疗机构诊治,享受免费医疗。女军人在体系医院或者凭身份证明到配偶、父母、公婆所在地的军队医院分娩,其本人和新生儿享受免费医疗。

随着军队医疗保障制度改革的深化,不断方便了军人就医,如,2009 年实行军级以上干部在全军医院就医“一卡通”;2011 年实行师级干部在全军医院门诊就医“一卡通”;2013 年师级干部在全军医院就医“一卡通”;团级干部在全军医院门诊就医“一卡通”。

(二)符合合理诊疗范围和合理用药范围

(1)合理诊疗。

合理诊疗是指军队医疗保障对象治疗伤病所必需的,军队医疗技术条件能够提供的,医疗经费能够承受的,符合军队就医规定的诊疗和用药。①

在合理医疗的范围内,军人实行免费医疗,但是超出合理医疗范围的,军人需要自己支付医疗费用。

合理诊疗的范围包括一般诊疗项目、特殊医疗项目和大病医疗统筹等情形。

---

① 郭树森、徐顺雄:《平时卫生勤务教程》,海潮出版社 2007 年版,第 94 页。

①一般诊疗项目：是指除按照规定由个人支付费用的诊疗项目以及特殊诊疗项目和大病医疗统筹病种外，军队医疗机构实施的所有诊疗项目。

②特殊医疗项目：指常见病或多发病中某些对人体健康危害较大，经一次性治疗效果比较肯定，且治疗技术比较成熟，所需要费用较高需专项经费补助，且限制经费总额可以承受的诊疗项目的统称。[①]

特殊医疗项目包括：心脏起搏器植入、心脏瓣膜置换、冠状动脉搭桥、人工晶体状置换、人工关节置换、血液（腹膜）透析、骨髓移植、肾脏移植、冠状动脉球囊扩张、冠状动脉球囊及支架植入、心血管导管射频消融等治疗。

③大病统筹：是指对军人患大病出院后，对后续治疗发生的合理医疗费用给予统筹补助。

所谓大病是指在规定病种范围内的单一病种。大病病种的范围包括：恶性肿瘤、慢性肾功能不全、红斑狼疮、再生障碍性贫血、肝硬化、类风湿、糖尿病（有合并症）、高血压（Ⅲ期）、慢性精神病、脑血管意外、严重外伤后遗症、肾脏移植术后用药。

（2）合理用药。

军队人员的合理用药范围参照国家卫生部、财政部《公费医疗用药报销范围》，同时，结合部队的特殊性，制定《军队合理医疗用药范围管理办法》和《军队合理医疗药品目录》。

《军队合理医疗药品目录》，是军队合理用药范围的管理依据，是军队医疗机构实施药品科学保障、优质保障、足额保障的基本遵循的依据。2014 年新修订的《军队合理医疗药品目录》，依据部队医疗保障模式实行分级保障，分别指定了医院（含总院、中心医院，分院、临床部、队属医院、军医大学附属医院、编设治疗床位的疗养院）、干休所卫生所和基层医疗卫生机构（含师、旅医院，旅、团卫生队，部队、机关、院校门诊部和其他团以上单位卫生所），基本上满足了军人合理医疗用药的要求，规范了部队医疗机构用药行为，对深化军队医疗保障制度改革，提高军队人员药品保障水平具有重要的意义。但是，抢救治疗因战、因公负伤军人，则不受合理诊疗范围的限制。因抢救急危重症军人超出合理用药范围，经医疗机构批准的，给予免费；未经批准的，费用自理。

需要指出的是，军人的免费医疗并不是要负担军人所有的医疗费用。例如，超出规定报销费用标准的镶牙、配镜及装助听器；自请特别护理、非治疗需要的特殊病房等特需医疗服务，以及主要用于自我保健目的的按摩、理疗项目；各种美容、健美项目以及非功能性整容、矫形手术等（因公、因战烧伤、外伤后的整容、

---

① 郭树森、徐顺雄：《平时卫生勤务教程》，海潮出版社 2007 年版，第 95 页。

矫形手术除外)，各种减肥、增胖、增高等项目，变性手术和未经批准的人工受孕，则需要由军人自行负担医疗费用。

对早期参加革命和新中国成立后参加革命的在职和离休退休干部，经中央军委或中央军委保健委员会批准后，对这部分干部医疗费用实行实报实销，其医疗体系及其他医疗待遇不变，并制定了具体的医疗费用的管理办法(参照总后勤部《军队重点保健对象医疗费用管理办法》(〔2003〕后财字第 11 号))和实报实销费用管理细则。

三、军人干部家属医疗保障法律制度

(一)军人家属享受优惠医疗的条件

符合下列条件之一的军人家属，在军队医疗机构就医，享受优惠医疗：

(1)经组织批准随军，户口在军人驻地的无工作、无收入的配偶。

(2)夫妻双方均为军人的未满 18 周岁的子女和经组织批准随军的未满 18 周岁的子女。

(3)符合随军条件未随军，且没有领取医疗补助费的无工作、无收入的配偶和未满 18 周岁的子女。

(4)经师级以上单位批准，在边远艰苦地区与军人共同生活的无工作、无收入的配偶和未满 18 周岁的子女。

(5)不符合随军条件，随军人共同生活，且户口在部队驻地的现役军官、文职干部的无工作、无收入的配偶和未满 18 周岁的子女。

(6)1949 年 9 月 30 日前参加革命，转业到异地工作，现已办理离休手续，返回到军队一方长期居住的军人配偶，在地方就医有困难，本人要求在附近军队医疗机构就医，经军队一方所在大单位卫生部门批准，并将本人在地方的全年医疗经费转交军队基层医疗机构的。

(7)经组织批准随军，已满 18 周岁，经指定医院鉴定确实丧失生活自理能力或者仍在中学(含中专)就读，经师级以上单位卫生部门批准的子女。

(8)军人在异地寄养、并要求在寄养地附近军队医疗机构就医，经就医机构审核确认，符合第(2)(7)项规定条件的子女。

(9)经师级以上单位政治机关批准随军供养的父母。

(10)临时来队的无工作、无收入的军人家属，在规定的探亲期间患急症，凭团级以上单位军务、干部和卫生部门证明，在军人的体系医疗机构就医，享受优惠医疗。

(二)军人家属优惠医疗的内容

享受优惠医疗的军人家属，在军队医疗机构就医，按照当地物价部门规定的医疗价格计费，免收挂号费、床位费以及取暖费、降温费、保洁费，但个人需承担部分其他医疗费用。对家庭经济特别困难的，经接诊医疗机构审核后，其个人负担的费用可以视情减免。

享受医疗优惠的军人家属就医，除按照上述规定交费外，执行军人一般医疗费用管理规定。

现役军官、文职干部、士官调到军队其他单位，其随军家属未随迁且符合优惠医疗条件的，可以继续在原单位享受优惠医疗。

（三）军人家属享受免费医疗的特殊情况

一般而言，军人家属只享受优惠医疗的待遇，但是军人家属在符合法律规定的特定的条件下，可以享受免费医疗。

(1)1949 年 9 月 30 日前入伍，在 1995 年前后复员，现仍为随军家属的女同志。

(2)已故离休干部的无工作、无收入的配偶和随军并领取遗属定期生活补助费用的牺牲、病故军人的配偶和子女。

(3)随军居住在西藏自治区和海拔 3000 米以上地区的无工作、无收入的配偶。

(4)1949 年 9 月 30 日前参加革命工作，后经组织批准随军的现役军官、文职干部和军队管理的离休、退休干部的无工作、无收入的配偶。

四、军队职工的医疗保障法律制度

在新的军队医疗保障法律制度下，军队职工要纳入社会医疗保险体系。部分军队职工所在地的城镇职工基本医疗保险尚未实施，或军队用人单位参保条件暂不成熟，应采取逐步过渡的办法，暂时在军内就医，使职工医疗得到保障。

五、远离军队医疗机构人员门诊社会化保障法律制度

为解决部队部分人员就医不便的困难，对距离军队医疗机构较远、交通不便、常年分散执勤、自身医疗保障能力较弱的单位的军人、优惠医疗家属和暂在军内就医的军队职工，门(急)诊可按照就近就便、灵活多样、自愿选择的原则，有组织地到地方医疗机构就医，并实行社会化医疗保障。

（一）实施范围

部队营(含)以下分队、兵站、仓库、人武部、军代室、干休点以及常年分散执勤的班组、哨所等单位，对符合下列条件之一的，军人、优惠医疗家属和在军内就医的军队职工可实行门(急)诊社会化医疗保障。

(1)距离本建制内卫生队(含)以上军队医疗机构超出 100 公里。

(2)距离本建制内卫生队(含)以上军队医疗机构不足100公里,但交通条件十分不便,后送途中时间超过3小时。

(二)就医方式

选择到地方医疗机构就医的,可以采取与地方医疗机构签订医疗合同或者参加医疗保险等方式,由团以上单位提出申请后,大单位联勤部在上级卫生管理部门核定的人数内批准。

第三节 军人保健法律制度

一、军人保健法律制度概述

军人保健法律制度是指在调整军人保健工作中所形成的法律规范的总称,包括军队干部保健法律制度、军队疗养法律制度和体格检查法律制度。

军人保健工作,是指军队卫勤机构通过平时经常性的和有计划的预防保健措施,掌握军人的健康情况,增强军人身体素质,使之更好地适应军事任务和军队建设的需要。[①] 主要包括干部保健、疗养和体格检查等。军人保健工作其主要侧重于对军人疾病的预防,其目的在于促进军人的身体健康,保存、增强军队的战斗力,满足军队建设和各种任务的人力需求。这也是军队卫勤工作中的非常重要的一部分。

针对军队干部保健工作,2010年总参谋部、总政治部、总后勤部、总装备部发布了《军队干部保健工作规定》,专门对军队干部保健工作进行了专项的规定,在此基础之上,中央军委保健委员会发布了《军队干部保健保密工作规定》《军队干部保健病情报告制度》《军队干部保健会诊工作规定》等一系列的规定,形成了军队干部保健法律制度。

为了保障军队疗养工作的有效进行,原总参谋部、总政治部、总后勤部、部装备部联合发布了《军队疗养工作规定》,原总后勤部发布了《军队疗养机构疗养工作规则》,并在此基础上发布了《关于加强飞行、潜艇和潜水人员疗养工作的意见》《总后勤部卫生部增设全军疗养医学专科中心》等法律法规,形成了关于军队疗养的法律制度。

原总后勤部卫生部先后下发《关于进一步加强干部体检工作的通知》《关于全军干部健康体检工作有关问题的通知》《关于进一步做好干部年度健康体检工作的通知》等一系列的规范文件,形成了军队干部定期健康体检的法律制度。

---

① 中国人民解放军总后勤部卫生部:《军队卫生勤务学》,人民军医出版社2011年版,第73页。

二、军队干部保健法律制度

军队干部保健，是指军队各级保健委员会及其办公室、保健机构对军队师职以上干部和享受师职以上医疗待遇的其他干部实施的健康维护与促进、疾病诊断以及相关的管理活动。

军队干部保健工作，应当遵循统一领导、分级实施，防治结合、安全有效的原则。

（一）军队干部保健机构

1.军队干部保健机构

中央军委保健委员会在中央军委领导下，负责组织领导全军干部保健工作。

原军区级以下单位保健委员会在本单位党委的领导和上级保健委员会指导下，负责组织领导本单位干部保健工作。原军区级以下单位保健委员会办公室是本单位保健委员会的办事机构，设在本单位后勤（联勤）机关卫生部门，承办本单位保健委员会的日常工作。

2.保健机构

保健机构指承担干部保健任务的军队医院、疗养机构、保健处、门诊部、卫生所（队、室）。

（二）军队干部保健工作的目的：健康维护与促进

各单位应当建立健全保健对象健康管理制度，对危害保健对象健康的因素进行检测、评估和干预，积极开展以健康教育、健康体检、疾病防控和疗养等为主要内容的健康维护与促进活动，落实干部休假制度，引导保健对象树立科学的健康观，养成健康的生活方式，降低疾病发病率，提高健康水平。

（三）医疗保健工作

各级保健委员会办公室应当加强对保健对象基本诊治工作的组织指导，督促保健机构建立健全保健对象疾病诊治工作制度，改善诊疗条件，优化就医流程，完善运行机制，为保健对象提供便捷、优质、合理的医疗服务。

1.门诊

各级保健机构应当为保健对象设立专门的门诊诊区（诊室）；保健对象需要专科检查、治疗或者会诊、转诊的，保健机构应当优先安排。

2.住院

军队医院和疗养院应当设立专门的干部病房，收治需要住院的保健对象；干部病房确无床位的，应当为保健对象临时安排条件好的普通病房，待干部病房床位空出后，及时安排其转入干部病房。

3.药品、医疗技术的使用

各级保健机构应当根据保健对象病情的需要，按照国家和军队的有关规定对保健对象实施合理的检查、用药和治疗，不得对保健对象使用或推荐使用未经过国家和军队有关部门批准使用的药物、医用耗材、医疗仪器设备和医疗技术。

4.抢救

对保健对象实施抢救，应当由具有中级以上专业技术职务的医师组织，必要时由保健机构的领导组织。

5.会诊

(1)安排会诊的情形。

保健对象遇有下列情形的，应当及时安排会诊：

①患复杂、疑难疾病和急危重症，经本专科三级检诊后仍不能明确诊断的。

②由单一专科或本医院独立处置有困难或治疗效果不佳的。

③病情发生重大变化，需要调整诊疗方案的。

④实施重大手术、抢救或者风险性较大的有创性检查、治疗，应用临床新技术、新方法的。

⑤病程较长进行阶段性病情讨论，或者进行体检结果综合分析小结的。

⑥其他需要会诊的情况。

(2)会诊的分类。

①依参加会诊的人员范围分为：科间会诊、院内联合会诊、院外专家会诊、院内外专家联合会诊。

②依会诊时效性要求分为：紧急(一级)会诊和一般(二级)会诊。

③依会诊方式分为现场会诊、书面会诊和远程会诊。

(3)会诊的申请。

①科间会诊：经保健对象所在科室主诊医师同意，由经治医师向院内被邀请科室提出申请，被邀请科室应当在受到会诊申请2个工作日内完成会诊。

②院内联合会诊：经保健对象所在科室主任同意，由主诊医师至少提前24小时向医院保健主管部门申请，后由医院保健主管部门组织实施。

③院外专家会诊和院内外专家联合会诊：院内会诊仍不能解决问题的，由保健对象所在科室主任视情况向医院保健主管部门提出院外专家会诊或院内外专家联合会诊的申请，并提出拟邀请会诊的专家名单、目的、时间及书面病情摘要，经保健主管部门领导批准后(病情属机密级以上保健对象的会诊经医院主要领导批准)，由医院保健主管部门组织实施。

(4)会诊的邀请。

①自同城保健机构或本单位医疗体系后送医院邀请院外专家时，由申请医

院保健主管部门直接与专家所在单位联系邀请。

②跨体系自本战区内保健机构邀请院外会诊专家(含地方专家)时,由医院报请所在大单位保健委员会办公室协调邀请。

③重点保健对象会诊需要跨战区、跨体系邀请院外专家(含地方专家)时,可由医院经所在大单位保健委员会办公室报请中央军委保健委员会办公室联系邀请。

6.转诊

保健机构对保健对象基本不具备诊治能力的,应当按照规定及时转诊;军队重点保健对象确需到地方医疗机构住院治疗的,应当向中央军委保健委员会办公室报告。

(四)军队干部保健管理制度

1.报告制度

对于下列保健对象:

① 军队重点保健对象。包括中央军委及所属部门领导同志,正大区职领导,以及曾任上述领导职务的同志,享受正大区职医疗待遇的干部。

②在军队保健机构就医的中央保健对象和地方正省(部)级领导同志。

③在军队保健机构就医的外国元首、政府首脑、外军领导人等重要外宾。

④中央军委及所属部门要求报告的其他人员。

原正大区级单位可以根据具体情况确定本单位干部保健病情报告的对象。

对患急危重症或因意外事件受伤危及生命安全的人员实施紧急救治,发生病危、进入临终状态、去世等紧急情况时,必须即时报告。

对报告对象到军队保健机构住院、疗养,以及在住院期间新诊断出重要疾病、病情发生重大变化的,应当在 24 小时内报告;对保健对象实施重要会诊、有创性检查和治疗、重大手术以及应用新技术、新疗法,请外国专家为保健对象诊治或者安排保健对象赴国外就医的,应当至少提前 2 天报告,并于事项完成后 24 小时内报告完成情况;保健对象住院、疗养期间一周内的病情和健康状况动态,应当于每周四 17 时 30 分前报告;报告对象年度健康体检结果及评估干预意见,应当于每年 12 月 31 日前报告。

2.保密制度

军队干部保健保密工作,是指军队各级保健委员会及其办公室、保健机构在从事干部保健工作过程中保守国家和军事秘密的相关工作及管理活动。

军队干部保健工作中的国家和军事秘密是指在军队干部保健工作中,关系国家、军队安全和利益,依照规定的权限和程序确定,在一定时间内只限一定范围的人员知悉的事项。包括:

①军队重点保健对象和军职干部、在军队保健机构就医的中央保健对象、地方正省(部)级领导同志,以及外国元首、政府首脑、外军领导人等重要外宾的健康情况和医疗资料等。

②军队干部保健工作重大决策中的秘密事项。

③军队干部保健工作规划、计划、任务、编制、实力、状态等。

④党和国家领导人、军队领导同志关于保健工作尚未公开的重要讲话、批示等。

⑤执行特殊医疗保健任务中的秘密事项。

⑥其他需要保密的事项。

三、军队疗养法律制度

为了保证对军队人员的预防保健、伤病治疗和功能康复,军队设立了疗养机构,包括疗养院、疗养院的疗养区、医院的疗养区(科)和航空医学鉴定训练中心。

疗养机构工作的基本任务是:根据疗养计划,组织实施疗养人员的预防保健、伤病治疗、功能康复,以及飞行、潜艇和潜水人员的健康鉴定、生理和心理及救生训练等疗养保障工作;开展疗养专业技术培训和科学研究,承担多样化军事任务心理卫生支援保障,战时接受伤病残人员康复治疗,为提高部队战斗力服务。

(一)疗养的类别和待遇

军人疗养分为保健疗养、康复疗养和特勤疗养。

(1)保健疗养。团职以上现役军官、文职干部以及军队管理的离休、退休干部可以享受保健疗养,每次疗养期限为15天。其中,军职以上现役军官、文职干部以及军队管理的离休、退休干部两年内可以疗养一次,师、团职现役军官、文职干部以及军队管理的离休、退休干部三年内可以疗养一次。

(2)康复疗养。团职以上干部和飞行、潜艇以及潜水人员,因伤病或者手术后不需特殊治疗、生活能够自理的,可以享受康复疗养。其中,团职以上干部康复疗养期限一般不超过30天,当年享受康复疗养的不再享受保健疗养;飞行、潜艇和潜水人员康复疗养期限最长不得超过60天。

(3)特勤疗养。对飞行、潜艇和潜水人员每年安排一次特勤疗养,每次疗养期限为30天;对航海人员和直接从事核武器放射性作业、推进剂作业等人员每两年安排一次疗养,每次疗养期限为30天。

(二)疗养计划

军人疗养应当依据疗养计划,就近安排。

(1)保健和康复疗养计划,由军队卫生主管部门每半年制订一次,分别于每年5月31日和11月30日之前，下达至全军各卫生管理部门。

全军各级卫生管理部门应当依据军队卫生主管部门下达的疗养计划拟制本单位疗养计划，并及时下达至所属单位后勤机关卫生管理部门，同时抄送同级政治机关干部部门。

其中，团职以上干部集体保健疗养计划，由全军各级卫生管理部门于5月15日或11月15日之前提出申请，经军队卫生主管部门批准后，在本单位疗养计划指标内调整安排。

(2)特勤疗养计划，由总装备部和军兵种后勤部卫生管理部门根据军队卫生主管部门分配的疗养床位指标编制，并于每年1月31日前报至军队卫生主管部门。军队卫生主管部门审核后，将特勤疗养计划下达至部装备部和军兵种后勤部卫生管理部门以及有关疗养院。其中，陆军航空兵部队飞行人员的疗养，纳入空军特勤疗养计划安排。

各单位应当优先安排在职团职以上干部和飞行、潜艇以及潜水人员疗养。其中，在职团职以上干部疗养人数应当不低于年度疗养总人数的60%，飞行、潜艇和潜水人员年度疗养人数不低于疗养计划总人数的98%。

(三)疗养管理

1.疗养人员管理

军、师职现役军官、文职干部及军队管理离休退休干部保健疗养和康复疗养可以带随员1名，限于配偶或子女；大区职以上现役军官及离休退休干部可带随员3名，限于配偶、子女和公勤人员。

享受保健疗养和康复疗养的人员不得带学龄前儿童入院；享受特勤疗养的人员不得带随员。

2.疗养证管理

疗养人员入院时应当持疗养证、单位介绍信和本人有效身份证件(康复疗养还应当持有本人“病情摘要”)。手续不全或所带随员不符合规定的，疗养院不予办理入院手续。

因此，加强对疗养证的管理非常重要：

(1)发证机关必须严格按照规定程序发放疗养证并加盖公章。

(2)疗养证不得涂改、转让。

(3)每人每次疗养只可以持一证到指定的疗养院疗养。

(4)疗养员所持疗养证应当与本人职级相符。

(5)随员不得单独持疗养证疗养。

3.不得安排疗养的情形

①患有恶性贫血和各种明显出血倾向性疾病的。

②患有各种恶性肿瘤正在进行化学或者放射线治疗的。

③妊娠期超过26周的孕妇，或者妊娠期未超过26周的孕妇到海拔1000米以上高原地区疗养的。

④患急性心肌梗死一年以内，或者发病一年以上病情不稳定，或者有陈旧性心肌梗死并发症的；心功能不全Ⅲ级以上，或者有原发性高血压病伴心、脑、肾并发症，或者肺源性心脏病代偿功能不全的。

⑤患有慢性支气管炎、肺气肿有肺部感染或者支气管哮喘难以控制的。

⑥患有较重脑出血、脑梗死后遗症，或者患有精神病、癫痫、中度以上老年性痴呆症的。

⑦肾衰竭、前列腺肥大影响肾功能的。

⑧患有肝硬化伴有严重食道静脉曲张的。

⑨患有糖尿病伴严重并发症的。

⑩患有各类传染性疾病的。

⑪生活不能自理的。

⑫患有各种疾病急性期、慢性疾病发展期和有严重并发症，以及其他疾病不宜疗养的。

遇有前款所列情形的人员，疗养院应当劝其返回，或者通知所在单位接回；在往返途中发生不良后果的，由发放疗养证的单位、其所在单位和本人承担责任。

（四）疗养期间的费用

疗养员和符合规定的随员，疗养期间住宿和接、送站以及规定范围内的景观治疗用车免费；医疗费用按照《军人及其家属医疗费用管理规定》执行；伙食费按照原总部规定的伤病员、休养院伙食灶别标准执行，并按照规定标准交纳基本伙食费，差额部分由疗养院列入伙食费项目领报；差旅费按照《军队差旅费管理规定》，凭《疗养审批表》和疗养院出具的《出院证明书》结算报销。

飞行、潜艇和潜水人员疗养时，还应当携带供给关系介绍信，伙食费标准按照军队有关规定执行。

四、体格检查法律制度

体格检查是对应征公民、入校学员和现役军人的身体检查，是军队医疗保健工作的重要组成部分，对提高军队人员身体素质，保障身体健康有着极为重要的意义。

体格检查的目的是对相关人员的身体健康情况进行鉴定，判断其是否符合军人的体格标准；若发现军人的早期疾病，早发现早治疗；还可以通过健康结果的分析，发现群体性疾病，并做好医疗保健的措施。体格检查是军队医疗保健工作的重要组成部分，对提高军队人员身体素质，保障身体健康有着极为重要的意义。

（一）入伍体格检查制度

身体素质是保证军队战斗力的重要因素，按照军队有关规定，应征公民入伍须按照《应征公民体格检查标准》进行体格检查，到部队后由军队医疗卫生机构按照《应征公民体格检查标准》进行体格复查。军队、武警部队院校招收士兵学员、普通中学高中毕业生学员和从地方招收研究生学员，普通高等学校招收、选拔国防生，以及军队接收普通高等学校毕业生，按照《军队院校招收学员体格检查标准》进行招生体检和入学后体格检查；上述学员毕业和到部队后按照《军队院校学员毕业考核体格检查标准》进行体格检查。体格检查过程中发现不合格者，应当按照有关规定办理退伍（学）；通过体格检查，掌握新兵的身体健康情况，可以有针对性地开展健康保健工作。

其中，入伍（学）体格复查工作应当在入伍（学）后3个月内完成，通常由师卫生科统一检查，各团卫生队和师医院组织实施。

（二）军队干部定期体检法律制度

军队干部每年进行健康体检，是干部保健工作的重要组成部分，是加强健康指导，提高部队凝聚力、战斗力的重要措施。

1.体检时间和体检率

全军干部健康体检工作从每年3月份开始，至9月30日前结束，10月25日之前各大单位卫生管理部门应将年度干部健康体检工作总结报中央军委后勤保障卫生局保健办公室。

全军师职以上干部每年进行一次健康体检，军队重点保健对象根据情况增加一次体检。原则上军队重点保健对象体检率要达到100%，军职以上干部体检率不低于98%，师职干部不低于96%。对团职以下干部按照有关制度组织年度健康体检。

2.体检项目与体检机构

各级医疗保健机构按照全军统一制发的《干部健康体检簿》中所列的项目进行体检，不得随意更改体检项目。

干部年度健康体检工作，原则上由体系医院承担。目前由机关院校门诊部和干休所卫生所等基层医疗保健机构承担的，以是否能够完成规定体检项目为标准，确认其承检资格，由各大单位卫生管理部门负责审核。具备承检资格的，继续承担干部年度健康体检任务；如果不具备的，与体系医院协商解决办法。

3.体检数据的录入与统计上报

各单位统一使用军队干部体检信息管理系统,按照《干部健康体检簿》记录的体检结果进行录入。数据录入完成后,要按规定程序进行核查,体检率和体检项目不达标者不得上报。

4.体检结果与健康分析

干部年度健康体检结束后,各单位要认真总结,及时组织相关专家分析本单位干部健康的特点和规律,查找问题和薄弱环节,完善对策办法,提出改进措施,不断提高军队干部健康体检工作的质量和水平。每年 12 月底前,各大单位卫生管理部门应向本级保健委员会上报干部健康状况分析报告。

第九章　军队卫生防疫与专项防护法律制度概要

第一节　军队卫生防疫与专项防护法律制度概述

一、军队卫生防疫与专项防护法律制度概念

本章所介绍的军队卫生防疫法律制度，是关于防止、控制、消灭传染病的法律规范的总称；专项防护法律制度，专指与“核、生、化武器损伤防护”和“军队心理卫生防护”相关的法律制度。军队这两项法律制度，对于减少和控制传染病以及核生化事故的辐射危害，保障军人身心健康和公共卫生安全发挥着重要作用。

二、我军卫生防疫与专项防护法律制度的发展历程

我军卫生防疫与专项防护有着光荣历史和优良传统，在军队发展的不同历史时期，为保障军队的战斗力、保障军队的建设与战争的胜利发挥了重要的作用。军队的卫生防疫与专项防护法律制度随着军队的建设发展经历了以下几个重要的阶段。

1. 土地革命战争时期(1927—1937年)

在土地革命时期，战斗频繁、生活艰苦、疾病多发。对红军威胁最大的主要疾病是疟疾、痢疾、下肢溃疡和疥疮等疾病。中央苏区针对缺医少药的实际，提倡“预防为主”，开始制定一些基本卫生制度。1932年1月，中央苏区的机关报纸《红色中华》发表文章《大家起来做防疫的卫生运动》；中华苏维埃共和国中央政府同时颁布《苏维埃区域暂行防疫条例》，1933年3月颁发了《卫生运动纲要》，10月颁布了第一个防病规定《暂行传染病预防条例》，成立了第一个防病组织——中央防疫委员会。在艰苦岁月和军事斗争实践中，逐步形成预防为主的卫生工作原则，为以后的疾病预防工作奠定了基础。

2. 抗日战争时期(1937—1945年)

在抗日战争时期，我军坚持“积极预防”的指导思想，先后制定了《暂行卫生法规》和《保健条例》，成立了保健委员会，有效地预防了当时威胁部队健康最严

重的疟疾、痢疾、疥疮、回归热和斑疹伤寒等疫病的流行。1938年,晋察冀军区第一次卫生扩大会议决议规定“新战士入伍应由医生实行入伍体格检查”,这是我军首次提出新兵入伍体检。我军注重卫生教育和卫生监督,组织开展了驻地疾病调查,大多数部队开展了疫苗接种。通过实践,疾病防治工作开始向主动预防方向发展。

3.解放战争时期(1945—1949年)

在解放战争时期,为适应大部队运动作战,我军卫生防疫体系和制度逐步建立和健全起来。防疫处、专业防疫队或防治队等防疫保健组织陆续成立,制定了卫生防疫侦察、传染病隔离、行军卫生、阵地卫生、饮食卫生等制度,开始生产一些生物制品和预防药物,部分部队开始实行免疫接种。主要预防的传染病有:鼠疫、黑热病、回归热、斑疹伤寒、霍乱、痢疾、疟疾和血吸虫病等。疾病预防的组织、制度和技术在实践中有了新发展。

4.新中国成立以后(1949—2002年)

新中国成立初期,一些传染病和地方病对部队健康造成了比较严重的危害,并造成非战斗减员,如天花、鼠疫、霍乱等烈性传染病和黑热病、疟疾、乙型脑炎、血吸虫病等。1950年,当时的中央人民政府卫生部和总后勤部卫生部联合召开了第一届全国卫生会议,确定了新中国卫生工作的三项原则:面向工农兵,预防为主,团结中西医。这是“预防为主”方针的正式确立和权威表述。1952年,成立了以周恩来为主任的中央爱国卫生运动委员会,最初目的是反细菌战,后根据实践经验,又提出了卫生工作的第四项原则,即卫生工作与群众运动相结合。在此之后,全国全军都相继开展了前所未有的爱国卫生运动。

我军比较早地开展了心理卫生工作,将其作为军事医学的一个重要部分,随着军事医学的发展而发展。新中国成立初期,我军就开始了心理卫生工作,例如,1958年在选拔飞行员时就开展了心理选拔。

从20世纪60年代开始,我军先后制定了5个全军除害灭病计划,对军队预防、控制和消除传染病的发生与流行,保障军人身体健康和公共卫生发挥着重要作用。第一个全军除害灭病规划(1960—1962年)以除“四害”、讲卫生、消灭疾病为重点,全军部队卫生面貌因之大为改观。1963年10月,以毛泽东、朱德、刘少奇、周恩来等党和国家、军队领导人接见中央爱国卫生运动委员会为契机,军队恢复了全军爱卫会。第二个全军除害灭病规划(1979—1985年)以“两管五改”为重点,管好水、粪,改造水源、厨房、厕所、畜圈、环境,从根本上改善了基层卫生条件,到20世纪80年代中期,基本控制了传染病对部队的危害。第三个全军除害灭病规划(1986—1990年)以提高“两个质量”(生活、环境卫生质量)为重点。同时,在20世纪80年代初,军人心理卫生工作大有起色,发表了一些理论研究成果，出版了一些相关研究专著，在一些军队医院中开设了心理咨询诊室。1989年总后勤部等下发了《关于加强军队爱国卫生工作的决定》，提出了军队爱国卫生工作28字方针，即“党委领导，分级负责，部门协同，群众动手，科学治理，法制监督，常抓不懈”，开始实施卫生检验、检测，促进了部队生活质量和环境质量的提高。第四个全军除害灭病规划（1991—1995年）以提高“两个质量”和自我保健能力为重点，健康教育得到重组和加强。与此同时，按照中央领导的指示要求，军队各级非常重视心理卫生工作，广大科研工作者积极参与研究推广，使军队心理卫生工作得到迅速发展，涌现出一系列军事医学心理研究成果。第五个全军除害灭病规划（1996—2000年）在历年规划的基础上，强调提高“两个能力”，即部队生活质量、环境质量和官兵自我保健、自我防护能力。2000年，总政治部、总后勤部下发了《关于重视做好基层部队心理教育与疏导工作的意见》，明确了心理服务的八项任务和要求，全面涵盖了军人心理卫生工作的所有领域，并且清晰地划分了心理卫生工作的内容和范畴，为部队全面认识、综合开展心理卫生工作提供了依据。

5.2003年以后

2003年初春，在我国部分省份暴发了因冠状病毒感染导致非典型性肺炎后，国家进一步加强了公共卫生体系建设，先后投入了大量资金用于国家和地方各级疾病预防控制机构建设。2004年底，国务院、中央军委作出重大决策，将军队疾病预防控制机构纳入国家公共卫生体系建设，赋予军事医学科学院全军疾病预防控制中心职能，在原总后防疫队的基础上组建解放军疾病预防控制所，将当时的军区防疫队与军区医学研究所合并，成立了军区疾病预防控制中心。至此，以全军疾病预防控制中心为龙头、军区疾病预防控制中心为骨干、部队疾病预防控制机构为基础的三级军队疾病预防控制体系形成。各级军队疾病预防控制机构在卫生主管部门的具体指导下，注重内部管理，规范工作程序，实现了机构与机关、机构与部队的有机衔接和高效运行。同时，将军队纳入国家公共卫生体系，在国家和地方政府的支援下，军队疾病预防控制机构建设取得了长足进步，军队疾病预防控制工作取得了巨大成就。2009年10月，总参谋部、总政治部、总后勤部、总装备部联合下发了《关于加强做好基层部队心理教育与疏导工作的意见》（以下简称《意见》），指出了心理服务工作的主要任务和内容，明确规定了基层部队心理知识普及教育的目标、形式等。

三、军队卫生防疫与专项防护法律制度存在的现实问题

军队卫生防疫控制与专项防护法律制度规范调整的范围广且细，涉及消毒管理、预防接种、艾滋病防控、食堂卫生、放射防护、军事训练、动物疫情防控等领

域，对相关卫勤保障人员具有较强的指导意义。在充分肯定军队卫生防疫与专项防护法律制度取得巨大成就的同时，也要看到法律制度本身还有不尽完善之处，特别是专项防护法律制度与为新世纪新阶段我军履行使命任务提供服务保障的要求还有差距。其中，有的实施办法是为了特定任务而临时制定的，仅针对某项特定任务，不具有普遍的制度约束力。另外，针对“核、化、生武器损伤”的防护，有些是参照某些相关条例执行，还未建立起一套有针对性的专项防护法律制度。随着科技水平不断进步，突发核事故与化学武器和生物战剂袭击的危险日趋严重，为了适应我军任务多样化的快速发展，“防原”“防化”与“防生”的专项立法应尽早提上日程。

第二节　军队卫生防疫与专项防护法律制度

一、军队卫生防疫与控制标准法律制度

在军队卫生防疫与控制工作中，标准作为一种技术法规，起着非常重要的作用。了解有关标准的基本知识，熟悉掌握相关标准内容，对科学、规范地开展卫生防疫控制工作具有重要意义。

1. 国家卫生标准

卫生标准是为实施国家卫生法律法规和有关卫生政策，保护人体健康，在预防医学和临床医学研究与实践的基础上，对涉及人体健康和医疗卫生服务事项制定的各类技术规定。

现行的卫生标准，包括国家标准和部门标准，按专业领域划分，主要包括20个大类：①食品安全标准；②环境卫生标准；③职业卫生标准；④放射卫生防护标准；⑤放射病诊断标准；⑥职业病诊断标准；⑦传染病标准；⑧营养标准；⑨病媒生物控制标准；⑩消毒标准；⑪学校卫生标准；⑫化妆品标准；⑬医院感染标准；⑭医疗机构管理标准；⑮临床检验标准；⑯血液标准；⑰医疗服务标准；⑱卫生信息标准；⑲寄生虫病标准；⑳地方病标准。

制定国家卫生标准要特别重视标准与法规的紧密结合，从食品安全法、职业病防治法、传染病防治法等法律法规入手，系统开展标准制定，为法律法规提供技术支撑，同时借助法律法规执行带动标准的贯彻实施。上述已经颁布执行的国家卫生标准，为我们科学、规范地开展军队疾病预防与控制工作提供了技术支撑，要求我们在平时的每一项具体工作中都加以贯彻实施。

2. 军用卫生标准

军用卫生标准是保障军人健康，巩固和增强部队战斗力的重要因素，军队医

药卫生领域的标准化工作有着广阔的发展空间。由于军队性质、任务特殊，平战时的生存环境艰苦恶劣，带来了大量的营养、食品卫生、饮水、卫生防疫等保障问题，以及核、化、生、激光的卫生防护与医学救治等问题，特别是随着军事技术和武器装备的发展所带来的一系列人机环境和卫勤保障问题等。解决这些问题，制定细化标准是重要抓手。通过标准化工作，可以将这些领域的研究成果和实践经验进行总结，制定标准加以规范化，并进而通过标准实施将这些规范化的实践经验加以推广和普及，从而起到保障军人身心健康，提高部队战斗力的作用。

根据适用范围，军用卫生标准分为国家军用标准、军队卫生部门军用标准，对保障军人健康、增强部队战斗力，指导和推动卫生工作有重要意义。要在全军范围内统一，需要各部门协调配合贯彻执行的，一般应制定国家军用标准；需要在军队卫生部门专业范围、全军卫生系统内统一的，制定部门军用标准。鉴于大部分卫生标准都具有军民通用的特性，对已经颁布实施的国家和行业卫生标准以及其他国家标准、行业标准能满足军队医药卫生工作需求的，应该直接采用，贯彻执行。

军队医药卫生标准化工作由军队卫生工作主管部门、各级卫生部门统一组织实施与监督。原总后卫生部成立了总后卫生部标准化办公室、军队医药卫生标准化技术委员会，作为军队医药卫生标准化工作的日常办事机构和专业技术组织。目前已经批准颁布的医药卫生军用标准近 300 项，涉及军用卫生、卫生装备、军事兽医卫生等领域。其中军用卫生领域又划分为：环境卫生标准、营养与食品卫生标准、劳动卫生标准、卫生防疫标准、核化生医学防护标准、军事人员选拔与健康促进标准等。这些标准是针对军队卫勤保障中的特殊需求而制定的，很多标准与平战时军队疾病与预防控制工作都有紧密联系，对部队疾病预防控制工作要认真贯彻实施。

二、军队疾病应急处置法律制度

（一）军队疾病应急处置组织指挥的法律制度

1. 军队疾病应急组织指挥机构

经过长期建设，我军卫生防疫已经形成了一个较完整的组织体系。根据职能和所承担的任务不同分为：爱国卫生和突发公共卫生事件应急处理工作体系、卫生防疫工作管理体系、卫生防疫专业技术保障体系。

（1）爱国卫生、突发公共卫生事件应急处理工作体系。全军爱国卫生运动委员会和全军突发公共卫生事件应急处理领导小组，统一指挥和协调全军爱国卫生工作和突发公共卫生事件应急处理工作。军队团以上单位的爱国卫生运动委员会和突发公共卫生事件应急处理领导小组，根据《关于加强军队爱国卫生工作的决定》和《军队应急处理突发公共卫生事件规定》，负责领导本单位的爱国卫生和突发公共卫生事件应急处理工作。

（2）卫生防疫工作管理体系。原总后勤部卫生部和原军区联勤部卫生部编有卫生防疫局（处），海军后勤部卫生部编有舰艇航空卫生处，空军后勤部卫生部编有航空卫生处，火箭军后勤部卫生部编有医疗卫生处，原总装备部后勤部卫生局编配卫生防疫助理员，负责卫生防病业务管理。联勤分部以及各军区、军兵种基地后勤部编卫生处，师（旅）后勤部编卫生科，设专人组织管理卫生防病工作。

（3）卫生防疫专业技术保障体系。卫生防疫专业技术保障体系包括卫生防疫保障机构、预防医学教学和研究机构。按照军队的相关规定，将军队疾病预防控制职能赋予军事医学科学院，也称中国人民解放军疾病预防控制中心，下设研究所及附属医院等单位。

2.军队卫生防疫机构的职能

根据军队卫生防疫组织体系的划分标准，我们也可以将军队卫生防疫机构的职能进行概括。

（1）卫生防疫主管部门的职能。原总后勤部卫生部主管全军卫生防疫工作；原总部和军兵种、军区（以下简称大单位）卫生部门主管本系统、本区的卫生防疫工作。军（含相当等级的单位，下同）以下部队后勤卫生主管部门、被授权或者委托的卫生防疫机构负责其防治体系范围内的卫生防疫工作。各级卫生部门按照卫生防疫和爱国卫生工作的规划和计划，负责组织协调有关部门开展群众性的卫生防病活动，建立健全卫生防病制度，加强卫生管理和卫生监督，指导卫生防病建设。各级卫生防疫机构按照职能分工，负责指导军队的健康教育和卫生防病技术工作，实施卫生监督和疾病监测，控制有害健康的因素和媒介生物，预防与控制传染病。各级医疗保健机构应当按照防治结合的原则，为军队提供卫生防病技术服务，普及卫生知识，参与疫情处理，并有效控制本单位的传染源、放射源，防止环境污染和医院感染。

（2）卫生防疫专业机构的职能。军队医学院校和医学科研机构，应当为部队培训卫生防疫技术人才，提供卫生防病服务，指导并参与特殊情况下的卫生防疫、防护和疫情处理；贯彻执行上级的卫生防疫法规和规章，拟制本级卫生防疫工作计划，并实施监督；根据部队需要，开展预防医学研究和新技术的推广应用；负责本单位的卫生防疫药品器材的供应和管理工作。

（二）军队疾病应急处置人员配备的法律制度

1.专家咨询组

全军各大单位卫生主管部门的卫生应急办公室都建立了处置突发事件卫勤应急保障专业人才库，并组建了全军各级突发公共卫生事件专家咨询组。专家咨询组的主要职责是参与制订、修订突发公共卫生事件应急预案和保障方案，开展现场技术指导，对突发公共卫生事件应急准备、响应、终止和总结评估提出咨询建议，承担领导小组办公室和卫生应急办公室交办的其他工作。

2.应急处置技术力量

军队各级医疗机构、疾病预防控制机构、部队卫生机构和军医大学及防化兵部队是军队处置突发公共卫生事件的应急处置技术力量。各级医疗机构负责病人的现场抢救、运送、诊断、报告、治疗，医院内感染控制，检测样本采集，配合进行病人的流行病学调查。疾病预防控制机构负责突发公共卫生事件的监测报告，流行病学调查及现场处理（包括对有关人员采取隔离和观察措施，采集病人和环境标本，环境和物品的卫生学处理等），开展病因现场快速检测和实验室检测，实施疾病及健康危害因素监测。部队卫生机构负责突发公共卫生事件现场早期控制，配合医疗机构和疾病预防控制机构开展应急处置。军事医学科学院和军医大学负责开展突发公共卫生事件应急处置相关技术研究，根据全军卫生应急办公室安排，派出力量开展现场技术指导。防化兵部队负责配合卫生部门开展现场和环境的洗消工作。

（三）军队疾病应急控制法律制度

（1）发生重大疫情和食物中毒事故的单位，应当采取下列紧急措施：①加强对重大疫情和食物中毒事故处理工作的领导，组织病员的救治；②做好对发病现场、有关物品和场所的保护工作；③实施灭鼠、杀虫和疫源地消毒，加强粪便、垃圾、污物的管理；④严格生活饮用水和食品的管理，落实饮用水消毒措施；⑤有针对性地开展宣传教育，普及卫生防病知识。

（2）发生重大疫情和食物中毒事故后，有关后勤（联勤）机关卫生部门，应当协调本级司令机关和政治机关的有关部门，采取下列紧急卫生措施：①尽快明确诊断，及时隔离救治病人；②迅速查明首发病例发生的时间和地点，以及密切接触者的数量和行踪，对疫情和食物中毒事故作出初步评估，提出对疫区封锁、隔离范围和控制措施的建议；③对与传染病病人、病原携带者、染疫动物密切接触者进行医学观察，必要时进行预防性治疗，根据实际情况对易感人群采取预防服药或者免疫接种等措施；④进行现场调查，查明传播因素、传播方式、发病人数，采集标本并检验；⑤对调查和检验结果进行全面整理分析，进一步确定疫情和食物中毒事故的严重程度和发展趋势，及时调整控制措施。

（3）发生重大疫情和食物中毒事故后，经师以上单位军政首长批准，并报全军各级相关主管部门备案，同时可以采取下列紧急措施：①划定隔离区域，控制人员进出；②限制、停止集会或者人员聚集的其他活动；③对人员进行检疫，对物资和交通工具进行消毒；④临时封闭被传染病病原体污染的水源和饮食场所；⑤

停训、停工、停课、停业。需要采取前款第⑤项措施时，须经报请全军各级相关主管部门批准，并报原总参谋部备案。

(4)以上第(3)点所列紧急措施解除，必须具备下列条件，并报原批准机关批准：①霍乱、鼠疫病人和病原携带者全部治愈，其他传染病病人和病原携带者得到有效的隔离治疗，病死者尸体已严格消毒并处理完毕；②污染的物品和环境已经彻底消毒，病媒昆虫和染疫动物等得到控制；③自最后一例病人被隔离之日起，检疫该传染病的一个最长潜伏期未发现新病例；④引起重大疫情和食物中毒事故的因素已经消除，并采取了相应的防范措施。

(四)军队疾病应急处置的法律监督

根据《中国人民解放军传染病防治条例》的规定，军队疾病应急处置的法律监督的主体有两类：一是师以上的军队卫生部门，二是军队卫生防疫机构、药品检验机构、医学计量检测机构。

以上法律监督主体的具体职责：

(1)师以上单位的军队卫生部门监督本单位执行卫生法规的情况，依法行使卫生监督权，对所属机构和人员实施卫生监督。

(2)军队卫生防疫机构、药品检验机构、医学计量检测机构根据职责和卫生部门的授权，实施专业检验、检测和监督。

军队卫生部门和被授予专业检验、检测和监督权的机构，他们的主要监督内容包括：①军队单位疾病防治知识宣传教育、病媒生物控制、公共卫生设施建设与改造、疫情报告、预防接种及有关卫生标准和规定的落实情况；②军队单位应对传染病疫情应急准备工作和传染病暴发时的控制措施落实情况；③医疗卫生机构、疾病预防控制机构消毒隔离、医院感染控制、医疗废物处置、实验室生物安全管理等预防控制传染病流行的相关措施落实情况；④医疗卫生机构、疾病预防控制机构及其工作人员开展传染病检测、报告和预警工作等履职情况。

军队卫生部门和被授予专业检验、检测和监督权的机构，有权对违反相关卫生防疫法规的单位及人员提出质询，实施检查、检测，提出处理意见。被质询、检查、检测的军队单位和人员应当如实提供有关资料、物品和情况。任何军队单位或者个人都有权对妨害军队卫生健康和违反军队卫生法规的行为提出批评和检举。

(五)军队疾病应急处置的法律责任

在军队疾病应急处置过程中，出现下列情况之一的，依照《中国人民解放军纪律条令》的有关规定，对有关单位给予通报批评，并责令限期改正；对负有直接责任的主管领导和当事人给予处分，根据情节轻重，可给予适当行政处罚；构成犯罪的，依法追究其刑事责任：(1)隐瞒、缓报、谎报突发公共卫生事件的；(2)失职渎职的；(3)拒绝接诊病人的；(4)不服从应急处理指挥调度的；(5)擅自发布有关信息的；(6)违反本规定的其他行为，造成不良影响和后果的。

三、核、化、生武器专项防护法律制度

(一)核武器的防护法律制度

我军目前还未针对核武器的防护进行专项立法。对核武器、突发核事故的防护主要还是从以下四个途径来解决核武器防护的法律适用：(1)全国人民代表大会制定的法律，要求涉核岗位参照执行的。如：《中华人民共和国职业病防治法》第八十八条第三款“中国人民解放军参照执行本法的办法，由国务院、中央军事委员会制定”，就是考虑到军队职业病防治工作的特殊性，由国务院、中央军事委员会制定参照执行本法的办法。(2)中央军事委员会制定的条例。如：《中国人民解放军放射性污染防治条例》，其中明确了军队放射性污染的预防和治理工作；《中国人民解放军核事故应急工作条例》，主要规范了军队核事故应急工作。(3)原军委总部、军兵种制定的规定。如：《军队干部疗养工作规定》，明确了涉核官兵疗养的周期和时间。原总后勤部制定了《涉核部队核辐射损伤特需防治药品供应标准》和《涉液体推进剂部队特需急救药品供应标准》，明确了特需防治药品的供应种类和数量。同时，《中国人民解放军卫勤分队战时保障条令》也有关于实施核杀伤区以及化学战剂染毒区伤员的抢救和早期治疗的相关规定。(4)技术性规范及标准。围绕着剂量监测、健康体检、职业性放射性疾病诊治等医疗卫生保健，国家和军队制定了相应的技术性规范及标准：在剂量监测方面，有《核武器操作人员外照射剂量监测与评价》《核武器操作人员内照射剂量监测与评价》等；在疾病诊治方面，有《职业性放射性疾病诊断标准(总则)》《外照射急性放射病诊断标准》《外照射慢性放射病诊断标准》《放射性皮肤疾病诊断标准》等。

(二)化学武器防护法律制度

虽然早在1997年4月29日，多国签署了《禁止发展生产贮存和使用化学武器及其销毁此种武器公约》，要求签约各国最迟在2012年必须把现存的化学武器销毁，但这一目标至今没有实现。该公约并未规定不允许研制新的化学武器，也没有国家承诺不研制新的化学武器。因此，以后出现新的化学武器也不足为怪。目前世界各国普遍重视防化卫生装备的标准化、系列化，比如美军在这方面就有一套切实可行、携带方便的装备。

然而，目前我军防化研究还比较薄弱，一些医学研究单位甚至取消了防化医学研究，和外军在防化医学研究上有很大的差距。尤其是随着非传统威胁造成的危害的凸显，处置和平时期的化学突发事件将会成为我军防化医学研究的重要工作。为了更好地开展化学武器卫生防护工作，需要专项立法作为制度保障，

为此，国家和军队相关部门应重视化学武器防护立法工作，使其尽早提上日程。

（三）生物武器防护法律制度

目前，我军尚未建立起一套完善的、系统的针对生物武器卫生防护的专项法律制度，大多只是从防生物危害医学技术规范方面来指导生物武器的防护。在现实中，世界上一些国家目前仍在进行生物武器秘密研制，国际上近年来也发生了一系列生物武器袭击事件。面对这样的威胁，我军应该提高和加强应对生物武器袭击的防护能力，尽快对生物武器卫生防护进行专项立法，以保护国家、社会、人民的安全。

四、心理卫生防护法律制度

为适应新的形势任务要求，保持军人心理健康，促进军人全面发展，增强部队凝聚力、战斗力，2000 年总政治部、总后勤部下发了《关于重视做好基层部队心理教育与疏导工作的意见》，明确了心理服务的八项任务和要求，涵盖了军人心理卫生工作的所有领域，并且清晰地划分了心理卫生工作的内容和范畴，为部队全面认识、综合开展心理卫生工作提供了依据。2009 年 10 月，总参谋部、总政治部、总后勤部、总装备部又联合下发了《关于加强做好基层部队心理教育与疏导工作的意见》（以下简称《意见》），指出了心理服务工作的主要任务和内容，第一项就是"抓好心理知识普及教育"，明确规定了基层部队心理知识普及教育的目标、形式等。2013 年《中华人民共和国精神卫生法》的颁布，更是对我国、我军的心理卫生防护法治建设起到了积极的推动作用。

（一）方针、原则

"预防为主"是我国卫生工作的根本方针，同样也是我军心理卫生防护工作必须遵循的重要方针。在心理卫生防护方面，预防的作用很重要。对于发病原因明确的心理障碍，通过采取必要的预防措施，能使精神障碍不发生、少发生以及减轻危害。

长期以来，防治结合一直是精神卫生工作的重要原则。这一原则同样适用于我军的心理卫生防护。为此，我军的心理防护工作可以参照《精神卫生法》的规定，坚持预防、治疗和康复相结合的原则。防治结合主要通过早发现、早诊断、早治疗来控制疾病和降低危害。预防、治疗和康复是三个相辅相成的环节，任何一个环节的缺失都会使精神心理卫生工作事倍功半。只有坚持预防、治疗和康复相结合的原则，才能使精神心理卫生工作更系统、更高效。

（二）主要任务和内容

1. 抓好心理知识普及教育

帮助军人学习掌握心理科学知识，是培养军人良好心理素质的重要前提和基础。把普及心理知识纳入部队经常性思想教育，采取个人自学、授课辅导、专家讲座等形式，发挥报刊、广播、电视、网络等传媒的作用，引导军人正确认识心理现象，了解常见心理问题，掌握心理调节方法，增强维护心理健康意识。

2.开展心理测试评估

心理测试评估，是科学把握军人心理状况和个人特征的基本方法，是搞好心理教育训练和疏导治疗的重要依据。通过建立完善符合我军实际、覆盖各类人员的统一规范的心理测查量表体系，进一步加强应征、应聘人员的心理测评和筛选，逐步在全军各类人员中定期开展心理测评和选拔，建立军人心理档案。心理测评工作应由专业人员具体实施，对测评结果严格保密；把心理测查与思想行为分析结合起来，综合评估军人心理状况，研究提出对策意见，及时搞好跟进服务；重视抓好特殊岗位、执行重大任务人员的心理测试评估。

3.组织心理训练

心理训练，是指依据心理学原理，创设特定的环境和条件，对军人个体和集体的心理活动施加有目的、有计划的特定影响，使其具备军人职业所需要的心理素质，并使其学会控制和调节自己的心理状态，保持心理稳定性，提高其心理活动能力的一种特殊训练活动。把心理训练纳入部队军事训练之中，结合技术战术基础训练、战备演习和执行急难险重任务，加强军人心理适应能力、稳定能力和承受能力训练，强化战斗精神。依托心理训练场、训练系统和器材，设置特定情景，有针对性地开展心理训练，开发军人心理潜能，磨炼军人心理品质，培养团队精神。把指挥员的心理训练摆在突出位置，突出复杂困难条件下的训练，培养各级指挥员处变不惊的心理素质，提高紧急情况下的临机处置能力。

4.搞好心理咨询疏导

心理咨询疏导，是化解部队军人的不良心理反应、排除心理困扰的有效手段。广泛开展心理咨询活动，采取面对面咨询、热线电话咨询和专家网上在线咨询等办法，回答军人提出的心理问题，为军人进行心理调适和疏导。抓住部队任务转换、重大政策制度出台、军人面临进退去留和家庭发生变故等容易诱发心理问题的时机，积极开展团体心理咨询和个体疏导，解答军人心理困惑。做好心理问题突出的军人的工作，找准其心理症结并及时疏导化解。

5.进行心理诊断治疗

及时发现和医治有心理障碍和疾病的官兵，防止心理问题加重和导致精神疾病。加强对军人心理状况的分析掌握，对情绪不稳定、行为明显异常人员，搞好随访观察，及早发现，及时报告。实施正确的诊断，科学鉴定区分生理问题与心理问题、思想问题与心理问题、一般心理问题与严重心理障碍、心理疾病与精神疾病，防止误判误诊。确定合理治疗方案，采取心理疏导、行为矫正、药物治疗等方法，跟踪搞好治疗服务。发现有明显精神疾病倾向的，及时送精神病院诊治。对心理疾病患者，要关心体贴，不歧视，不嫌弃。

6. 实施心理危机干预

心理危机，是指军人受到来自个人、家庭、社会、自然界、执行任务过程等的特定突发事件的影响，遭受超大强度的心理应激时的心理反应。心理危机通常会破坏心理平衡状态，进而产生心理问题或心理疾病。心理危机干预就是指对处在心理危机状态下的军人及时给予心理援助，采取明确有效的干预措施，使之最终战胜心理困境，重新适应生活。军人面对突发事件、重大灾害、严重挫折等时，容易诱发各种心理危机。要组织专业力量，根据军人心理应激反应状况，运用社会情感支持、个体认知干预、教授心理应对方法等，帮助官兵消除心理困扰，防止其产生心理创伤。对有自杀或伤害他人等极端行为倾向的官兵，要及时采取应对措施，指定专人负责，加大干预力度，避免酿成严重后果。团以上单位要针对军人可能遇到的心理危机，制定相应的干预预案，确保遇到情况能够迅速应对。

7. 做好遂行重大任务心理服务工作

深入分析遂行重大任务的特点和环境条件对军人心理的影响，预测和了解军人心理活动和变化趋势，研究制定心理服务保障方案。依托军队建制医疗卫生单位，建立心理应急救援机动卫勤分队，担负重大任务心理服务保障。军以上单位视情组织专业力量伴随保障，调查评估军人心理应激反应状况，开展团体行为激励，对出现严重心理问题的官兵实施个体疏导和诊断治疗。广泛开展心理自助互助活动，发挥部队心理骨干作用，普及相关心理知识，提高军人面对急难险重任务和复杂艰苦环境的心理调适能力。跟踪搞好对完成任务后军人的心理服务，防止其出现创伤后应激障碍。根据要求做好任务驻地群众的心理服务工作。

8. 强化战时心理防护

心理防护，是指运用教育、训练、调节、治疗等方法，缓解战场复杂环境造成的心理压力，对抗敌方的心理战攻击，巩固己方心理防线的方式方法。这作为我军心理战的一项重要任务，是提高部队反心战能力和军人作战心理素质的必然要求。坚持不懈地加强马克思主义战争观、爱国主义、革命英雄主义和战场政治纪律教育，积极开展反渗透、反心战、反策反、反窃密斗争，打牢军人心理防护的思想基础。分析预测国际舆论和社会信息对军队的负面心理影响，帮助军人了解敌对势力心战方法和手段，提高识别和抵御敌对势力心理恐吓、舆论欺骗、法律攻击的能力。加强心理调控和阻断敌方信息传播等研究演练，缓解和防止战场环境和军事行动可能对军人造成的心理压力和心理创伤。

（三）军人常见心理问题与心理疾病的防治机制

《意见》指出军人的心理卫生防治工作涉及多个部门、多个方面，是一项复杂系统的工程。要科学统筹力量，优化整合资源，逐步建立起组织健全、关系顺畅、职责明晰、保障有力的防治机制。

（1）建立和完善防治工作组织管理体系。坚持党委的统一领导，军事、政治、后勤、装备机关各司其职，政治机关牵头协调。各单位分工 1 名领导主抓，机关有关部门各指定 1 名干部具体负责。设立全军心理卫生专家咨询和指导委员会，为全军心理卫生工作提供决策咨询和技术指导。

（2）建立和完善部队心理卫生工作机构。在师级以上单位所属医院、疗养院设心理科，在疾病预防控制中心设心理卫生所（科），在医学科研院所设心理研究室，在机关、院校门诊部设心理门诊，在旅团卫生队设心理咨询室。

（3）建立和完善心理卫生工作保障机制。加强教材保障，统一组织修订编写军人心理科学知识普及、部队心理骨干培训和院校生长干部学员心理学教程、心理学专业教育等教材，形成系统配套、适合各类人员需要的教材体系。加强装备器材保障，组织研发心理训练、咨询、诊治等设施装备，逐步列装部队。加强心理科、心理门诊和心理咨询室建设，提供必要工作场所，配备必需器材设备。加强经费保障，遵循按级负责、分工保障的原则，将开展心理卫生服务工作经费纳入本单位本部门年度预算安排，专款专用。

（4）建立和完善心理卫生防治工作考评激励制度。加强心理卫生工作检查，了解掌握部队心理卫生防治工作落实情况，结合年中和年终工作总结搞好讲评。各级领导下部队检查指导工作，要把检查心理卫生防治工作作为重要内容，及时发现存在的矛盾问题，帮助研究对策办法。注意发现和宣传部队心理卫生防治工作先进典型，评选表彰心理卫生防治工作先进单位和个人。

第十章 军队药材管理法律制度概要

第一节 军队药材概述

根据《军队药材工作规定》(后发〔2008〕8号文件),药材是指主要用于诊断、治疗和预防疾病的药品、卫生装备、医用消耗性材料(本章简称为医用耗材)。药品、医用耗材、卫生装备是平战时各类救治机构实施医疗救治所需的重要物资,各国军队都把药材保障视为提升战场救治能力的重要措施。基于军队药材所具有的这些特殊使命,运用法律手段对它们进行监管是世界各国军队通行的做法,通过制定和颁布法律、法规性文件来规范其生产、流通、使用等环节,以此明确整个流程中各类级机构、各类人员的责任与义务,使其实现依法生产、合法经营、合理使用和有效监管,从而保证军队药材质量,维护部队广大官兵的身心健康和合法权益。

一、相关概念与分类

(一)药品

根据《中华人民共和国药品管理法》,药品是指用于预防、治疗、诊断人体疾病,有目的地调节人的生理功能并规定有适应证或者功能主治、用法和用量的物质,包括中药材、中药饮品、中成药、化学原料药及其制剂、抗生素、生化药品、放射性药品、血清、疫苗、血液制品和诊断药品等。目前,全世界有2万余种药品,我国中药制剂有1万多种,化学药品制剂有5000多种,种类复杂、品种繁多。

药品管理法规定的药品是一个广义的概念,在本章中我们根据药品的使用范围,并结合我军的特点,将药品分为民用药品和军队特需药品。军队特需药品主要用于满足军队特殊的卫生需求,对其的监管是军队药品监督管理工作非常重要的组成部分。

军队特需药品,是指军队中用于防治战伤和军事特殊环境引发疾病的药品。它主要有两个层次的含义:一方面,它是用于防治各类战伤的药品,其中包括常规武器伤和特种武器伤(高科技武器伤)的预防和急救、治疗性药品;另一方面,也是用于军事特殊环境下引发疾病的防治药品,比如因高原维生素缺乏补充维生素的高原多维元素片等。另外，根据未来作战、训练等特定军事勤务需求，用于防治疾病的非生物类诊断试剂、侦检试剂、卫生敷料、驱避消毒杀虫剂和个人卫生防护产品等其他医疗卫生用品，按照军队特需药品管理，军队特需药品均应是我国具有自主知识产权的药品。

（二）医用耗材

根据国家《医疗器械监督管理条例》的规定，医疗器械是指直接或者间接用于人体的仪器、设备、器具、体外诊断试剂及校准物、材料以及其他类似或者相关的物品，包括所需要的计算机软件。[①] 医用耗材是其中的一种，是医院频繁使用的消耗性器材、配件等产品。根据《军队医用耗材管理规定》，医用耗材指的是军队医疗、疗养、疾病预防控制机构和师以下部队卫生机构，用于疾病诊断、治疗、预防、康复等的消耗性材料。

由于不同的医用耗材有着不同的用途和使用原则，为保证有效发挥其作用，军队对医用耗材实行分类管理制度。医用耗材分为通用医用耗材和专科医用耗材。通用医用耗材包括一次性注射输液穿刺类、医用敷料类等材料；专科医用耗材包括介入类、体外诊断试剂类等材料。

（三）卫生装备

什么是卫生装备？在此需要厘清“后勤装备”“卫生装备”与“医疗设备”几个概念。首先，根据《中国人民解放军后勤装备条例》，后勤装备是对为实施后勤保障而编配的专用车辆、设备、器材、装具的统称。其可分为两大类，一类是军需、卫生、军交、油料、野营、仓库、后勤指挥管理自动化等通用后勤装备，另一类是海军、空军、火箭军专用后勤装备。其次，卫生装备，属于军队后勤装备的重要组成部分，根据《部队卫生装备管理规定》，它指的是师以下部队用于卫勤保障的技术车辆、器械、仪器、设备、箱囊等。由此可见，军队卫生装备是一种综合性的技术装备，它涉及的范围很广泛，从最简单的止血带、急救包到各种后送工具，甚至于机动医疗单元等，都属于军队卫生装备的范畴。最后，医疗设备，根据《军队医疗设备管理规定》，是指除师以下部队医疗卫生机构之外的军队医疗、疗养、康复、教学、科研、监测等工作的仪器、设备和装置。

从本质上而言，医疗设备与卫生装备并没有太大的区别，但由于它们被赋予了不同的任务和使命，需要在不同的环境下使用等，两者才出现了概念上的差异，也正是基于此，军队对卫生装备与医疗设备分别进行了专门化管理。事实上，将师以下部队配发的医疗设备称为军队卫生装备，既是出于安全保密原则的考虑，也是为了在进一步提升军队医疗机构诊疗水平的同时避免国际上的争议

① 《医疗器械监督管理条例》，国务院令第650号，2014年6月1日起实施。

与纠纷。此外，为了满足部队需求，一方面不断进行高精尖设备自主研发，另一方面向其他发达国家引进先进的医疗设备目前也是不可或缺的。

根据《部队卫生装备管理规定》，卫生装备基于其性质作用与卫勤保障任务的不同，分为主要卫生装备和一般卫生装备，主要卫生装备是指技术车辆，含7项；一般卫生装备是指除技术车辆以外的其他卫生装备，又进一步分为A类和B类，分别含65项和48项。

二、法律制度建设状况

（一）药品

随着我国社会主义法制建设的不断发展，有关药品管理的法律法规也在不断完善中，以《中华人民共和国药品管理法》为代表的药品管理法律法规的发布与实施，标志着我国药品管理法律体系的基本形成。目前，我国常用的与药品有关的法律法规和规范性文件已有40多部，主要包括：《中华人民共和国药品管理法》《中华人民共和国药品管理法实施条例》《药品注册管理办法》《药品生产质量管理办法》等，药品的研究、生产、供应、使用与监管等日益规范，药品质量、用药安全以及患者权益得以有效保证。

军队的特殊使命与任务，决定了军队药品保障的特殊性，其监管也更加严格和规范。为维护部队官兵的生命健康与安全，保证卫勤保障功能的有效发挥，我军结合自身特点与特殊需求，相继颁布了30余部法律法规文件，主要包括《中国人民解放军实施〈中华人民共和国药品管理法〉办法》《军队药材工作规定》《军队医疗机构制剂管理办法》《军队特需药品管理办法》《军队药品不良反应监测管理办法》等，形成了对军队药品的有效监管。

（二）医用耗材

伴随着军队建设不断发展、军事任务日益多样化，广大官兵健康需求不断扩大，促进了军事医学技术的快速发展，其中就包括医用耗材品种与数量的不断增多与日益更新。医用耗材在保障军事任务顺利完成的同时，也密切影响着官兵的生命与健康，为此，对医用耗材运用法律手段进行有效的管理与科学的引导，也是我军医疗卫生法律法规管理中非常重要的内容。军队在国家有关法律法规文件的基础上，结合自身特殊情况也出台了相关的法规，如2015年总后卫生部发布的《军队医用耗材管理规定》等。

（三）卫生装备

军队卫生装备是野战条件下实施战术卫勤保障的物质基础，随着各种高新技术武器的发展，以及数字化战争这一新的战争模式的出现，军队卫生装备对于降低战伤减员率、死伤率和伤残率有着重要意义。为了对军队卫生装备进行科学的规范化管理，我军颁布了《部队卫生装备管理规定》《师以下部队卫生装备配备标准》；为进一步落实这些法律规定，还出台了《军队卫生装备质量控制工作检查考核标准》《部队卫生装备使用操作与考核标准》《军队卫生装备检修机构业务建设与考核标准》等一系列规范性文件。

第二节　军队药品管理法律制度

为实现对药品的有效管理，军队相关法律法规主要从两个方面对药品监管进行了明确的规定，一是药品的监管机构，二是药品的监管内容。

一、监管机构

根据《中华人民共和国药品管理法》的有关规定，中国人民解放军依据国家和军队药品监督管理法律法规，由军队体系内各级卫生部门分别负责本系统、本单位的药品监督管理工作。

军队各级卫生部门根据国家和军队药品抽检计划，组织对军队外购上市药品和军队医疗机构配制的自制制剂进行抽验，并将抽验结果分别上报国家药监部门或在全军公告。军委机关、各战区、军兵种药品监督管理部门，可根据工作需要聘任一定数量的药品监督员，协助行政机关开展药品监督检查工作。

二、监管内容

军队药品监督管理的内容主要涉及药品研发、生产、流通、使用等多个环节，覆盖了药品从研发到使用全过程的监督管理法律规定，为提高药品质量，规范合理用药，保障部队官兵及广大患者用药安全提供重要保证。

（一）研发管理

新药，是指未在我国境内外上市销售的药品。军队科研、医疗机构研制新药受到国家和军队的鼓励，可以获得国家和军队科研基金等资助。在审批等管理制度上，军队科研、医疗机构研制新药需报请军委卫生部门审核同意。由于军队的特殊使命和任务需要，因军事特殊环境而引发的疾病防治是军队医药卫生保障的重要内容，也是与民用药品的主要区别。实践中，我国民用药品的研制、生产一般都不会进行各种武器伤防治效果的临床试验，也不会进行军事特殊环境下所造成的损害的防治结果的临床研究，从而缺乏有关战伤和军事特殊环境下所诱发疾病的防治试验数据。为此，军队特需药品的研制除在技术要求上与国家新药研发的技术指导原则基本相同外，在有效性、针对性等方面，比民用药品更为严格，注重其特殊环境下应急与提高部队战斗力等功效。军队各级卫生主管部门应当支持和鼓励军队科研、医疗机构开展特需药品及民用药品转化特需药品的临床前研究。从事军队特需药品研究的军队科研、医疗机构，必须具有与其研究实验项目相适应的人员、设施、设备、仪器和管理制度，实验动物、试剂和原材料应当符合国家和军队的有关规定，并且确保试验数据和资料翔实、准确。军队科研、医疗机构完成特需药品临床前研究后，应当在国家或者军队认定的单位药品临床研究机构按照相关规定进行临床试验。由于军队特需药品主要服务于战伤以及特殊环境所引发的疾病，存在市场小、研发风险大的特点，所以对于难以开展临床试验的药物，比如说抗核、化、生等药品，临床前试验的要求必须更严格，数据必须更可靠，以实现维护部队官兵身体健康与生命安全、保障部队任务圆满达成的目标，也可避免由此所带来的非战斗性损伤。① 特需药品研究资料、试验数据（图片、图谱）、试验记录等，应当列入保密管理范围，永久保存。

（二）生产管理

药品生产企业是药品生产的主体，是生产管理的主要对象，无药品生产许可证的药品生产企业不得生产药品。药品生产许可证应当标明有效期和生产范围，有效期为五年。

长期以来，军队医疗机构制剂作为制药产品的补充，解决了军队临床需要和市场上没有供应之间的矛盾，有效地填补了药品生产厂商的供应空白，满足了临床治疗与科研的需求。但制剂在注册的标准上、研究深度和广度上，特别是药理学、毒理学等的相关制度要求还有待进一步提高。虽然军队医疗机构配制制剂具有战备急需的特殊情况，但根本上还是无法脱离药品生产的本质属性，所以其配制主体、配制过程也都必须符合药品监督管理部门规定的条件。军队各级卫生主管部门负责相应系统、区域内的医疗机构制剂监督管理工作。军队医疗机构经军队相关卫生主管部门的批准，取得医疗机构制剂许可证后，方可配制制剂，医疗机构制剂许可证有效期最多为五年，其配制过程必须符合《医疗机构配制制剂质量管理规范》的要求，具备相应的设施、检验仪器和卫生条件，以及各种管理制度和技术规程。医疗机构制剂室的验收、制剂的审核与审批及制剂的抽查检验，由军队相关卫生主管部门组织实施。根据军队保障任务，可以根据需要扩大配制制剂范围，但必须经由军队卫生主管部门批准。军队特需药品一般应当在取得国家药品生产许可证，药品生产质量管理规范、认证证书和军队特需药品生产与配制许可证的地方医药企业，或者在取得军队特需药品生产与配制许可证的军队特需药品中试基地进行生产与配制。

由于制剂及军队特需药品的特殊性，军队对其流通与调剂进行了特殊规定，

---

① 《中国人民解放军实施〈中华人民共和国药品管理法〉办法》释义，人民军医出版社 2005 年版，第 10 页。

配制的制剂均不得在市场上销售。但在某些特殊的情况下，为了满足我军防病治病的需求，军队医疗机构配制的制剂，经军队卫生主管部门批准后，可在指定的军队医疗机构之间调剂使用。与此同时，如果存在地方医疗机构与军队医疗机构之间的用药需求，也可以根据相关规定实现流通。具体而言，军队医疗机构需要使用地方医疗机构配制的制剂的，应当经军队相关卫生主管部门批准，同时地方医疗机构也需要经所在省级药品监督管理部门批准；地方医疗机构需要使用军队医疗机构配制的制剂的，除经省级人民政府药品监督管理部门批准以外，基于军队保障任务与军队医疗机构制剂的特殊性，还应当经由军队相关卫生主管部门批准。

此外，一部分军队特需药品经过长期使用，实践证明对公众疾病确实能发挥防治疾病作用，疗效确切，具备了转为民用药品的条件，可以经由国务院药品监督管理部门按照《药品管理法》和国家食品药品监督管理局药品注册管理的规定进行办理。同时，从保密和管理的需要出发，军队特需药品在向民用药品转化时，还应当经军队卫生主管部门审核同意。

（三）采购管理

采购是除研发配制途径以外的主要药品来源，关系着部队官兵的生命健康和部队战斗能力。为保障药品质量，并根据国家原卫生部等七部委《关于印发医疗机构药品集中采购工作规范的通知》（卫规财发〔2010〕64号）等文件要求，我军建立了由军队主导的药材集中招标采购平台，经军队卫生主管部门批准，成立了“全军药材供应保障监管中心”，该中心秉承“公平、公正、公开和诚实守信”的原则，按照国家和军队有关法律法规规定，履行全军卫生医疗机构药品集中招标采购管理工作。

军队药品供应保障机构在采购药品时必须严格把住质量关。一方面，通过建立并执行进货检查验收制度，验明药品合格证明和其他标识，包括供货方的法定资格（是否具备药品经营许可证或药品生产许可证、工商执照、药品检验合格报告书、GMP认证证书、GSP认证证书等），药品的质量（主要是外观质量，包括药品的品名、规格、生产企业、生产批号、合格证、批准文号、注册商标、包装以及包装标签、特殊管理药品与非处方药的标志等），不符合规定要求的，不得购进。另一方面，为保证供应部队的药品符合国家和军队规定的质量要求，军队药品保障机构除严格执行军队卫生主管部门药品招标的有关规定外，还应对经进货验收合格的首次购入药品进行质量检验。但在现实工作中，由于军队药品检验机构人员较少，如有需要，对药品检验的某些项目可以委托地方省级以上人民政府药品监督管理部门设置或者确定的药品检验机构进行检验。严格的药品采购管理制度，有利于从源头上保证军队药品的质量，也将有效地确保官兵的用药安全。

（四）供应管理

2014 年，国家启动药品供应保障综合管理信息平台建设，坚持政府主导，以维护非营利性平台的公益性质。军队的特殊任务与使命决定了其物资供应保障（包括药品）必须由独立的保障机构（包括药品供应保障机构）来实施，根据相关规定，军队药品供应保障机构应按照规定的保障范围，负责军队医疗机构药品的供应保障。从世界范围来看，各国军队在药品、卫生装备等方面大多采用的是实物供应的方式，由专门的机构向军队医疗机构实施供应保障。军队药品供应保障机构是指药材仓库（含综合仓库的药材分库）、药材供应站等，其职责在于负责军队医疗机构所需药品和器材的供应保障。军队特需药品的供应保障，由军队药品供应保障机构按照职能分工组织实施。军队药品供应保障机构未经军队相关卫生部门和国务院药品监督管理部门批准，不得向地方药品经营企业和医疗机构供应药品。同时，未经批准，军队药品供应机构不得向地方医疗机构和有关单位及个人供应特需药品。

（五）储备管理

军队实行战备药品储备制度。建立战备物资（包括药品）储备，也是各国军队的通行做法。我军很早就建有战备药品储备，并在实践中具体可分为战略储备、战役储备和战术储备三级储备体制，采取实物储备和经费（合同）储备相结合的方式，并以实物储备为主。尽管随着不同时期军队战略任务的不断变化有所调整，但这一储备体制仍然有效地保证了战争和非战争军事行动初期完成卫勤保障任务的紧急需要。① 具体而言，军队药品供应保障机构和医疗机构负责战备药品的储备。对于特需药品储备，按照军队战备药品储备的有关规定组织实施，储存条件应当符合特需药品理化性质的有关要求。此外，由于市场经济的不断发展与药品品种的日益更新，军队药品供应保障机构和医疗机构在完成战备药品储备的同时，还必须负责战备药品的轮换更新，以保证军队战备药品储备的有效性和安全性。为进一步做好战备药品的储备、发挥战备药品的作用，军队专门颁发了《中国人民解放军战备药材管理办法》，规定了战备药材的保管及动用的原则，遇有突发事件等紧急情况时，经军队相关卫生主管部门批准，可以动用战备药品，必要时，军队卫生主管部门还可以商请国务院有关部门紧急调用国家储备药品和企业药品。

（六）特殊管理药品

在临床工作中，为了满足某些疾病或者治疗手段的需要，在医疗过程中往往

① 《中国人民解放军实施〈中华人民共和国药品管理法〉办法释义》，人民军医出版社 2005 年版，第 13 页。

需要使用到麻醉药品、精神药品、医疗用毒性药品、放射性药品等药品，由于这些药品本身具有特殊功效与毒副作用，根据规定，国家应对麻醉药品、精神药品、医疗用毒性药品、放射性药品实行特殊管理。除法律明确规定外，任何单位、个人不得进行麻醉药品药用原植物的种植以及麻醉药品和精神药品的实验研究、生产、经营、使用、储存、运输等活动。

军队相关卫生主管部门负责其系统内、区域内的麻醉药品和精神药品的供应管理工作，具体承担军队麻醉药品和第一类精神药品供应任务的军队药品供应保障机构应当具备《军队麻醉药品和精神药品供应管理办法》中的各项条件，并经军队相关卫生主管部门验收合格、批准后，方可承担军队麻醉药品和第一类精神药品的供应任务。军队药品供应保障机构可以从全国性批发企业、所在地的区域性批发企业或者按照计划从定点生产企业购买麻醉药品和第一类精神药品，并按照相关规定，通过民用运输工具或军用运输工具运输。军队医疗机构使用麻醉药品和第一类精神药品，必须经所属军队相关卫生部门批准，按照药材供应保障关系，到指定的军队药品供应保障机构采购。此外，军队生产与配制、供应、使用含有麻醉药品和精神药品成分的药品，按照《麻醉药品和精神药品管理条例》和军队有关规定执行。

（七）处方管理

在保障用药安全性的基础上，我国根据药品品种、规格、适应证、剂量及给药途径不同，对药品进行了处方药与非处方药分类管理。为规范处方药与非处方药的流通与使用，药品经营企业销售药品必须准确无误地说明用法、用量和注意事项；调配处方必须经过核对，对处方所列药品不得擅自更改或者代用。对有配伍禁忌或者超剂量的处方，应当拒绝调配，必要时，需经处方医师更正或者重新签字方可调配。事实上，由于部队卫勤保障专业技术人员培养与需求之间的矛盾，目前在部队基层医疗单位还存在一些急需解决的问题。为此，通过采取学历教育、任职教育等多种途径引进与培养专业技术人才，进一步规范部队基层医疗单位用药行为，在满足部队卫勤保障任务对于专业技术人员需求的同时，也为部队基层医疗的安全性和有效性提供了保障。

（八）使用管理

药品的具体使用情况是药品管理效果的最终体现，也是药品管理与保障最为重要的内容之一，为落实军队用药科学保障、优质保障、足额保障的基本原则，我军卫生主管部门颁发了一系列规范性文件，对官兵用药实现全过程、全要素、全寿命的监管，其中最核心的是有关《军队合理医疗药品目录》的制定与执行。军队合理医疗的用药范围，是指在一般情况下军人可以免费使用的药品，它主要是通过《军队合理医疗药品目录》来体现并进行管理的。药品目录包括西药、中成药和中药饮片三大类，其中西药和中成药列明了纳入军队合理医疗用药范围的品种，而中药饮片则列明了不纳入军队合理用药范围的品种。此外，医疗机构配制的自制制剂、经依法批准注册使用的军队特需药品也全部纳入合理医疗用药范围，但没有列入药品目录。军人在各级医疗机构的药品消耗，符合合理医疗用药范围规定的都将给予免费。而用药范围之外确属诊疗必需的特殊情况，也应给予免费。

《军队合理医疗药品目录》是军队合理医疗用药范围的管理依据，具体体现了军队医疗机构药品“科学保障、优质保障、足额保障”的基本原则，该原则也是军人药品保障水平的具体表现。随着我国经济的发展和军队医疗卫生体制的改革，广大官兵合理医疗用药需求日益增长，医药科技的创新发展带来了大量疗效确切、价格合理的新药普遍应用于临床，再加上军队卫生事业经费标准的增长，军队卫生主管部门对《军队合理医疗药品目录》进行了修订，新修订的目录自2014年8月15日起施行。

新修订的《军队合理医疗药品目录》共收录2411个品种，用药范围和药品层次明显扩大与提升，进一步提高了全军官兵合理医疗药品保障的范围与档次，实现军地“同病同治”，这将有效满足军人合理医疗用药需求、规范军队医疗机构用药行为，对深化军队医疗保障制度改革、提高军队人员药品保障水平具有重要意义。

相关规定明确要求，军队医疗机构必须严格按目录指导用药，不盲目用贵药、进口药。为切实服务部队广大官兵，提高用药效果，各医疗机构应在充分利用好上级下拨的经费的基础上，科学采用具体措施，实现医疗资源的科学统筹、体系部队内的就医分流，切实保证每位官兵都能够接受优质的服务。此外，提高为兵服务质量、实现合理用药，部队门诊部、卫生队也应积极思谋，采取有效措施，发挥积极作用，通过体系部队卫生部门业务共建、签订官兵转诊规范化协议等方式，发挥基层卫生机构主体作用，确保各级卫生事业费得到高效使用，切实维护部队广大官兵的生命健康与合法权益。

三、监督职责

军队卫生主管部门负责全军药品监督管理工作，代表军队实施药品监督管理，对军队的药品监管负总责；军队各级卫生部门分别负责本系统、本单位的药品监督管理工作；军队医疗机构负责本机构内的药品监督管理工作。

第三节　军队医用耗材管理法律制度

随着军队医疗需求的增长和医学技术的进步，军队医用耗材不断发展，它不仅关乎官兵生命健康，也关系到部队战斗力的巩固和提升。因此，对军队医用耗材从制度上进行有效管理具有非常重要的意义。《军队医用耗材管理规定》明确规定，从基本原则上来说，对军队医用耗材的管理必须要遵循统一计划、集中招标、合理使用、依法监管、确保安全的要求，并在具体的监管手段上，在中央军委的统一领导下，根据军队医用耗材的具体工作采取一系列的监管措施。

一、监管内容

科学有效的监管制度是对军队医用耗材进行监管的核心内容，是保证统一计划、集中招标、合理使用、依法监督、确保安全等基本原则落到实处的具体措施，它贯穿于耗材的采购、供应及使用等各个环节。

（一）采购监管

采购是保障军队医用耗材质量、保证官兵生命安全与健康、维护国家利益的源头。根据国家相关规定的要求，我军建立了军队主导的药材集中招标采购平台，并设立了全军药材供应保障监管中心，负责全军卫生医疗机构医用耗材的集中招标采购管理工作。在此基础上，军队医用耗材采购集中招标制度，由军队卫生主管部门根据医用耗材集中招标目录组织集中招标，而军队医疗卫生机构则需要按照上述的集中招标中选结果来实施采购。

相关卫生主管部门在组织军队医用耗材集中招标时，为最大限度发挥市场的积极作用，必须严格遵循科学、严谨的招投标程序，制定实施方案、发布采购信息、拟制采购文件、公开征求意见、组织专家评审、公示和审批中选结果的过程要求，从制度上、过程中保证集中招标结果的科学性与合法性。

军队医疗卫生机构在采购医用耗材时，必须依据本单位《医用耗材供应目录》来具体实施。《医用耗材供应目录》是由军队医疗卫生机构医学工程部门根据工作需求编制，经本单位医疗设备管理委员会审核、本单位办公会审议批准后，逐级上报至军队有关卫生管理部门备案的。《医用耗材供应目录》中属于集中招标范围内的品种，必须从集中招标中选结果中选定。

根据实际情况需要，军队医疗卫生机构可以授权委托军队药材采购供应机构采购配送医用耗材。军队医疗机构、药材采购供应机构应当依据《医用耗材供应目录》采购医用耗材，并与医用耗材生产经营企业依法订立采购合同。为进一步落实集中招标的有关规定，军队医疗卫生机构、药材采购供应机构不得擅自采购集中招标品种范围内未选中的医用耗材。如果遇到特殊情况，需要采购集中招标品种范围内未选中的医用耗材，必须逐级报军队有关卫生主管部门审批。

此外，伴随着信息化部队建设的步伐，军队卫生主管部门也应当按照国家和军队有关要求建立军队医用耗材集中招标采购信息管理系统，统一规范招标采购工作流程和保障方式，实现网上招标评审、采购签约和动态监管等。

（二）供应监管

军队医用耗材供应必须由独立的保障机构按照军队药材供应管理渠道来组织实施。其中，通用医用耗材供应可以由军队药材采购供应机构或者军队医疗卫生机构委托医用耗材生产经营企业实施，而专科医用耗材供应则必须由军队医疗卫生机构委托医用耗材生产经营企业实施。

为保证医用耗材的质量，首先，军队医疗卫生机构、药材采购供应机构应当对采购配送的医用耗材进行质量验收、清点数量、检查包装及外观、核对出厂日期及有效期等有关信息，并办理验收入库手续。必要时，还可以委托军队药品仪器检验机构进行检验，而对于未经验收或者验收不合格的医用耗材，则不得接收。其次，军队医疗卫生机构、药材采购供应机构对已接收的医用耗材，必须加以妥善保管，通过加强医用耗材储存设施建设、建立医用耗材储存保管制度等具体措施，确保医用耗材储存条件符合规定要求，并使用全军统一配发的医用耗材管理信息系统，对医用耗材计划、采购、供应、储存、计价、调配和使用实施规范化管理，不断提升医用耗材信息化管理水平。

可以说，对于医用耗材的供应监管，基本上涵盖了医用耗材的配送、验收、库房管理及不合格产品管理等各个环节，与医用耗材的采购管理制度一起为军队医疗机构更好地服务广大部队官兵打下了坚实的基础。但是，军队不仅肩负着战时作战的使命，也承担着平时保障的任务，这特殊而艰巨的双重使命必然要求高效的后勤卫生保障能满足其突发性需求。那么在重大突发事件发生时，为能够满足医用耗材的及时供应，是否可以采取一些应急性的采购或供应措施，如简化采购供应流程、口头协议组织供货、建立优质供应商候选名单等，以最终有效实现军队战平时的后勤卫生保障？答案应该是肯定的。

（三）使用监管

作为军队伤病员使用医用耗材的依据，军队医疗卫生机构必须制定本单位《军人合理医疗医用耗材使用目录》，由军队医疗卫生机构医学工程部门根据《军队合理医疗医用耗材基本目录》编制，经本单位医疗设备委员会审核、本单位办公会审议批准后，逐级上报至军队有关卫生主管部门备案。《军人合理医疗医用耗材使用目录》中属于集中招标范围内的品种，必须从集中招标中选结果中选定。

为确保部队官兵的生命健康，医务人员应当根据患者病情和临床诊治需要，准确把握适应证，严格禁止惜用、过度使用、滥用医用耗材，更不得以营利为目的向患者推荐使用医用耗材。军队伤病员在使用《军人合理医疗医用耗材使用目录》内的医用耗材时，一律实行免费保障，不得设置行政审批手续；需要使用《军人合理医疗医用耗材使用目录》外的医用耗材时，确属医疗必需的，经军队医疗卫生机构批准后，予以免费保障。需注意的是，因公、因战致伤、致残的军队伤病员使用《军人合理医疗医用耗材使用目录》外的医用耗材，一律实行免费保障，不得设置行政审批手续。

为保证部队官兵使用医用耗材的安全，军队医疗卫生机构使用的医用耗材，必须严格遵守技术操作规程，新产品、新技术应用前必须进行培训与考核，并建立培训档案。临床使用植入类、介入类和其他高风险的应用耗材，应当将其名称、规格型号、关键性技术参数和唯一标识等信息记入病例中，并将相关风险信息如实告知患者。军队医疗卫生机构禁止使用无注册证、无合格证明、过期、失效或者淘汰的医用耗材；严禁重复使用一次性医用耗材。军队医疗卫生机构药材采购供应机构一旦发现假劣医用耗材的，应当就地封存；发现医用耗材存在安全隐患，应当立即停止使用，通知相关医用耗材生产经营企业，并及时逐级上报至军队有关卫生主管部门。

此外，为提高军队医用耗材使用的安全性、科学性与合理性，军队医疗卫生机构应当定期对医用耗材的使用情况进行评价、公示和通报，及时发现和纠正存在的问题。军队医疗卫生机构、药材采购供应机构应当建立医用耗材档案，并妥善保管。医用耗材与药品一样，在使用的过程中存在一定的风险性，军队医疗卫生机构使用医用耗材发生不良事件的，应当立即处理并及时报告。

医用耗材，特别是植入类和介入类的耗材，虽多为一次性使用，但它们的治疗作用与医疗风险并不亚于某些医疗设备与仪器，而且在使用期限上往往比仪器设备更长，有些医用耗材还会伴随患者终身，这就要求必须对医用耗材实现全方位的科学有效管理。为此，在目前大家所关注的保证医用耗材及时供应以及相关资金安全的基础上，进一步通过健全医用耗材分类、统一医用耗材编码、信息化管理手段等多种途径和措施来完善和健全它的应用安全和可溯源管理，势必成为对医用耗材进行科学有效监管、保障医疗安全的重要环节。

二、监督职责

根据规定，由军队卫生主管部门主管全军的医用耗材管理工作，军队各级卫生部门主管本级的医用耗材管理工作，由于军队卫生主管部门及军队各级卫生部门在卫生保障工作中的具体作用与范围等的不同，在对军队医用耗材进行管理的过程中，其职责也存在着差异，具体如下。

军队卫生主管部门在医用耗材管理工作方面，履行下列职责：拟制军队医用耗材管理规章制度、《军队合理医疗医用耗材基本目录》，制定全军医用耗材集中招标目录；组织指导全军医用耗材采购和供应工作；组织开展全军医用耗材使用监管工作；组织实施军队特需医用耗材技术审评和审批工作；组织开展全军医用耗材不良事件监测工作；组织指导全军医用耗材科学研究和业务培训工作；组织开展全军医用耗材管理信息化建设；监督检查全军医用耗材管理规章制度落实情况。

军队各级卫生主管部门在医用耗材管理工作方面，履行下列职责：拟制本系统、本区医用耗材管理规章制度；组织指导本系统、本区医用耗材采购和供应工作；组织开展本系统、本区医用耗材使用监管工作；组织开展本系统、本区医用耗材不良事件监测工作；组织指导本系统、本区医用耗材科学研究和业务培训工作；组织开展本系统、本区医用耗材管理信息化建设；监督检查本系统、本区《军队合理医疗医用耗材基本目录》执行情况和医用耗材使用管理规章制度落实情况；上级赋予的其他职责。

军队医疗卫生机构在医用耗材管理工作方面，履行下列职责：制定本单位医用耗材管理制度和供应目录；执行《军队合理医疗医用耗材基本目录》，制定本单位《军人合理医疗医用耗材基本目录》；管理本单位医用耗材，实施医用耗材不良监测；组织本单位医用耗材科学研究和业务培训；组织实施本单位医用耗材管理信息化建设；上级赋予的其他职责。军队医疗卫生机构医学工程部门，具体承担本单位医用耗材的日常管理工作。军队医疗卫生机构医疗设备管理委员会，负责指导和监督本单位医用耗材管理工作。

无论是军队卫生主管部门，还是军队各级卫生部门，在其管理职责中，非常重要的一个内容就是制定与执行《军队合理医疗医用耗材基本目录》。从现实需求来说，随着临床救治高新技术的广泛开展，高值医用耗材也被大量应用，如导管、支架、人工晶状体和人工关节等已经成为临床治疗的重要手段，但也存在名称不规范、管理不完善、质量价格不统一、临床使用随意性高等问题。为避免无序竞争和安全隐患，规范医用耗材使用是部队卫勤保障的大势所趋。2009 年 10 月 1 日，军队统一制定了第一部合理医用耗材使用目录以来，卫生管理工作中始终贯彻“安全有效、优于地方、兼顾各地、经费许可”的原则，为落实和解决部队广大官兵的实际需求发挥了重要作用，也有效地填补了国内空白。

《军队合理医疗医用耗材基本目录》规范了通用名称与分类，将医用耗材按照保障范围和水平分为Ⅰ级和Ⅱ级两个部分，共 16 类 702 种，覆盖医院在用品种的 95%。其中，Ⅰ级医用耗材 628 种，包括普通医用耗材和部分特殊医用耗材，使用时全部免费；Ⅱ级医用耗材 74 种，是指金额范围标注的部分特殊医用耗材，使用标注金额范围内的产品全部免费，取消了“国产免费、进口收费”的限制，达到了规范使用行为、提高保障效益的目的。此外，军队卫生主管部门还同时颁布了与《军队合理医疗医用耗材基本目录》相配套的《军队合理医疗医用耗材基本目录使用管理办法(试行)》,明确了目录实施的依据、范围、标准、方法和要求,以及修订权限和周期等。

《军队合理医疗医用耗材基本目录》的制定与执行,充分体现了以人为本的理念,基本满足了军队人员的合理医疗需求,为军人就医提供了保障,充分体现了党、国家和中央军委对广大官兵的关心与爱护,有效提高了军队患者的就医质量,同时也对军队医疗机构的医疗行为进行了有效规范,是深化军队医疗保障制度改革的重要内容和有力抓手。军队各级各类医疗机构应以该目录为遵循依据,根据官兵合理具体的医疗需求,实施科学保障、优质保障、足额保障,为维护部队广大官兵健康提供更优质的服务。

第四节　军队卫生装备管理法律制度

现代战争条件下,卫勤保障在作战地域上已经由从前至后梯次推进保障转变为战略战役战术无缝隙投送保障,在保障结构上也要求全维化,由保障陆、海、空有限空间的线式作战转变为保障多维空间的非线式作战,在保障速度上也进一步追求实时化,由注重保障数量质量转变为注重保障效率效果。为有效应对现代战争所带来的新变化,现代军队卫生装备将围绕"尽早实施急救是关键,尽早完成确定性治疗是根本"的原则,进一步完善战场急救器材建设,大力发展机动救治力量装备和大型快速伤员运输装备,升级数字化单兵系统、指挥通信装备、远程会诊装备等信息化装备。同时,从事卫勤保障的官兵也要紧跟世界卫勤发展趋势,深化卫生装备实战化训练,确保在未来战场上"拉得出,冲得上,救得下"。

为充分发挥卫生装备的作用与功效,保持其良好的技术状态,满足部队执行作战、训练及其他任务的需要,势必要求有一套相应的卫生装备监管制度与措施。具体而言,首先应当遵循统一组织、按级负责、平战结合、依法管理、科学使用、注重效益的原则,认真贯彻执行军队有关装备管理的方针、政策和法规、规章,配备、使用、保管、维修、保养卫生装备。其次,在此过程中,既要遵循后勤装备管理工作的客观规律,注重管理思想与方法上的科学性,又要注意将科学的管理思想与方法通过制度化的手段和程序加以落实并保证实施。此外,还需要将卫生装备监管经常化,坚持经常性的检查、维修与保养,从而使卫生装备的科学化管理与制度化管理落到实处。

一、项目管理

卫生装备管理是为保证卫生装备合理使用和保持良好状态而进行的各项工作,包括组织计划、保管、使用、维修,以及更新、报废处理等,目的是避免事故,减少损耗，充分发挥装备的作用，确保伤病防治工作的顺利进行。一般来讲，按照综合卫生装备管理对象与管理层次，可将其内容概括为卫生装备发展的预测决策、规划、计划、科研试制试验、生产制造、订购采购、调配动用、储存保管、维修保障、退役报废等管理。这些管理活动反映出卫生装备从产生到退役、报废的全系统、全寿命的管理。从职能管理区段上把卫生装备的订购采购之前的管理活动确定为卫生装备生成管理，把调配动用之后的管理活动确定为使用管理。

（一）卫生装备计划管理

卫生装备体制用以规范军队已列编和拟列编的卫生装备的种类、型号、性能指标，编配对象和替代关系的内容，是卫生装备科研立项，拟制卫生装备建设计划，指导卫生装备通用化、系列化、组合化，以及部队卫生装备编配和配套建设的主要依据。军队卫生主管部门负责拟制卫生装备体制方案，在拟制过程中需要综合考虑军事战略方针、世界军事技术发展趋势与国防科学技术发展水平、军队体制与编制、作战方向战场环境对装备的需求、军队后勤建设计划、经费保障能力及卫生装备建设现状等诸多因素，并本着遵循科学合理、系统配套、结构优化、精干高效的原则，采用定性与定量分析相结合的方法进行综合论证。

军队卫生主管部门负责拟制卫生装备建设中长期计划，经报批后执行。卫生装备建设中长期计划分为十年计划和五年计划。其中，卫生装备建设十年计划是对未来十年卫生装备建设的总体设计，主要包括需求分析、指导思想、方向重点、建设目标、结构规模、能力预测、可行性分析和政策措施等内容；卫生装备建设五年计划是未来五年后勤装备建设的实施方案，主要包括指导思想、建设目标、建设原则、研制重点、研制进度、采购规模、维修保障、技术基础、可行性分析、保障措施和实施步骤等内容。卫生装备建设中长期计划一经批准必须严格执行，确需调整的应当履行规定报批手续。

由于军队所肩负的特殊任务与使命，鼓励自主研发与生产用于军队卫勤保障的卫生装备，研发成为军队卫生装备的主要来源。有关卫生装备的研发管理将在下一项内容中进行详细介绍。

军队卫生装备除了来源于自主研发，还有一部分会依据具体需求进行市场采购。为保证采购的卫生装备的质量及能符合军队实际情况，军队卫生主管部门需要根据卫生装备中长期建设计划、卫生装备体制与编制标准、军队物资工程和服务集中采购目录，以及卫生装备经费年度预算，科学编制卫生装备采购计划，并报上级相关部门审核。采购计划一经批准，必须严格按照其确定的品种、数量和价格，通过签订合同的方式实施集中采购，并实行集中支付。如果在计划中遇到特殊情况需要变更时，必须报批。

卫生装备作用的发挥离不开调配的过程，卫生装备调配也同样必须严格执行编制和配备标准，坚持“以装定编”与“按编配装”的有机结合，[①]请领卫生装备应当根据编制、现有卫生装备的数量与质量和执行任务的需要等情况，拟制后勤装备申请计划，因特殊情况需要在编制和配备标准制外增配卫生装备的，或者调整使用的，都应当逐级上报相关主管部门批准。

卫生装备得以合理使用和保持良好的状态，确保伤病防治工作的顺利开展，依赖于卫生装备的日常管理，具体包括卫生装备的动用、封存、保管、使用、维修、保养、转级、退役、报废、教育、训练、安全管理和检查考评，通过科学的制度化管理，确保卫生装备始终处于良好的质量状态并得到合理的使用，使卫生装备的卫勤保障功效得到最大限度的发挥。

（二）卫生装备经费管理

卫生装备经费管理是指通过计划、组织、控制和监督等协调卫生装备经费的分配、使用，达到有效提高卫生装备经济效益和军事效益的目的。卫生装备经费是指用于卫生装备科研、卫生装备购置、卫生装备维修等与卫生装备管理活动有关的经费的总称。卫生装备经费是进行卫生装备建设发展的重要经济基础，是从事卫生装备管理活动必不可少的条件。

按照经费用途可划分为卫生装备科研费（试验经费）、卫生装备购置费、卫生装备维修管理（养护与耗材）费三大类，其管理原则可以概括为“统一领导，按级负责，分工管理，财务归口”（十六字原则）。[②]

（三）卫生装备科研管理

卫生装备科研管理是指运用各种管理手段对卫生装备科研工作进行计划、组织、指挥、协调和控制的活动。卫生装备科研管理是在军队卫生装备科研实践的基础上产生和发展起来的，其目的是充分组织和调动参与卫生装备科研的人力、物力和财力，使其发挥最大的效能；完成卫生装备科研的各项工作，达到预期目标；全面提高卫生装备的科研水平，研制出高质量的卫生装备，提高卫勤保障的综合能力。

依据一个完整的装备研制周期，卫生装备研制程序可划分为5个主要阶段：项目论证、方案设计、工程研制、设计定型与生产定型。每个阶段工作均有专门的研究内容和要求。从管理角度来看，各阶段在按程序规定要求完成后方可转入下一阶段。

---

①②　罗二平、栗文彬、申广浩：《军队卫生装备管理规范》，西安：第四军医大学出版社，2013年，第101页。

下图为卫生装备科研项目管理流程图。

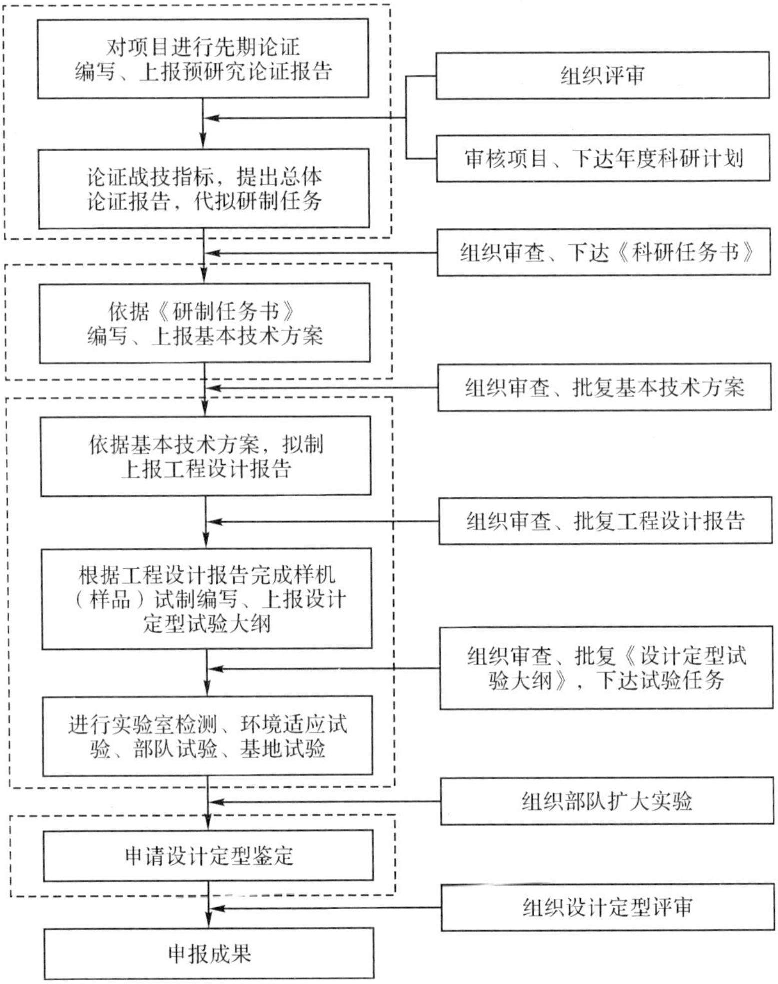

（四）卫生装备使用管理

卫生装备使用管理，既是一项复杂的系统工程，又是一个发展变化的持续过程。从装备管理全系统的角度看，它包括管理者（层次、机构、部门等）、管理对象（卫生装备）、管理方式和手段三个主要方面。从部队装备管理全过程的角度看，它包括装备的申请、补充、动用、封存、保管、维修、转级、退役、报废等主要内容。卫生装备使用管理必须坚持统一计划、分级管理、依法管装的原则，遵循科学化、制度化、经常化（简称“三化”）的要求。

首先，科学编配是形成最佳卫生装备保障效能的重要因素。卫生装备的编配包括确定编制方案和组织实施两个方面，不仅要求部队严格按照上级下达的卫生装备编制方案进行卫生装备的配备和补充，而且要求编制制定部门科学地论证和决策，只有二者有机结合，才能使卫生装备的编配科学合理。

其次，合理使用是使卫生装备的潜在效能转化为实际效能的基本途径。卫生装备使用管理，是部队卫生装备管理工作中最常见的一项工作，按使用目的不同，可分为作战使用管理、训练使用管理、科研试验使用管理、日常勤务使用管理等。按使用时间和环境条件的不同，可分为平时使用管理、战时使用管理和特殊情况下的使用管理等。其中，战时使用管理在部队卫生装备管理全过程中具有突出重要的地位，战时使用管理的优劣，不但对卫生装备效能的发挥和卫勤保障任务的完成具有重大影响，而且也是检验部队卫生装备管理水平的重要标准。

此外，合理定级、转级和退役、报废也是卫生装备使用管理中的重要工作。

（五）卫生装备生产管理

装备的生产定型是指装备科研管理部门、装备生产部门按照上级装备定型工作规定的形式和程序，对研制的新产品（含研制、改型、革新及测绘仿制、功能仿制产品）进行全面考核，确定其是否达到规定标准，并按照规定程序办理相关手续的工作。新产品通过生产定型，就等于取得了批量生产和装备部队的许可证，由此可见生产定型的重要性和严肃性。

国务院、中央军委制定的军工产品定型工作条例和军工产品定型委员会制定的方针、政策、规定是生产定型工作的基本依据。参照有关规定和要求，生产定型有以下几项基本原则：

（1）凡列入卫生装备体制的研究成果，经设计定型后，在正式批量投产前必须实行生产定型。未经生产定型的装备除特殊情况外，一律不得批量生产和装备部队。

（2）新研制的卫生装备，一般先设计定型，后生产定型。生产批量很小的产品只进行设计定型，按照引进图样资料仿制的新装备只进行生产定型。

（3）单件生产的或技术简单的卫生装备，不进行定型，可以进行鉴定考核。组织鉴定部门可参照定型条例确定考核内容、方法并办理批准手续。

（4）零部件、元件、原材料应尽量采用具有行业合格证的产品，否则凡能独立考核的应在定型前进行考核。

（5）产品应按规定成套定型，凡能独立考核的配套产品，应在主产品定型前定型。

（6）军民两用的通用性卫生装备，必须经业务主管部门组织专家评审鉴定后，再定型委员会批准选型。

卫生装备的生产类型可以有多种分法，例如按照装备的适用范围划分，可以分为通用型和专用型装备生产；按照装备生产的完整程度划分，可以分为总装生产、整件生产和零部件生产；按照装备生产性质可将卫生装备生产划分为扩试生产、试生产和批量生产。

卫生装备的质量可靠与否，直接关系到卫勤保障能力的高低。因此，实施严格的质量管理与质量监督等有效的质量控制手段和方法是十分必要的，质量管理与监督必须是全方位、全过程、全要素的，既要靠卫生装备承制单位的质量管理人员，又要靠军方（军代表或装备筹措单位、研制单位）质量监督人员。双方要密切配合，互相支持，各负其责，共同把关。质量管理主要由承制方负责，质量监督由承制方和军方共同负责。

（六）卫生装备采购管理

卫生装备采购，是指军队选择购买卫生装备的有关活动。它的基本任务包括编制采购计划（即购置计划）、审价定价、签订合同、验收交付、结算及技术服务等一系列有组织的工作。卫生装备采购是连接卫生装备科研、生产和装备消费的桥梁，通过采购使卫生装备从生产领域进入使用领域，使卫生装备使用价值得以实现，使用价值转化为战斗力，因此它是卫生装备现代化建设中的一个重要环节。

建立卫生装备采购制度，是适应国家实行政府采购制度的客观要求，是建立现代化后勤保障体系的主要内容，对进一步规范军队采购行为、保证采购质量、提高军费使用效益、促进后勤建设具有重要意义。

按照有关规定，军队物资采购工作实行分级管理体制，按照机关职能部门和采购机构的职责分工组织实施。其基本程序是：编报预算—计划编制及下达—合同审签—资金支付。卫生装备采购方式主要有国内招标采购、竞争性谈判方式采购、询价采购和单一来源采购等四种方式。

（七）卫生装备维修管理

卫生装备维修包含卫生装备的（计量）检定和卫生装备的维修两大内容。检定是指由法定计量技术机构来确定与证实测量器具是否符合法定要求的程序；维修又包括维护及修理两部分内容。维护是指在保管、使用过程中，为保持其完好状态而采取的保养性措施，如调整，擦拭，除锈，紧固，上、换油，更换消耗件，等等。其目的是减少装备过早损坏，消除故障隐患。修理主要是指为恢复卫生装备的原有功能，对损坏或出现故障的卫生装备所采取的各项保障性措施，如更换元器件、部件或电路板等。

卫生装备品种繁多、结构复杂、自动化程度高、价格昂贵。因此，卫生装备维修是一项专业性、技术性、科学性及经验性都很强，涉及多学科的复杂的脑力与体力相结合的工作。计量检定也是医药卫生建设的重要基础之一，只有通过计量/校准手段才能保证卫生装备在研制、生产和使用的全过程中各项性能参数准确和统一。因此，无论是维护修理还是计量检定，都是为保证卫生装备正常运行而进行的不可缺少的技术保障性工作，都是很强的系统工程，也都是管理与技术的结合体。

二、分类管理

根据其性质与功效的不同，对卫生装备实施分类管理也是进一步提升卫生装备的卫勤保障效果与管理成效的重要手段之一。根据医疗器材使用的消耗性质、经济价值和精密程度，医疗用途、保管要求不同，可以采用以下几种分类方法。

（一）按使用的消耗性质分类

（1）卫生材料。此类多为一次性消耗用品，包括敷料、缝合材料、固定材料、X线胶片、牙科材料等。

（2）易耗损器材。是指在使用过程中容易损坏或只能使用几次的器材。如注射器、体温计、热水袋、针头、刀片、橡皮手套等。

（3）耐用器械。主要指可经久使用的基础外科器械，专科手术器械，麻醉复苏器械以及各种精密仪器和大型医疗设备。如高压灭菌器、X线机、显微镜、超声波诊断仪等。

（二）按医疗用途分类

①S手术器械；

②JS计划生育器械；

③DE注射、穿刺器械；

④ZZ中医及针灸器械；

⑤YS医疗设备；

⑥HY医用化验、实验室仪器；

⑦C诊察、检查器械；

⑧FS放射性设备；

⑨LL理疗设备；

⑩TW同位素设备；

⑪QS医用汽车；

⑫WF卫生防疫用器械；

⑬P医疗用品及材料；

⑭XS兽用器械；

⑮医疗箱及成套设备。

为了便于各级医疗机构使用与维护管理，目前一般将二代卫生装备分为七大类:野战医疗箱包囊架、野战卫生技术车辆、急救装备、特诊装备、检验装备、理疗消毒、五官科装备。

(三)按仓库保管要求分类

药材仓库医疗器材的保管分类,是根据器械的材料学性质、结构、性能及用途等进行分类的。一般分类如下:

①敷料、缝合材料及卫生材料;

②医用橡胶制品;

③医用塑料制品;

④玻璃仪器;

⑤金属器械;

⑥光学仪器;

⑦医院设备;

⑧一般诊察器械;

⑨电气设备;

⑩放射线与同位素设备;

⑪电子治疗器械;

⑫诊断、监护仪器;

⑬人工脏器;

⑭人体代谢仪器;

⑮医疗箱与野战卫生装备。

(四)按管理要求分类

医疗器械是使用于人体的特殊商品。有的医疗器械仅用于人体外部或开放的创口,甚至不接触人体,如手术器械、听诊器、手术衣、医用离心机等;有的作用于人体,诊断和治疗人的疾病,如体温计、血压计、光学内镜、脱脂棉和纱布等;有的需植入人体,用于维持患病机体的正常功能,如心脏起搏器、血管支架等。因此,不同的医疗器械需要有不同的管理要求,以确保医疗器械用于人体的安全性和有效性。从管理要求出发,可以将医疗器械划分为三类:

①常规管理足以保证其安全性、有效性的医疗器械;

②对其安全性、有效性应当加以控制的医疗器械;

③植入人体;用于支持、维持生命;对人体具有潜在危险,对其安全性、有效性必须严格控制的医疗器械。

卫生装备作用的发挥,不仅在于装备本身的质量与水平,很大程度上还取决于装备的操作。为此,在平时通过实战化演练等形式,具体按照实战条件下的火线急救、早期救治和专科治疗的阶梯救治模式,通过真实装备运用、真实伤情处置、真实标本检测、真实故障排除、真实图像判读等方式，实现对医疗救治、防疫防护、装备保障的全程实战化训练与考验，切实掌握与提升在战场环境下卫生装备的快速展开、操作使用，以及战场抢修等具体保障能力，为战时的有效应对打下坚实的基础。

三、监督职责

军队卫生主管部门主管全军部队卫生装备管理工作，军队各级卫生管理部门主管本级部队卫生装备的管理工作。

军队卫生主管部门在部队卫生装备管理方面，履行下列职责：拟制全军部队卫生装备体制、建设计划和规章制度，并组织实施和监督执行；组织全军部队卫生装备的科研立项论证、研制、试验和定型评审工作；编报全军部队卫生装备经费年度预算和决算，监督检查经费使用管理情况；负责全军部队卫生装备的订货验收、储存保管、调拨分配、使用管理、维修管理、计量监督、退役报废、实力统计和相关专业技术人员的培训工作；负责全军部队卫生装备检修机构的管理和保障任务的划分与调整工作；组织全军部队卫生装备的对外技术合作与交流，承办卫生装备及相关技术的引进工作；管理与部队卫生装备有关的军用标准、质量、科技信息、科研成果及专利工作；上级赋予的其他职责。

军队各级卫生管理部门在部队卫生装备管理工作方面，履行下列职责：拟制本系统、本区部队卫生装备年度维修计划及经费预算，监督检查卫生装备维修保养经费使用情况；负责本系统、本区部队卫生装备的补充申请、使用管理、储存保管、维修管理、计量监督、退役报废、实力统计和相关专业技术人员的培训工作；组织本系统、本区部队卫生装备的试验、试用工作；上级赋予的其他职责。

在军队后勤卫生保障建设过程中，药材建设作为其中重要的一环，为了切实保障我军广大官兵的医疗需求、生命健康，必须要紧跟军队改革的步伐，密切关注国家基本药物制度发展趋势，以及我国的疾病谱变化情况和军队疾病的特殊性。要着眼于满足广大官兵不断增长的合理的医疗需求，建立及时、定期增补与调整相关医疗保障的运行机制，继续加大现有政策与方针的贯彻力度。让广大官兵全面系统地了解军队有关药材管理的相关规定与内容，充分发挥他们的主体监督作用，从根本上进一步增强医疗服务的保障水平，确保为广大官兵提供优质、安全、高效的医疗卫生保障服务，为提高部队战斗力、高效完成我军多样化军事任务提供有力保障。

第十一章 非战争军事行动卫勤保障法律制度概要

第一节 非战争军事行动卫勤保障法律制度概述

20世纪末以来，各国军队除了履行传统的战争职能外，也履行了越来越多的非传统职能，即非战争军事行动。非战争军事行动，是国家为了达成一定的政治、经济、社会目的，使用军事力量，以非暴力或有限暴力手段，所进行的非战争方式的军事行动。[①] 卫勤参与以军队指挥和主导的军事行动，如反恐维稳、海上维权等称卫勤保障，参与以国家地方指挥和主导的军事行动如抢险救灾、处置突发公共卫生事件、国际救援等称医学救援，两类行动可统称为卫勤保障。

一、非战争军事行动卫勤保障法律制度概念

非战争军事行动卫勤保障，指军队在非战争军事行动中，为军队成员及地方民众健康提供保障和服务的活动。[②] 近年来，中国军队遂行多次国内外重大非战争军事行动卫勤保障任务，既有效履行了职责使命和国际义务，又锻炼提升了核心卫勤保障能力。这些行动主要包括：重大自然灾害及事故灾难应急医学救援、重大突发公共卫生事件应急处置、重大活动“三防”医学救援备勤、国际人道主义医学救援、联合国维和行动卫勤保障等。[③]

所谓非战争军事行动卫勤保障法律制度，是指规范非战争军事行动中卫勤保障的一系列法律原则和规则的总称。它是军事卫生法的重要组成部分，是依法治军的重要依据之一，是非战争行动卫勤保障的法律指引，为我军卫勤肩负新使命提供了重要的制度支撑和规范保障。与非战争军事行动卫勤保障任务相对应，非战争军事行动卫勤保障法律制度按内容的不同，主要分为：应对突发事件卫勤保障法律制度、维和行动卫勤保障法律制度、军队国际医学救援卫勤保障法律制度等。

---

① 高宏杰、张献志：《军队卫生勤务学》，第四军医大学出版社，2014年版，第275页。

② 张雁灵：《非战争军事行动卫生勤务学》，人民军医出版社2009年版，第3页。

③ 张雁灵：《执行非战争军事行动任务的中国军队卫勤》，《解放军医学杂志》第36卷第1期。

二、非战争军事行动卫勤保障法律制度特征

非战争军事行动卫勤法律制度，是军事卫生法的重要组成部分，其特点表现在：

（一）目的作用的指向性

非战争军事行动卫勤法律制度的目的作用指向极为明确，即确保非战争军事行动卫勤保障任务顺利完成。面对纷繁复杂的国际国内形势，面对多维快变的时空场景，非战争军事行动的卫勤保障不可缺少。卫勤不仅是非战争军事行动得以顺利完成的保障，有时也是行动的主角，这些都应该在非战争军事行动卫勤法律制度的立法、执法中有所明确，体现出法制的优点，让非战争军事行动卫勤任务明确化、目标具体化。例如，《军队参加抢险救灾条例》第一条就开宗明义地规定，立法目的是“发挥中国人民解放军在抢险救灾中的作用，保护人民生命和财产安全”，并规定军队“参加海上搜救、核生化救援、疫情控制、医疗救护等专业抢险”，明确指出了法律制度的作用。

（二）涉及内容的专业性

非战争军事行动卫勤法律制度中的大量法律规范内容具有专业性，这是由法律制度的实践应用需要决定的。非战争军事行动任务多样、场景有别，无论是反恐、维稳、处突，还是维和、抢险救灾，其具体样式各不相同。单是抢险救灾，就可能包含应对地震、台风、洪涝、雪灾等多种样式，卫勤保障工作必须顺应复杂任务的需求。例如，突发事件中，地震主要造成多部位机械损伤；火灾引起缺氧性窒息、中毒和烧伤；空难、火车和汽车等交通事故主要是多部位的撞击伤；水灾除了淹溺之外，还伴有各种肠道传染病、皮肤病等常见病；化学事故容易引起烧伤和中毒。对这些情况客观要求具体问题具体分析，加强法律制度的有效性针对性，规范和统筹对卫勤工作和卫勤部队的管理，实现科学有力的组织指挥，发挥卫勤应有的功能。

（三）价值追求的高效性

效率和公平都是法律追求的价值，一般情况下两者应当平衡兼顾。但非战争军事行动卫勤保障法律制度的价值追求应以效率为先，必要的时候甚至可以牺牲公平价值，这是由其立法目的决定的。而非战争军事行动，如自然灾害、恐怖活动、突发公共卫生事件等，通常发生突然，难以预测和把握，一旦事发，会直接危及或破坏社会正常秩序，还有可能导致国家或地区处于混乱状态。这就决定了非战争军事行动卫勤保障具有很强的应急性，不可能有较长时间的策划和准备，往往是应急情况下突然受领任务，迅即行动。诸如地震、恐怖袭击等都是在没有预料和防范的情况下发生的，可能造成大量人员伤亡，医学救援任务万分

紧急，几乎没有反应和准备时间，这种情况下必须视灾情为命令，第一时间紧急开赴现场实施救援工作。因此，非战争军事行动卫勤法律制度，必须把效率放在突出的位置来考虑。具体而言，制度设计必须适应指挥体制、指挥方式、协同关系的新特点，优化结构、减少层次、提高效率，形成更科学、更合理的运行模式。

（四）指导思想的人本性

非战争军事行动卫勤保障以预防和救治伤病为目的，这就决定了其相关法律制度指导思想具有人本性。以人为本是马克思主义关于人类社会进步的核心价值追求，是我们党在新的历史条件下执政兴国的核心理念，是我军全心全意为人民服务的宗旨在新形势下的生动体现。对救援主体，2012 年国家颁布实施了军人保险法；对救援客体，《突发事件应对法》第十一条规定，应对突发事件时，“有多种措施可供选择的，应当选择有利于最大限度地保护公民、法人和其他组织权益的措施”，均凸显出对人的价值的尊重。实践中，军队卫勤机构也越来越将“以人为本”作为保障行动应当遵循的最基本的伦理原则，努力确保每个生命个体的基本权利不被伤害和侵犯，例如越来越重视对救援对象的心理服务。2008 年汶川地震灾害救援中，军队卫勤机构派出多支心理救援队到灾民和救灾部队中进行心理服务，第四军医大学还牵头组织来自总装部队、沈阳军区、南京军区、海军总医院、第二军医大学、武警医学院以及野战部队的部分心理学专家，召开灾区“全军帐篷心理学术研讨会”，研究震灾救援中的心理问题评判、心理障碍发生比率，实施心理危机干预的方法、经验和存在的问题等。① 对那些好的经验做法，应考虑将其固化为制度，发挥长远效应。

三、我军非战争军事行动卫勤法律制度建设现状

我国已制定涉及非战争军事行动卫勤保障的一系列法律、行政法规规章，军事法规规章等，包括《突发事件应对法》《军队参加抢险救灾条例》《中国人民解放军传染病防治条例》《军队应急处理突发公共卫生事件规定》等。近几年，国家不断构建完善应急预案框架体系，原总后卫生部依据《国家突发公共事件总体应急预案》和《军队处置突发事件总体应急预案》，先后制定了《军队处置突发公共卫生事件应急预案》和《军队处置突发动物疫情应急预案》等 2 项全军专项预案，《军队处置突发事件卫勤保障预案》《军队处置核与辐射突发事件卫勤保障应急预案》《军队处置化学突发事件卫勤保障应急预案》《军队处置生物突发事件卫勤保障应急预案》等 4 项卫勤预案，初步构建了具有我军特色的处置突发事件应急卫勤保障预案体系框架。这些预案，基于其制定机构、适用效力范围、内容等，可

---

① 艾文波、袁鹏：第四军医大学救灾前线召开帐篷心理学术研讨会，http://health.people.com.cn/GB/14740/22121/7396906.html.

以被认为具备军事规章的性质。[①] 这些法律、法规、规章、预案，初步构成了非战争军事行动卫勤的法律法规体系。总体来看，针对我国非战争军事行动卫勤法律制度建设现状，其特点可以总结为以下几个方面：

（一）涉及内容广泛，分布比较零散

非战争军事行动卫勤法律制度涉及的内容非常广泛，这是由非战争军事行动的多样性特点决定的。非战争军事行动卫勤任务种类多样，相关法律制度零散分布于多部法律规范中。例如，维和行动中的卫勤要符合《联合国宪章》《联合国维和行动总纲》等国际法规范；抢险救灾要体现《军队参加抢险救灾条例》的精神，突击行动、全心全意为人民服务；维护社会稳定的行动，必须贯彻《中华人民共和国反分裂国家法》《中华人民共和国刑法》《中华人民共和国治安管理处罚法》。当然，大多数非战争军事行动卫勤保障都要按照《中华人民共和国传染病防治法》《突发事件应对法》《国家突发公共卫生事件应急条例》以及《后勤条例》《纪律条令》《内务条令》等来执行，体现了非战争军事行动卫勤适法多样性。同时也要认识到，法源不够集中，有可能导致专项法律与整个法律体系的衔接不够合理，甚至存在矛盾，非常不利于军地单位之间、军队部门之间的协调配合。为给军队卫勤遂行多样化非战争军事行动任务提供法律支持，必须结合多样性行动特点，健全非战争军事行动卫勤法律框架，形成种类齐全的体系，并在法律规范中体现技术性、专业性。

（二）位阶普遍较低，系统化程度不高

非战争军事行动卫勤法律制度的渊源，层次比较丰富，既有国家的根本大法即《宪法》的规定，也有《国防法》《应对突发事件法》等国家相关基本法的规定，而数量最多的是各类行政法规和军事法规、军事规章。近几年随着非战争军事行动的不断开展，国家和军队陆续颁布了《国家突发公共卫生事件应急条例》《军队参加抢险救灾条例》《灾害事故医疗救援工作管理办法》《中国人民解放军传染病防治条例》《军队应急处理突发公共卫生事件规定》《军队联勤卫生工作规定》，以及一系列应急预案等，为非战争军事行动卫勤保障的开展提供了法律支援。然而，过多过杂的单行法律法规，容易造成一些机关越权制定法规或者上位法与下位法之间产生冲突、矛盾、不衔接的问题。应急预案中，有些涉及应急指挥机构和日常应急管理机构及其指挥权限的内容，尚缺乏上位组织法依据。立法是国家创制法律的专门活动，必须坚持维护国家法制统一的原则，严格执行《宪法》第五条“一切法律、行政法规和地方性法规都不得同宪法相抵触”的规定。要避免法律法规之间“打架”，使非战争卫勤行动法律法规真正形成一个完备的法律体系。

---

① 林鸿潮：《论应急预案的性质和效力》，《法学家》2009 年第 2 期。

（三）实践推动立法，前瞻性不够

立法滞后是我国过去长期存在的普遍现象。在社会主义法律体系已然建成的今天，消极被动立法的现象在非战争卫勤法制建设中依然存在。例如，2003年发布的《突发公共卫生事件应急条例》是在SARS蔓延之后才出台的，从酝酿到通过并生效不到一个月时间，显得比较仓促，也不利于建立完备的法律体系。“实践倒逼”的做法也暴露出立法滞后，法制建设空白较多的问题。例如，应对突发事件是非战争军事行动卫勤保障中极为重要的内容，关于突发事件的应对机制，应当形成一套完整系统，既有前期的预防，也要包括后期的救助，然而现行法律法规还缺乏相应配套的内容。《突发事件应对法》总则中虽已规定，突发事件应对工作的主要方针是“预防为主、防御与应急相结合”，但在具体立法中“预防为主”方针的贯彻并不充分，在救援过程中的救灾资金、物资储备、信息共享等方面规范不足，对灾后过渡性安置和恢复重建工作，也缺少系统性规定。因此，有必要不断完善非战争军事行动条令、训练条例和非战争军事行动中武力使用的具体规则等相关法规，健全非战争军事行动条件下的卫勤法规，逐步建立起非战争军事行动与卫勤训练法规体系，使部队组织实施非战争军事行动特别是卫勤活动有法可依。同时，应该加快针对国际维和与军事外交活动等涉外卫勤的立法步伐。

第二节　突发事件卫勤法律制度

《中华人民共和国突发事件应对法》规定，突发事件，是指突然发生的造成或者可能造成严重社会危害，需要采取应急处置措施予以应对的自然灾害、事故灾难、公共卫生事件和社会安全事件。应对突发事件，已经成为当今各国非战争军事行动的重要内容。突发事件卫勤保障法律制度的不断完善，对于重大自然灾害、事故灾难应急医学救援，以及重大突发公共卫生事件应急处置发挥着重要作用。

一、突发事件军队卫勤机构的职责

在法治国家，武装力量职权必须由法定。突发事件中，军队卫勤机构的职责也必须由法律进行明确，我国法律法规明确赋予了军队处置突发事件的职责。《突发事件应对法》第十四条规定：“中国人民解放军、中国人民武装警察部队和民兵组织依照本法和其他有关法律、行政法规、军事法规的规定以及国务院、中央军事委员会的命令，参加突发事件的应急救援和处置工作。”《突发公共卫生事件应急条例》第五十三条规定：“中国人民解放军、武装警察部队医疗卫生机构参与突发事件应急处理的，依照本条例的规定和军队的相关规定执行。”《军队参加抢险救灾条例》第二条规定，执行国家赋予的抢险救灾任务是军队的重要使命，这一规定将参与灾害救援提到履行使命、践行责任的高度。

军队制定的一系列非战争军事行动预案，明确细化了处置突发事件中卫勤机构的职责。2007年总后勤部颁发《军队处置突发事件卫勤保障应急预案》，规定突发事件中军队卫生系统的基本任务是：随时做好应对突发事件的医疗、卫生防疫防护和药材保障准备；开展伤病员救治和健康危害因素控制；协助进行现场常态恢复和伤病员处理；最大限度地减少突发事件对人员的健康伤害，有效维护军人及社会公众的健康和生命安全，维护部队战斗力。

预案规定，军队处置突发事件卫生应急办公室（简称全军卫生应急办公室）是军队处置突发事件的卫勤应急协调机构，设在原总后勤部卫生部，办公室主任由卫生部部长兼任，在军队处置突发事件领导小组指挥和总后勤部领导下，以及军队处置突发事件领导小组办公室指导下，开展处置突发事件的卫勤保障工作。

预案详细列明了突发事件中各级卫生主管部门的职责，包括原总后勤部卫生部，全军卫生应急办公室，军区、军兵种联（后）勤部卫生部，原军区、军兵种卫生应急办公室，原四总部和国防大学、军事科学院、国防科技大学卫生主管部门，以及军以下部队卫生主管部门的职责，为军队卫勤机构参与处置突发事件提供了有效的依据和具体的行动准则。

除此之外，法律对军队应对突发事件的专门训练，也做了相应规定。我国《突发事件应对法》第二十八条规定：“中国人民解放军、中国人民武装警察部队和民兵组织应当有计划地组织开展应急救援的专门训练。”新修订的《中国人民解放军军事训练条例》《中国人民武装警察部队处置突发事件规定》《中国人民解放军司令部工作条例》《中国人民武装警察部队司令部条例》《中国人民解放军防暴条令》，按照国家法律对应急状态和突发事件的定位，对已有的应对突发事件有关条款作必要的补充和修改，新增了军队遂行灾害救援的定位及相关训练等内容，更好地实现了与国家立法的衔接和整合。此外，《军队基层建设纲要》《中国人民解放军参加核电厂核事故应急救援条例》《内务条令》《警备条令》《香港特别行政区驻军法》《澳门特别行政区驻军法》也作了一些调整。

二、突发事件卫勤组织指挥机制

突发事件中，军队和地方往往会派出大批医疗队、防疫队等进行支援，各种救援力量、军地机构之间必须紧密组织、联系和协同。军地卫生领导部门要联合组成权威性卫勤指挥机构，统一指挥和实施抢、救、送的组织与协同工作。突发事件处置实践中，一度出现过军地之间、友邻之间不知如何协调，紧急情况不知由哪级决定等问题，这主要是由没有统一领导、统一协调的指挥机制造成的。

在不断总结经验、吸取教训、探索规律的过程中，建立权力职责明确的指挥结构和上下左右内外关系顺畅的联合指挥机构，已逐步成为军内外共识。改革开放以来，突发事件处置等应急指挥体制被纳入军队议事日程，《军队参加抢险救灾条例》《军队处置突发事件总体应急预案》《军队处置突发事件卫勤保障应急预案》《军地处置突发公共卫生事件应急预案》等法规规章颁布实施后，对形成高度统一的指挥中心，实施强有力的组织领导，推动军队突发事件处置卫勤保障的指挥体制日益完善，都起到了积极作用，指挥关系较之以前明显顺畅。

突发事件中卫勤组织指挥需要理顺两种关系：一是军地协同关系，二是军事指挥关系。关于军地协同关系的规定，散见于相关法律法规条款中，例如，我国《突发事件应对法》第八条规定："县级以上地方各级人民政府设立由本级人民政府主要负责人、相关部门负责人、驻当地中国人民解放军和中国人民武装警察部队有关负责人组成的突发事件应急指挥机构，统一领导、协调本级人民政府各部门和下级人民政府开展突发事件应对工作；根据实际需要，设立相关类别突发事件应急指挥机构，组织、协调、指挥突发事件应对工作。"《军队参加抢险救灾条例》第四条规定："县级以上地方人民政府组织的抢险救灾需要军队参加的，由县级以上人民政府通过当地同级军事机关提出，当地军事机关按照国务院、中央军事委员会的有关规定办理。"2008年，卫生部、总后卫生部联合颁布了《军地突发公共卫生事件应急处置合作机制》，为加强军地卫生应急工作协调配合，加大联防联控力度，及时、有效预防应对突发公共卫生事件提供了制度支撑。

对于军事指挥关系，在军事法律法规中有比较明确具体的规定。根据2007年原四总部联合发布的《军队处置突发事件卫勤保障应急预案》规定，军队处置突发事件的卫勤组织指挥按总部、军区和军兵种、部队三级指挥体系运作，在军队各级处置突发事件领导小组统一指挥下和各级后勤领导下，实行分类管理、分级负责、部门协调、专家指导、联合保障。全军、军区和军兵种卫生应急办公室、军以下部队卫生主管部门分别负责应急处置突发事件卫勤保障的组织协调。

当行动规模较大或按方向（区域）组织实施时，可增设方向（区域）一级指挥机构，建立四级指挥体系。例如，2008年四川汶川发生特大地震灾害时，卫勤依托军事指挥体系设立了四级指挥体系，第一级为全军抗震救灾卫勤指挥组，由当时的总后卫生部部长担任组长，统一组织指挥全军抗震救灾卫勤保障和医学救援工作；第二级为原成都军区组建的抗震救灾联合指挥部中的卫勤指挥组；第三级为五个责任区卫勤指挥组；第四级是任务区部队卫勤协调组织。[①] 事实证明，

① 王谦、陈文亮：《非战争军事行动卫勤应急管理》，人民军医出版社2009年版，第36页。

这一指挥体系能够较好地发挥作用，确保大规模救援行动快速、高效、有序地展开。

三、突发事件卫勤保障中相关法律责任

突发事件卫勤保障中相关法律责任，是在突发事件卫勤行动中，各方当事人因违反了法定义务，或不当行使法律权利、权力所产生的，由行为人承担的不利后果。突发事件卫勤保障涉及的法律责任形式多样，包括刑事责任、行政处罚处分，以及赔偿补偿等。

追究突发事件卫勤保障法律责任，要厘清责任主体范围。在我军的各种条例、命令中，对军人在执行不同任务时所负有的具体职责和义务，一般都有相应的规范。2005 年实施的《文职人员条例》第七条规定，军队非现役任职人员“履行聘用合同，根据军队需要参加作战、军事演习、军事训练和处置突发事件”。有必要时可在军队卫勤机构参与灾害救援立法中，将责任主体拓展到除现役军人之外的非现役文职人员、公勤人员、职工等军内在编人员。

突发事件卫勤保障可能涉及相关人员的刑事责任。现行刑法中，规定了 31 种军人违反职责犯罪的罪名，其中的大部分均有可能发生在突发事件中。

明晰突发事件卫勤保障法律责任，还必须建立完善卫勤机构的紧急征用及补偿制度。在处置突发事件过程中，为抢救和保护国家重要财产及人民生命财产，在紧急情况下，对于一些敏感问题的处理，部队可能需要采取应急处置措施。《突发事件应对法》明确了地方政府在突发事件发生后具有“采取应急处置措施”的紧急处置权，该法第四十九条、第五十条对其具体内容又作了规定，但对军队及其卫勤机构是否可以采取紧急处置措施没有明确。①

军队为完成紧急重大的抢险救灾任务，可能会产生紧急征用的问题。例如，在灾害救援期间特别是救灾前期，因为执行搜救人员、抢救伤病员、转移被困群众、运送物资等紧急任务，需要临时征用地方群众的车辆、机械作业工具、器械等，或者因任务需要或避灾避险征用占用企业厂房和仓库、群众田地、体育场馆等。《戒严法》第十七条第一款规定了执行戒严任务的警察、武警和解放军现场指挥员的临时征用权；《国防动员法》第五十五条规定“需要使用民用资源的中国人民解放军现役部队和预备役部队、中国人民武装警察部队、民兵组织，应当提出征用需求，由县级以上地方人民政府统一组织征用”。② 这些规范都需要进一步明确细化。此外，现行涉及征用和补偿的法律还缺少司法救济的正当程序，对

① 杨智鹏：《对健全完善军队在执行抗震救灾任务中法律制度的几点建议》，http://www.zz/jyxc/article/2009/07/02/33931.html.

② 李芳梅：《论国防物力动员立法的法理依据》，《西安政治学院学报》2009 年第 2 期。

被征用人对征用或补偿不服的情况，需要做出是否可以请求复议或提起诉讼的规定。

第三节 维和行动卫勤法律制度

维和行动卫勤保障，是指在联合国的统一部署下，维和部队的卫勤部门运用医学技术措施，对维和部队进行伤病防治，维护其成员健康，恢复伤病员战斗力的活动。[①] 在维和部队中，一般由医疗（后勤）分队为执行维和行动的部分官兵和其他联合国工作人员提供医疗保障并兼为当地平民提供急诊服务等。以医疗队的形式参加联合国维和行动，是近年来中国军队卫勤执行非战争军事行动任务的重要方式，也是中国履行国际义务、承担大国责任的重要体现。

一、维和行动卫勤保障法律制度渊源

维和行动卫勤法律制度，主要以国际法的相关条约、惯例、原则，联合国制定的相关成文规定，以及国内相关法律法规为其渊源。

1. 联合国宪章

尽管《联合国宪章》没有对维和行动作出直接规定，但是根据其精神，国际社会已经形成了以下四条公认的维和行为准则：一是合法原则，维和行动必须遵守国际法和国际惯例，必须获得正当授权和明确的任务；二是同意原则，维和行动只有征得有关各方的一致赞同才能实施；三是中立原则，维和行动是《联合国宪章》中规定的临时办法，并不妨碍有关当事国之权利、要求或立场；四是非武力原则，维和部队只有在自卫时方可使用武力。这四条准则，是维和部队包括维和医疗分队派遣应遵循的原则。

2. 日内瓦公约及其附加议定书以及相关习惯法

联合国维和行动不属于武装冲突，因此，能否在维和行动中直接适用上述武装冲突期间适用的国际法，是一些国际法专家不断探讨的问题。对此，联合国安理会秘书长发表声明，要求维和行动遵守上述公约和习惯法。同时，维和人员均由联合国各成员国派出，这些国家基本上都是日内瓦公约的缔约方，其国家和人员遵守日内瓦四公约无可厚非。因此，联合国维和行动中的医疗卫生活动，可以以日内瓦四公约及其附加议定书以及有关习惯法作为法律依据。

3. 联合国为维和行动医疗卫生活动制定的有关规范

联合国制定了《联合国维和卫勤保障手册》《联合国医疗标准行动程序》等规

---

① 《中国人民解放军总后勤部卫生部．联合国维和行动医疗分队训练教材》，解放军出版社2003年版，第21页。

范性文件，为维和行动中医疗卫生活动的开展提供了法律上的依据。

4.维和行动所在地区的相关法律法规

联合国维和行动在世界各地开展的时候，除了要遵守上述国际法方面的法律规范，还需要考虑维和行动所在国家、地区的具体法律规范，开展医疗卫生活动，更需要遵守当地的有关法律法规。

5.国内法律法规

例如，2012年5月1日，《中国人民解放军参加联合国维持和平行动条例（试行）》开始施行，该条例对我军参加维和行动，担负医疗任务，以及医疗分队的专业训练作出了规定。

二、维和行动卫勤保障的对象

《联合国维和行动卫勤保障手册》规定："联合国卫勤保障旨在为维和行动提供一个与平时医疗保障体系接轨的医疗保健标准。"维和医疗分队的首要职责就是为维和力量提供卫勤保障。然而，当联合国维和行动为战乱地区带来和平与安宁的同时，当地政府和居民也热切期盼联合国维和部队的经济和医疗援助。为了合理利用卫生资源，保障维和行动顺利开展，联合国有关文件规定了联合国医疗分队首要职责，并明确了应包括的人群和不应包括的人群。[①]

维和卫勤保障对象为授权享有医疗服务的人员。其中包括：①维和部队官兵，其医疗救治由保障各个区域或其周边地区的医疗分队提供，部队医务军官有责任确保执行任务的每个分遣队人员都能得到保障。②军事观察员和民事警察，在任务区执行任务期间的医疗保障由联合国负责安排。凡派遣区域内发生的因不利情况或有害因素造成的疾病和伤害，无论是执行公务期间还是公假休息时，都被纳入医疗保障范围。③联合国国际人员，指任务区内野外作业人员和国际招募人员，享有与军事观察员类似的医疗权利。④联合国当地签约人员，如签约3个月以上，则自动参加医疗保障计划，如任务区内医疗设施不足不能得到及时治疗，可向联合国医疗机构寻求救治。⑤ 当地群众，分为联合国人道命令包括的人群和联合国人道命令不包括的人群。对前者提供的医疗保障，应视联合国任务区的指令行事；对于后者，应注意以人道主义原则和医疗伦理规范权衡。

联合国任务区指令中特别指出，如果需对当地居民提供医疗保障，则必须仔细规划，并与任务区总部、东道国卫生组织、其他联合国机构及任务区内非政府组织进行协调。不过，为当地居民提供医疗服务是很敏感的问题，必须以人道主

---

① 《总后卫生部联合国维和行动卫勤保障手册》，人民军医出版社2005年版，第31页。

义原则和医学伦理规范等相权衡。但当遇到需紧急救治的情况,不需考虑何类人或何种派别,只是救治后要尽快将其转到当地或非政府组织的医疗机构。①根据国际法有关条款,卫勤组织也有义务向战犯、难民、国内流民、拘押者和非战斗人员提供紧急救治。医疗计划需详细说明对此类人群可提供医疗服务的等级(通常仅限于紧急救治)和如何提供后续治疗,如果需要空运后送,需任务区司令部对每个病例进行个案考虑。②

三、维和行动卫勤保障分级救治

联合国维和行动卫勤保障分成 4 个级别:基础级、一级、二级和三级。这对于确保向维和人员提供高水平的医疗保障非常必要,尤其是当医疗分队和人员来自多个医疗标准迥异的国家的时候。

(1)基础级。这是最小的次分队级别提供的急救和预防医学措施。该级别的保障工作由维和人员或受过训练的卫生员或护士承担,他们只携带急救包、单兵野外作战包扎包等基本的卫生装备和器材。

(2)一级。这是有军医参加的第一级别卫勤保障。这个级别的保障负责提供一线初级医疗保健、急症复苏、稳定病情,并将危重病员后送到任务区下一级医疗机构。

(3)二级。该级医疗卫生保障具备外科治疗能力和基本设施装备,二级医疗机构负责提供第二线医疗救治、急症复苏和稳定、保全肢体和挽救生命的外科手术措施、基本牙科保健及危重伤员向后一级的后送。二级医疗机构人员包括外科医生、麻醉师、全科医生、牙科医生、药师等,装备方面也更齐备。

(4)三级。这是联合国派遣的医疗队提供的最高一级保障。本级医疗卫生保障不仅涵盖了一级、二级医疗分队的救治范围,而且还包括专科治疗和手术范围以及全面的诊断服务。三级医疗机构部署很少,通常与任务区或邻近国家的医院合作,由后者提供医疗服务。

第四节 国际人道主义救援卫勤法律制度

国际人道主义救援卫勤保障,是指军队卫生系统在受灾国,综合运用医学技术与方法协同开展伤病员搜索与营救,实施伤病员救治与后送,并协助开展疾病预防与控制工作,帮助受损国家的医疗机构恢复重建,最大限度降低伤病员死亡

---

① Medical Support Unit, *Medical Entitlements and Reimbursements from Mission Facilities*. DPKO, United Nations, 2003, 8-9。

② 《总后卫生部联合国维和行动卫勤保障手册》,人民军医出版社 2005 年版,第 31 页。

率和伤残率，提高治愈率，维护人员健康的活动。[1] 国际人道主义救援卫勤保障法律制度，是调整国际人道主义救援卫勤保障行为的一系列法律规范的总称。

一、国际人道主义救援卫勤保障的组织机构

我国卫勤机构中，肩负国际人道主义救援任务的常设机构主要是国家地震灾害紧急救援队，对外称中国国际救援队，英文缩写为 CISAR，于 2001 年 4 月 27 日成立。这是经国务院和中央军委批准，由国家地震局、武警总医院和解放军某工兵团联合组建的地震灾害救援力量。

从组织体制上看，中国国际救援队由地震专家、医疗救护人员、工程官兵等组成。国际救援队的组织机构比较健全，除了设有一个直属队，还设置了 3 个支队。这 3 个支队各自下设有 5 个分队，承担医疗、营救、搜索、保障和技术等任务。而直属队也有下设机构，分别是参谋组、保障组和技术组。2009 年 11 月，中国国际救援队通过了联合国的国际重型救援队分级测评。经由这次重要的分级测评，中国国际救援队获得了国际重型救援队的特别资格认证，由此成为在亚洲地区前三位的国际重型救援队。其后，该队又经过了联合国的正式授权，具备了在国际救援行动中建立现场协调中心、行动接待中心之资格。在重大自然灾害发生 48 小时内，这支救援力量便能抵达灾区，而且还能在两个救援现场开展连续救援行动。[2]

与此同时，2010 年年初，根据原总后勤部部署，全军在各大战区依托军区总医院、军医大学附属医院共成立了 13 支国家级医疗救援队，担负国内反恐维稳、抢险救灾以及国际维和、国际救援等紧急医疗救援任务。原总参谋部颁发《医疗防疫救援队建设方案》，原总后勤部颁发《军队国家级应急医疗防疫救援队建设使用管理规定》等军事规章，对救援队建设进行了规范。

此外，针对一些突发灾害事件，军队可以根据上级命令，临时组建国际医疗救援队开展救援。例如，2014 年利比里亚埃博拉疫情暴发后，军队先后从解放军总医院、第二军医大学、第三军医大学、第四军医大学和原沈阳军区、北京军区、成都军区抽调 361 名医疗队员，分 3 批奔赴利比里亚疫区一线执行抗击埃博拉任务。在利比里亚工作期间，医疗队共接诊埃博拉疑似患者 177 例，收治患者 110 例，培训当地医务人员 6000 余名，为疫情解除作出了重要贡献。这成为我军卫勤力量首次成建制独立遂行海外重大疫情防控任务，也是新中国成立以来我军卫生战线最大规模的援外行动。[3]

---

① 张雁灵：《非战争军事行动卫生勤务学》，人民军医出版社 2009 年版，第 494 页。

② 罗沙：《中国国际救援队：走到哪，把生的希望带到哪》，《人民日报（海外版）》，2011 年 5 月 17 日。

③ 周娜、张晓祺：《我军第三批援助利比里亚医疗队返京》，《解放军报》2015 年 5 月 18 日。

除组建国际救援医疗队外，我军在其他卫勤救援的平台建设上也下了不少功夫。目前，中国海军已拥有超万吨级的大型医院船和搭载直升机与气垫登陆艇的两栖运输舰，其远距离投送救灾人员及物资的能力有了显著提高。目前，“辽宁号”航母已经服役，可为执行国际救援卫勤保障任务提供更多便利。

二、国际人道主义救援卫勤保障的法律依据

为我军卫勤机构执行国际人道主义救援任务提供法律依据的国际法可分四大类别：

一是国际人权法。在《世界人权宣言》《公民权利与政治权利国际公约》《儿童权利公约》及其他国际法中均明确规定，当事国和国际社会应采取一切可能的措施，防止和减轻因战争和自然灾害给人们带来的痛苦，灾民享有受到保护和获得救助的权利。这些权利意味着为避免生命受损害而需要国际救援时，国家承担应允许公民获取此类救济之义务。①

二是国际人道法。在日内瓦四公约及其前两个附加议定书中，根据武装冲突之性质，规定了冲突双方不同的义务范围。问题是该法仅适用于武装冲突情形。

三是国际难民法。尽管有关难民的国际法中，未对开展国际救援行动作出详细规定，但一些有关难民的全球性和区域性的国际法号召各国在联合国难民署履行职责时配合工作，包括对难民提供保护和救援。但重要的问题是，这些法律对能否派遣军队援助没有作出明确规定。

四是国际救灾法。这个方面的条约文本较多，包括《联合国特权和豁免公约》(1946 年)和《联合国专门机构的特权和豁免公约》(1947 年)；《国际民用航空公约》(1944 年)及其附件 9《简化手续》和《便利国际海上运输公约》(1965 年)；联合国欧洲经济委员会《工业事故跨界影响公约》(1992 年)；《核事故或辐射紧急情况援助公约》(1986 年)；《货物暂准进口公约》(1990 年)和《关于简化和协调海关业务制度的国际公约》(1999 年)；《关于向减灾和救灾行动提供电信资源坦佩雷公约》(1998 年)；《联合国及其关联人员安全公约》(1994 年)；《联合国人员和有关人员安全公约任择议定书》(2005 年)；《粮食援助公约》(1999 年)；《民防援助框架公约》(2000 年)；《国际卫生条例》(2005 年)；《在重大自然或科技灾害中协调利用空间设施的合作宪章》(2000 年)。这些国际公约对人道主义救援人员安全、法律地位、简化出入境手续，卫生紧急事件、核突发事故、工业事故灾难救援等方面作出了规范。

---

① 戴维·费舍尔：《灾难和武装冲突中对国际人道救济的国内规制：比较分析》，《红十字国际评论》，法律出版社 2007 年版。

在国内法方面，国际人道主义救援卫勤保障主要的依据是军事龙头法——《国防法》。该法第六十六条规定："中华人民共和国支持国际社会采取的有利于维护世界和地区和平、安全、稳定的与军事有关的活动……"虽然这部法律没有直接对我军赴国外参与相应救援行动作出规定，但法律精神中已蕴含了准予国际人道救援之义。

此外，我国《突发事件应对法》中明确规定："中国人民解放军、中国人民武装警察部队和民兵组织依照本法和其他有关法律、行政法规、军事法规的规定以及国务院、中央军事委员会的命令，参与突发事件的应急救援和处置工作。"根据我国的《防震减灾法》第九条规定："中国人民解放军、中国人民武装警察部队和民兵组织，依照本法以及其他法律、行政法规、军事法规的规定和国务院、中央军事委员会的命令，执行抗震救灾任务，保护人民生命和财产安全。"但是，对于国际救援问题，尚缺乏直接的国家立法予以支撑。

三、国际人道主义救援卫勤保障的相关法律问题

（一）国际人道主义救援卫勤保障的启动

军队卫勤机构虽然带有强烈的医疗色彩，但本质上是一国武装力量的组成部分，而现行国际法的相关规定原则性强、操作性偏弱，加之国与国之间历史文化、意识形态等存在差异，导致军队国际救援的启动面临诸多争议。

比如，国际人权法经常被援引，作为主动启动国际救援的法律依据，但遗憾的是，未直接规定国际救援的内容。国际人道法、国际难民法中的相关内容，主要适用于武装冲突。国际救灾法虽有规定了国际灾难救援的法律文件，但此类法律文件或者缔约方很少，或仅适用于某一特定类型的灾难或救济领域，强制力和约束力较为有限。

从《联合国宪章》尊重各国的主权、领土完整和国家统一的立法精神看，在受灾国主动呼吁且表示同意的基础之上，军队卫勤机构方能提供国际人道主义援助。2010 年海地地震的国际救援行动是一个典型的案例。一个海岛国家之所以能在第一时间迅速获得国际救援，与该国政府的欢迎救援之态度具有不可分割的关系。当地震过后，海地驻美国大使雷蒙德·约瑟夫呼吁国际社会对其提供各种援助。海地总统勒内·普雷瓦尔在接受媒体采访时，呼吁国际社会伸出援手，帮助该国渡过这个难关。

但在实践中，有的国家对国际救援有所保留，甚至持怀疑态度。比如，2008 年 5 月的缅甸风暴灾害造成了数以万计的人员伤亡。可是，出乎人们意料的是，当时的缅甸外交部拒绝接受美、英、法、德等国家军舰、军用直升机及救援物资入

境，直到5月19日才允许东南亚国家联盟的国际救援队进入。[①] 耽误半个多月时间导致缅甸风暴灾害损失进一步扩大。这种拒绝国际救援的态度，引起了包括法、德等在内的一些国家批评。

军队卫勤力量的国际救援，是否应经受灾国请求或同意，尚存争议。作为法国外交部部长的库什内建议，就算没有得到缅甸军政府的同意，也“应该以保护平民的责任为由，通过决议允许运送国际援助”[②]。站在支持“有权越境说”角度，最有力的法律武器，应是国际人权方面的法律文件。在这些文件中，规定了生命权、食物获取权、衣着权和健康权等公民基本权利，国家则承担尊重、保护与实现上述公民权利的义务。如果一国领土内存在冻饿、死亡等情形，国家没有采取寻求国际救援等措施，就是在侵犯这一基本权利。

但是，国际人道救援的这种“优先权”，却与其他国际法存在冲突。人权固然非常重要，接受人道主义救援却非受灾国的绝对义务。既然是国与国的交往，就必须遵循国家主权原则，非经受灾国的正式声明同意，即使是实施国际人道主义救援行动，另一个国家的军队，也不得随意进入该国的领土范围之内。

事实上，诸多国际法中已重申了这一立场。比如，奥斯陆准则就要求，必须得到受灾国应允，原则上应在受灾国请求援助的情形下，提供人道主义援助。《东盟灾难处置和危机应对协定》等国际条约，专门就国际救援事项进行了规定。要求在实施协议过程中，应参照《联合国宪章》《东南亚友好合作条约》，尊重缔约方主权、领土完整和国家统一。缔约方为应对发生在其领土内的灾难，应承担起主要责任，外部援助或援助提议只能在受影响缔约方之请求或同意下，才能提供。[③]

实践中，还没有发生一国军队强行开进他国，开展国际人道主义救援的情形。2008年5月发生汶川大地震后，日本立即集合了20名机动救援队员待命，准备随时前往中国参与救灾工作。然而，灾区道路中断，救援环境极为恶劣，直至5月15日上午，中国政府正式向日本政府发出了派遣国际救援队的邀请，日本国际救援队员才正式集结，搭乘航班进入中国四川灾区进行救灾。[④]

从一些非政府组织的态度看，倾向于“有权干预”。比如，2001年12月，“干预与国家主权国际委员会”向全世界公布一份研究报告——《保护的责任》，该报告宣称，面对自然灾害或环境灾害，有关国家不愿意要求援助，或无力应对灾害，

---

① 新华社：《缅甸首次接受日本协助救灾》，《珠江时报》2008年5月22日。

② 杜晓：《巨灾面前国际救援法律规则日渐成熟》，《法制日报》2010年1月15日。

③ 《东盟灾难处置和危机应对协定》第三条第一款。

④ 徐静波：《日本国际救助队携带的四大秘密武器》，2008-05-16，http://world.people.com.cn/GB/14549/7252319.html.

且正在发生，或可能发生大量人员伤亡时，国际社会有权在共同协商基础上，采取适当的军事措施干预。[①] 但是，这种表态都只代表个别非政府组织，并非国际意志。

尽管取得了一些共识，但学者们仍不无遗憾地发现，在国际人道主义救援上存在的现实沟壑。“当前，还无法断定获得人道救援这一法律权利已存在于有限情形中……然而，将获得人道援助的权利扩展至具有最紧迫需要的局势中，仍是一项尚待实现的艰巨任务。”

（二）人员和物资的出境入境

在受灾国已请求，或者同意他国军队卫勤救援力量进入的前提下，虽不可能遭到拒签，但仍有出入境问题。

如果受灾国签发的是旅游签证等临时性签证，因时效比较短，存在到期之时行动未能结束的问题。如果严格按照受灾国的法律，这些救援人员只能被要求暂时离境，等待签证更新后，才能再次入境。一个经常被学界诟病的事例，便是2004年的印度洋海啸救援行动。在印度尼西亚和泰国工作的救援人员，曾多次被要求出境以更新签证，由此造成了诸多不便。

红十字会和红新月国际联合会在对参加印尼救灾的有关国际救援人员调查后指出，“为了获得适当的签证和工作许可，要经过官僚气息严重、长时间并且昂贵的程序”，还要求包括离开该国60天后才能再申请，并且申请成功后的每个月都必须重新签证。同样，在泰国的国际救援人员也难获正式注册，一般仅能获得旅游签证，并且离开该国后1个月，才能重新进行签证。

一国军队卫勤力量对他国进行国际人道主义救援，除了人员出入境问题外，也面临生活物资、医疗救援设备等问题。从国际上的通常做法看，为维护民众生命和健康、市场和环境，对医疗等物资等出入境都要进行检验检疫、税收征纳和海关监管等。与之矛盾的是，灾难发生后，急切需要救援物资和各种设备。为了便于救灾，需要修订多边条约和双边条约，提供海关方面的便利，减少法律和行政方面的现实障碍。

但实践中，仍存在入境迟延、不当限制和关税征缴等问题。因为遭到受灾国有关部门的不配合处理，许多救援物资不能顺利进入境内，甚至造成急需的食物和药品过期。[②] 俄罗斯联邦的切尔诺贝利核事故中，受影响人们急需的人道主义援助药品入境，竟迟延了近9个月。在2006年安哥拉暴发霍乱后的国际救援行动中，一批急需医药物资也存在清关迟延等问题，影响了救援行动的开展。2007年玻利维亚洪灾发生后，许多人道主义组织反映，他们在一定程度上面临

① 李寿平.《“保护的责任”与现代国际法律秩序》，《政法论坛》2006年第3期。

② 梁洁：《军队参加国际人道救援行动法律问题探析》，《河北法学》2010年第3期。

清关迟延的问题。我军国际救援力量已通过国际重型资格评审，医疗力量也逐渐增强，药品、器械等物资愈加丰富，如果在入境上存在障碍，显然不利于国际救援行动的展开。

简化国际灾害救援力量的出入境程序和要求，是国际社会长期努力的方向。[①] 1977 年，一份要求“加快国际救济措施”的联合提案，得到了国际红十字与红新月联合会、联合国经济和社会理事会通过。根据这份国际规约，“当为国际公认的救援机构代表的救助人员为履行职责而过境、入境或出境时，所有国家应豁免签证要求”。根据 2002 年联合国大会的 57/150 号决议，“按照其公共安全和国家安全适用的措施，酌情简化或减少国际城市搜索救援队及其设备和材料在入境、过境、逗留和出境方面的海关和行政手续”。

值得赞许的是，根据许多双边救援条约，在遭受重大自然灾害等紧急情形之下，国家通常行使豁免权，放宽来自对方国家或军队的紧急救援人员之签证要求，甚至是护照控制。丹麦和德国是合作的典范，两国在 1985 年签署双边合约，《关于灾害或严重事故时互助协定》即是实施豁免权的成功范例。[②] 需要引起关注的是，这类举措或是不涉及他国军队的救援力量，或是与联合国决议一般，用了“促请”等词，没有基本强制效力，或是局限于双边条约，范围相对狭小。

（三）救援资质的认定

国际灾害救援行动相关行业往往具有很强的专业性，通常要获得行政许可证书，或得到政府批准。但是，如果按照程序来运作，过程较为漫长。比如，在泰国认可外国行医资格通常花费 2 年时间，而且必须通过泰语考试。对于一般外国人而言，是难以完成的任务。[③] 特别是军队卫勤力量出国的行医资格。如果依照法律程序申请注册或认可，程序烦琐复杂，“远水难解近渴”。巨大灾害的爆发往往在转瞬之间，救援行动必须分秒必争，由此考虑，需要对救援资质加以更加灵活的认定。

当然，也可以采取与受灾国达成临时协议的方式。在这种方式下，军队卫勤人员一般会被允许实施救援活动，但弊端也是显而易见。从长远看，相关法律问题，仍然是难以逾越的障碍。法律地位的相对不确定，使他们面临着随时被要求停止工作的巨大风险。而一旦出现了医疗纠纷，由于行医资格不明确，参与救援行动的医务人员可能面临更为复杂的法律问题。

---

① 漆菲：《国际救援背后的话语权争夺战》，《凤凰周刊》2010 年第 11 期。

② 杨琳琳. 日本大地震后对有关国际灾害救援合作机制的法律思考，http://bjgy.chinacourt.org/public/detail。

③ 戴维·费舍尔：《灾难和武装冲突中对国际人道救济的国内规制：比较分析》，《红十字国际评论》2007 年第 10 期。

从国际立法的角度看，想统一认可救援资质，也不无难度。之前，联合国有关国际组织曾试图通过谈判，解决外国学术资格的认可问题，最后却半途而废。当然，现在的一些“软法性”文件规定了某些国际救援资格的承认问题。如2006年修订的奥斯陆“地位协定范本”，就请求对国外救援者的技术职业资格予以认定。再看《国际灾害救济和最初紧急援助国内便利和规制指南》也规定：“受灾国应该免费、在实施灾害救助所需的时限内提供可在其境内续展的签证或工作许可；并在灾害救助领域免予或加快签证及工作许可程序；临时承认外国医疗人员、建筑师和工程师的职业资格、临时承认驾驶证或其他许可……”但是“软法”如何变“硬法”，则是国际立法需要加强的地方。

（四）救援行动的保障

救援行动开展过程中，法律问题也不少。比如，在印尼海啸国际救援中，中国国际救援医疗队原来搭乘国航专机，计划直飞受灾最严重的印尼亚齐省。医疗队员抵达机场后，无法在条件较差的班达亚齐机场着陆，只能先飞到较远的棉兰机场，耽误了十几个小时，专机才获准飞往灾区。如果能够解决军队派遣军机的法律问题，国际救援行动将变得更为顺畅。

此外，为执行国际救援任务，军队卫勤机构不可能在国内采购、携行全部物资设备，任务部队可能需要就地采购，但这有可能被征收各种名目甚至是数额巨大的税费。《美洲便利灾难援助公约》第五条规定，“运输工具、设备和救济物资……应免于支付税收和其他费用”；《加勒比海灾难紧急应对机构协定》第二十一条明确，“受灾国应该免予征收援助国所运送的救济设备和物资的关税、其他税种和费用”。《核事故或辐射紧急情况援助公约》第八条第三款(a)项规定：“对援助方为援助目的而运入国境内的设备和财物免除征税、关税或其他课税。”《关于向减灾和救灾行动提供电信资源坦佩雷公约》第五条第一款(b)项指出：“在履行其援助职务方面，或对于为了依照本公约提供电信援助的目的运入请求国境内或在该国境内购买的设备、物资和其他资产，除了正常包括在货物或服务价格以内之外，免予课税(包括关税)或其他收费。”

但问题在于，这些条约大都属于区域性条款，主要是对从外国进口的救济物资与设备的税收给予优惠的规定，但对国际救援主体在受灾国所购买的救济物资与设备的征税问题，还缺少较为详细的规定，不利于救援行动开展。

再者，国际救援是一项高风险工作，救援人员容易遭受意外。按照各国法律规定，交通事故意外保险通常应在当地购买，但有时救援主体并不愿意在当地购买。印度洋海啸发生后，印尼交通事故赔偿金大幅下降。因为缺少利润空间，有的保险公司甚至不愿意将保险范围扩大到国际救援主体的救援机动车。

目前，关于国际人道主义救援中的保险方面的法律文件明显不足，仅有一些区域性文件作出了相关规定。如《黑海经济合作组织协定》表示,“援助国向其援助队的成员提供人身保险”,接受援助的国家向援助国支付这些保险金。该协定还要求,“受灾国应向援助国的救援队员提供免费的医疗服务”①。但是,这些规定尚未得到更为普遍的推广。我军卫勤机构如果执行国际救援任务,依靠的只有国内的军人人身意外保险。是否需要增加保险种类,这笔费用又由谁支出,都是亟待解决的问题。

(五)人身和财产安全保障

如果不能保证相关人员和物资的安全,就不可能使国际救援行动顺利开展。但是即便不存在武装对抗方,也难保障受灾国安全问题。

例如,2005 年的卡特里娜飓风过后,美国新奥尔良就出现了抢劫、破坏、骚乱等不法行为。在印度尼西亚,主张亚齐独立的亚齐叛军组织“自由亚齐运动”在当地与政府军对抗 30 多年,造成至少 1.2 万人死亡,400 万当地居民都生活在战火的阴影下。直到海啸发生前,外国人都一直被禁止进入亚齐。印度洋海啸爆发后,2005 年 1 月 11 日,印尼政府表示,他们无法保证在当地救灾的国际救援团体工作人员的安全,请求各援助团体和工作人员列名造册,并随时向政府通报他们的救灾活动。②

2007 年秘鲁发生地震后,救灾物资的迟延导致了当地民众对商店和救济卡车的抢夺。在危地马拉斯坦的热带风暴过后,有国际救援人员在运输救援物资的货车上遭遇暴力攻击。

2009 年 10 月,巴基斯坦塔利班的自杀炸弹袭击了联合国粮食计划署驻伊斯兰堡办公室,当场炸死了 5 名工作人员;2010 年 3 月,数名手持冲锋枪和 1 枚土制炸弹的武装分子袭击了驻白沙瓦的一个美国基督教救援机构,当场打死 6 名巴基斯坦籍雇员。③ 2010 年 8 月 26 日,中国国际救援队抵达巴基斯坦后,即赶赴巴南部洪水重灾区实施国际人道主义救援行动。巴基斯坦塔利班发言人阿兹曼·塔里奇打电话给驻巴外国媒体,恐吓正在巴基斯坦展开洪灾救援的国际机构:“不欢迎国际救援机构在巴活动,否则后果自负。”这并非巴基斯坦塔利班的首次威胁。

为解决国际救援的安全问题,各国采取了一些措施,通常做法是要求受灾国为救援国的人员和物资提供武装护卫。《奥斯陆准则》规定:“在原则上,在救灾任务中部署的外国军事和民防人员应不携带武器但穿着本国军装完成任务。为获准的外国军事和民防资源支持提供充分安全保障的总体责任在受灾国。”其附

---

① 《黑海经济合作组织协定》第十三条第二款、第八条第四款。

② 刘莉:《印尼表示无法保证国际救援工作人员安全》,《东方早报》2005 年 1 月 12 日。

③ 陈小茹:《巴基斯坦塔利班威胁袭击国际救援机构》,《中国青年报》2010 年 8 月 28 日。

件一《关于军事和民防资源地位的协定范本》第三十四条规定："作为本协定的一部分，受灾国将确定军事和民防资源（MCDA）行动的成员在履行公务时是否可携带自卫武器。"

问题是上述准则并不具有法律强制力，只是联合国成员国和联合国机构间协调委员会之间订立的一项指导性方针。具体应当如何实行，还需救援国和受灾国进行协调解决，并需要进一步细化的相关法律来规范。

针对上述法律问题，需坚持"尊重国家主权、人道主义、国际合作"等原则，在国际法层面，通过切实遵守国际惯例、签署全球性协议、深化双边多边协议、完善救援力量地位协定、参照和援引现行国际法等，逐步突破法律瓶颈。当然，在国内法层面，还需要构筑我军特色的卫勤力量遂行国际救援任务法律体系，赋予军队卫勤机构参与国际救援的法定职能，确保依法有力地遂行国际救援卫勤保障任务。

第十二章 战时军事卫生法律制度概要

“能打仗，打胜仗”是我军现代化建设的根本指向，战时军事卫生法律制度是信息化战争发生时卫勤保障的重要法律支撑，直接影响到我军官兵的身心健康，以及部队战斗力，甚至关系到战争的胜败。为了更好地履行使命，必须认真研究和制定战时军事卫生法律制度。

第一节 战时军事卫生法律制度概述

一、概念

根据《中国人民解放军军语》，战时即战争时期，平时是指和平时期。我国《宪法》第六十七条第十八款规定，战争状态是指国家遭受武装侵犯或者必须履行国际共同防止侵略的条约的情况。我国《刑法》第四百五十一条也明确规定：“战时，是指国家宣布进入战争状态，部队受领作战任务或者遭受敌人突然袭击时，部队执行作战任务或者处置突发事件时，以战时论。”美国、英国和法国也从狭义角度来界定战时。如法国将战时同紧急状态并列，战时专指“对外战争、内战、武装叛乱”。

战时军事卫生法律制度是指调整军队系统在战争时期组织实施卫勤保障中所产生的各种社会关系的法律规范的总称。目的是维护战时官兵健康，提高部队战斗力。

战时军事卫生法律制度不仅是战时军队卫勤保障的法律规范，也是军队平时实施卫生战备建设、训练的法律依据。其内容主要包括战时卫生动员的组织、人员、经费、物资和战时卫勤保障的组织指挥、医疗后送、防疫防护以及药材装备保障。

二、基本原则

战时军事卫生法的基本原则主要指一般意义上的法律原则，即贯穿于战时军事卫生法产生和运作过程始终的原则。战时军事卫生法的法律原则包括两个层次：一是普遍原则，即它同其他法律共有的原则，主要是作为法律规范所应有的法制原则；二是特殊原则，即基于战时军事卫生法的特点而产生的一些原则。

（一）普遍原则

1. 法治原则

它是战时军事法的最基本原则，战时军事卫生法的产生、实施都必须以法治原则为依据，不允许超越法律之外去实施与卫生勤务相关的措施。这一原则是战时军事法产生和运作的指导思想，旨在贯彻落实依法治军要求，使相关行动在国家和军队的法律框架下严格有序、有条不紊地进行，确保动用军队卫勤力量的严肃性、科学性、有效性。战时军事卫生法涉及参战人员和战争所涉及平民的健康，旨在迅速和有效地减少给参战人员和平民带来的伤害后果，最大限度地保护生命和健康。

2. 合理性原则

它是战时军事法的另一个重要原则。它是指战时军事卫生法的规定应该客观、适度，具有合理性，不仅符合作战的需要，还要遵照医学规律，这是对战时军事卫生法更深层次的要求。一般在法制建设中采用比例原则，要求相关法律措施应当与战时状态相对应或者相适应，原则上不能超越太多，避免因顾此失彼、畸轻畸重而影响大局。

3. 有效性原则

实施战时军事法，通常会中止正常的宪法和法律秩序，限制公民宪法和法律上的权利。战时法律制度的设计必须适应战时的指挥体制、指挥方式，以及协同关系的新特点，优化结构，减少层次，提高效率，使其形成更科学、更合理的运行模式。因此，在战时行使卫生法规时必须具有明确的公共利益的目的，如战时的血液保障必须以抢救伤员生命为目标，必要时需要采取一些非常规的手段。

4. 程序性原则

在普遍意义上讲，法定的程序是制度化的基石，是现代军事法律的重要特征之一。战时军事卫生法的制定和执行应该依照一定的程序进行，不遵守法律规定的程序，战时军事卫生法的合法性就会受到破坏。因此，无论是现有法律法规的制定、修改、补充、解释、废止，还是编纂、汇编、清理、翻译，也无论是立法的规划、设计、起草、提出动议，还是草案的审查、论证、听证、表决、公布等，都应纳入规范化、程序化的轨道。

5. 责任原则

战时军事卫生法的法治原则还要求建立与行使战时权力相对应的责任制度，并且相关法律条文要对相关的主体、权利、义务、责任进行明确的界定。如果在制定和执行战时军事卫生法的过程中犯有过错，就应该承担由此带来的一切法律后果。

(二)特殊原则

1.紧急处置原则

战争在一定意义上是时间和速度的竞争,“依法应急,事半功倍”。进入战时状态之后,为了挽救伤病员的生命,保障战争的胜利,就必须通过法律规范确保行使紧急处置手段有法可依。如为抢救伤员的生命而进行的截肢手术,对民用资源的紧急征用,等等。

2.维护国家军事利益原则

维护国家军事利益,关系到国家政权的稳定,人民生活的安宁,反侵略战争的胜负。所以,战时军事卫生法律制度必须体现这一原则,并把维护国家军事利益作为战时军事卫生法的根本目的和任务。特别是现代战争要求发挥作战系统的整体功能,相应的军事法则需发挥提升指挥系统整体功能,增强部队战斗力。健全战时军事卫生法律制度,提升核心卫勤保障能力,确保战时应战能力。

3.高度集中统一原则

在战时军事卫生法中体现高度集中统一的原则,不仅是由军队的性质和正规化建设的要求所决定的,也是战时卫勤保障的需要。战时行动力量的多元性、协同保障的复杂性,决定了其必须通过一系列法律法规来规范。而相关法律法规的高度集中统一,直接关系到战时军事行动目标和效率的实现。

4.从严原则

从严原则是指战时军事卫生法的制定与适用比一般法更严格和严厉。古今中外的军事法有很长一段时期主要局限于对军人群体行为的调控,并且更注重法律的组织管理功能与惩戒功能。当前,我们在强调关注对个体权利的尊重与保护的同时,作为战时军事卫生法律制度必须始终坚守安全价值这个军事法的本位价值。这是因为,战时国家军事利益是国家最高利益之一,战时军事卫生法严于一般法,是确保赢得战争、维护国家军事利益的需要。

第二节　战时卫生动员法律法规

战时卫生动员是国家为应对战争或其他安全威胁,使社会卫生领域的全部或部分由平时状态转入战时状态或紧急状态的活动。为了加强国防建设,完善国防动员制度,保障国防动员工作的顺利进行,维护国家的主权、统一、领土完整和安全,根据宪法,全国人大常务委员会于2010年通过《国防动员法》。国防动员坚持平战结合、军民结合、寓军于民的方针,遵循统一领导、全民参与、长期准备、重点建设、统筹兼顾、有序高效的原则。

卫生动员应在国家卫生部门的领导下,由各级卫生行政部门组织实施。在平时要组编战时卫生保障机构和专业队伍，培训卫生专业人才，实施各种动员准备工作。

《中国人民解放军卫生条例》中规定：我军卫生部门应当掌握部队驻地及预定作战区域的社会地理、自然地理和医学地理情况，制订卫勤保障预案和地方卫生力量动员方案，并协同有关部门进行预备役部队卫生机构建设和预设战场卫生建设。

目前，与战时卫生动员相关的法规还有：《国防法》《中华人民共和国兵役法》《中华人民共和国预备役军官法》《中华人民共和国国防教育法》等。

一、战时卫生动员组织规范

我国国防动员的组织领导机构主要包括动员决策机构、动员协调机构、动员执行机构。国防动员领导机构，既是国家平时进行动员准备各种任务的具体落实者，又是战时遂行动员实施的直接组织指挥者。

动员决策机构，决定实施动员的权限属于国家最高权力机关，即全国人民代表大会及常务委员会。中华人民共和国主席根据全国人民代表大会的决定和全国人民代表大会常务委员会的决定，有权公布法律、宣布战争状态、发布动员令。

国家的主权统一、领土完整和安全遭受威胁时，全国人民代表大会常务委员会依照宪法和有关法律的规定，决定全国总动员或者局部动员。国家主席根据全国人民代表大会常务委员会的决定，发布动员令。

国务院、中央军事委员会共同领导全国的国防动员工作，制定国防动员工作的方针、政策和法规，向全国人民代表大会常务委员会提出实施全国总动员或者局部动员的议案，根据全国人民代表大会常务委员会的决定和国家主席发布的动员令，组织国防动员的实施。

地方人民政府应当贯彻和执行国防动员工作的方针、政策和法律、法规。国家决定实施国防动员后，应当根据上级下达的国防动员任务，组织本行政区域国防动员的实施。

县级以上地方人民政府依照法律规定的权限管理本行政区域的国防动员工作。

县级以上地方人民政府有关部门和军队有关部门在各自的职责范围内，负责有关的国防动员工作。

国家国防动员委员会在国务院、中央军事委员会的领导下负责组织、指导、协调全国的国防动员工作；按照规定的权限和程序议定的事项，由国务院和中央军事委员会的有关部门按照各自职责分工组织实施。省军区国防动员委员会及县级以上地方各级国防动员委员会负责组织、指导、协调本区域的国防动员工作。

国防动员委员会的办事机构负责承担本级国防动员委员会的日常工作，依法履行有关的国防动员职责。

国家的主权、统一、领土完整和安全遭受的威胁消除后，应当按照决定实施国防动员的权限和程序，解除国防动员的实施措施。

对于民用卫生资源，包括医院、卫生院、门诊部、疗养院等医疗保健机构，也包括药品器械、运输车辆、疾病控制中心等药材防疫机构；不仅包括设施场地，也包括医生、护士等医务人员。

二、战时卫生人员动员

为加强国防动员建设，我国依法实行预备役人员储备制度。国家根据国防动员的需要，按照规模适度、结构科学、布局合理的原则，储备所需的预备役人员。根据国防动员的需要，由国务院、中央军事委员会决定预备役人员储备的规模、种类和方式。

预备役卫生人员按照专业对口、便于动员的原则，采取预编到现役部队、编入预备役部队、编入民兵组织或者其他形式进行储备。

国家为预备役人员训练、储备提供条件和保障，预备役人员应当依法参加训练。

我国县级以上地方人民政府兵役机关负责组织实施本行政区域预备役人员的储备工作，并组织专业训练。

国家决定实施国防动员后，县级人民政府兵役机关根据上级的命令，迅速向被征召的预备役人员下达征召通知。接到征召通知的预备役人员应当按照通知要求，到指定地点报到。

被征召的预备役人员所在单位应当协助兵役机关做好预备役人员的征召工作。18周岁至60周岁的男性公民和18周岁至55周岁的女性公民，应当担负以支援作战为主的国防勤务。

被确定担负国防勤务的人员，应当服从指挥、履行职责、遵守纪律、保守秘密。担负国防勤务的人员所在单位应当给予支持和协助。

医药卫生单位平时应当按照专业对口、人员精干、应急有效的原则组建专业保障队伍，组织训练、演练，提高完成卫生勤务的能力。

担负预防与救助战争灾害、协助维护社会秩序勤务的公民和专业保障队伍，由当地人民政府指挥，并提供勤务和生活保障；跨行政区域执行勤务的，由相关行政区域的县级以上地方人民政府组织落实相关保障。

担负支援保障军队作战勤务的公民和专业保障队伍，由军事机关指挥；伴随部队行动的，由所在部队提供勤务和生活保障；其他的由当地人民政府提供勤务和生活保障。

担负国防勤务的人员在执行勤务期间，继续享有原工作单位的工资、津贴和其他福利待遇；没有工作单位的，由当地县级人民政府参照民兵执行战备勤务的补贴标准给予补贴；因执行国防勤务伤亡的，由当地县级人民政府依照《军人抚恤优待条例》等有关规定给予抚恤优待。

三、战时卫生动员经费

《国防动员法》作为基本法规，对经费问题作出了明确规定，确定了总的原则，明确了国防动员经费来源的主渠道，要求发挥中央财政和地方财政的积极性，共同解决国防动员经费问题。《国防动员法》总则中规定，“国家保障国防动员所需经费、国防动员所需经费按照事权划分的原则，列入中央和地方财政预算”。因此，这样规定，着重解决了两个问题：一是明确规定国家保障国防动员所需经费，并且分别列入中央和地方财政预算，将国防动员经费作为国家财政预算的一部分，使之合法化。二是在开展国防动员建设的各项具体工作中明确了有关经费保障的原则和办法，以及从政策上如何保障和支持国防动员工作的问题，以充分调动全社会关心支持国防动员工作的积极性。

四、战时卫生动员物资

国家决定实施国防动员后，储备物资无法及时满足动员需要的，县级以上人民政府可以依法对民用资源进行征用。这里的民用资源，是指组织和个人所有或者使用的用于社会生产、服务和生活的设施、设备、场所和其他物资。

任何组织和个人都有接受依法征用民用资源的义务。

需要使用民用资源的中国人民解放军现役部队和预备役部队、中国人民武装警察部队、民兵组织，应当提出征用需求，由县级以上地方人民政府统一组织征用。县级以上地方人民政府应当对被征用的民用资源予以登记，向被征用人出具凭证。

被征用的民用资源使用完毕，县级以上地方人民政府应当及时组织返还；经过改造的，应当恢复原使用功能后返还；不能修复或者灭失的，以及因征用造成直接经济损失的，按照国家有关规定给予补偿。

国家实行适应国防动员需要的战略物资储备和调用制度，战略物资储备由国务院有关主管部门组织实施。承担战略物资储备任务的单位，应当按照国家有关规定和标准对储备物资进行保管和维护，定期调整更换，保证储备物资的使用效能和安全。国家将按照有关规定对承担战略物资储备任务的单位给予补贴。

战略物资按照国家有关规定调用。国家决定实施国防动员后，战略物资的调用应由国务院和中央军事委员会批准。国防动员所需的其他物资的储备和调用，依照有关法律、行政法规的规定执行。

五、战时地方医院动员

1999年颁布的《医院战时保障条令》对战时动员地方医院征用作出以下规定：

战时动员征用地方医院有三种基本方式：一是将军队部分医疗力量加强到地方医院，指导和配合收治军队伤病员；二是指定征用的地方医院独立收治军队伤病员；三是从征用的地方医院中，抽组野战医院（野战医疗所）、医疗队、手术队、护理队等卫生力量。各级卫勤要根据作战任务需要和当地卫勤资源情况，与政府有关部门共同做好动员征用地方医院的调查，制定有关预案，加强军民结合的医疗网建设，为战时动员征用工作创造条件。

第三节 战时卫勤保障

保卫祖国是我军的基本职能，战时卫勤保障的主要任务是对部队进行伤病防治、维护军队有生力量健康、恢复伤病员战斗力。战时军事卫生法规是规范军队作战卫勤保障以及卫勤训练的重要法规，它回答的是如何保障打赢的基本问题，直接关系到部队战斗力的提高，乃至战争的胜败，国家的安危，在军队建设上具有举足轻重的地位。信息化条件下的现代战争，对我军履行这一神圣使命卫勤保障的军事卫生法提出了新的要求。

军队卫生人员是战时卫勤保障的实施者。我军一向重视提高军队卫生人员战时的卫勤保障能力，如1996年颁布的《中国人民解放军卫生条例》就明确要求，从事军队卫勤工作的人员“必须经过正规培训，掌握相应的军事医学知识和野战卫生保障技能，并取得相应的任职资格”。

战时卫勤保障是战时后勤保障的重要组成部分，1999年我军颁布实施了《中国人民解放军战时后勤保障条令》，其他与卫勤相关的主要包括：《战役后勤保障纲要》《合成军队战斗后勤保障条令》《联勤分部战时保障条令》《应急保障旅战时保障条令》《野战兵站战时保障条令》《医院战时保障条令》《卫勤分队战时保障条令》以及《战伤救治规则（2006）》《军队战时血液保障规定（2008）》《战时码头救护所工作规则（2009）》等。

一、战时卫勤组织指挥

战时卫勤组织指挥是作战条件下组织卫勤力量对部队实施卫勤保障的领导活动。包括卫勤领导机关的组织计划和卫勤保障机构领导的指挥工作，是后勤组织指挥的组成部分。《合成军队战斗后勤保障条令》规定：战时战术级卫勤保障是在后勤组织指挥体系下组织实施的；战略、战役卫勤组织指挥应在各级后勤部门指挥体系中设有专业的指挥机构。

按照《战役后勤保障纲要》规定，战役卫勤保障体系，按照区域保障与建制保障相结合，通用保障与专用保障相结合的原则，根据战役规模、战役样式、卫勤力量与保障对象等情况建立。战役卫勤指挥体系与后勤指挥体系和战役作战指挥体系相适应，在各级后勤指挥机构内设卫勤指挥单元。通常联合战役军团后勤建立三级指挥体系，陆军战役军团后勤建立两级指挥体系，其他军种战役军团后勤根据战役规模建立。

二、医疗后送

医疗后送是战时对伤病员实施分级救治与后送的活动。包括从伤病员负伤、患病开始到治疗终结、离开救治机构的全过程。战时医疗后送机构主要有野战医院、基地医院、后方医院、预备医院、战俘医院、野战医疗所、野战医疗队、野战手术队、海上医疗队、列车医疗队、汽车后送医疗队、空运医疗队、救护所等，负责战时伤病员的救护和后送。

《战伤救治规则》规定了战时医疗后送机构的医疗后送任务并对其进行了划分。

连抢救组、营救护所、海军舰艇救护所、救护艇医疗队及相当救治机构担负战（现）场急救任务。

连抢救组、营救护所、海军舰艇救护所负责指导官兵自救互救；寻找负伤人员；对伤员进行分类和急救处置；展开伤员集中点；联系伤员后送，并做好伤员后送准备。

救护艇医疗队负责对伤员进行分类和急救处置；开展伤病员医疗护理和生活护理；交接伤病员；协助进行落水伤员的寻找与营救、伤病员换乘和后送工作。

城市和重要战略地域遭袭击时，受袭地域各级救治机构应当派出急救分队参与部队现场急救；根据指令，参加地方伤病员急救。

团救护所、兵种旅救护所、海军作战编队救护所、空军乙级场站救护所、空运医疗队、卫生列车医疗队、卫生运输船医疗队、码头伤病员转运站及相当救治机构担负紧急救治任务。

团、兵种旅、海军作战编队和空军乙级场站救护所负责前接伤病员；对伤员实施紧急救治；联系伤员后送，并做好伤员后送准备；团、兵种旅救护所留治1周内可治愈归队的轻伤病员。

空运医疗队负责伤病员在空运途中的继承性医疗护理，实施必要的检伤和紧急救治；交接伤病员；协助组织伤病员的上乘和下载。

卫生列车医疗队负责伤病员铁路运输后送途中的继承性医疗护理和生活护理，实施必要的检伤和紧急救治；交接伤病员；协助组织伤病员上乘和下载。

卫生运输船医疗队负责接运海上舰船、岸上救护所和码头伤病员转运站伤病员；对伤病员进行继承性医疗护理，实施必要的检伤和紧急救治；补充进行伤员检伤分类和登记；交接伤病员；协助组织伤病员上乘、换乘与下载。

码头伤病员转运站应设在伤病员到达的码头前，即在伤病员上船或抵岸码头展开工作，包括组织伤病员上乘和下载；组织到码头接送伤病员的单位与船上医疗队交接伤病员；实施必要的检伤和紧急救治；留治暂不宜继续后送的伤病员。

师救护所、步兵旅救护所、应急保障旅卫生营、野战医疗所、空降医疗队、空军甲级场站救护所、支队码头救护所及相当救治机构担负早期治疗任务，包括负责前接和收容前方及就近部队伤病员；对伤病员实施早期治疗，隔离治疗传染性伤病员；留治1～2周内能治愈归队的轻伤病员；做好伤病员后送准备。

应急保障旅卫生营、野战医疗所、空降医疗队在单独执行任务时，执行早期治疗任务；执行加强和替代救治机构任务时，按照上级赋予救治机构的任务执行。

支队码头救护所担负前接就近海军部队伤病员；对伤病员实施早期治疗；留治1—2周内能治愈归队的海军轻伤病员；隔离治疗传染性伤病员；做好伤病员后送准备。担负码头伤病员转运站任务，前往就近军用码头分流海上后送来的伤病员。

野战医院、医院船医疗队，以及经加强的应急保障旅卫生营、野战医疗所担负早期治疗和部分专科治疗任务。

野战医院和经加强的应急保障旅卫生营、野战医疗所负责前往码头、机场（机降场）接运前方后送来的伤病员；前接及收容师、旅〈含相当等级部队〉救护所和就近医疗机构后送的伤病员；对伤病员实施早期治疗和部分专科治疗；留治2～3周内能治愈归队和暂时不宜后送的伤病员；协助组织伤病员后送；对治疗终结的伤病员提出残情鉴定。

医院船医疗队负责接收海上舰船转运来的伤病员，重点接收需要紧急手术的重度和中度伤病员；对伤病员实施早期治疗和部分专科治疗；开展伤病员医疗护理和生活护理；留治暂时不宜后送的伤病员；组织伤病员换乘与交接。

基地医院和后方医院担负伤病员专科治疗任务，包括负责到机场、码头或火车站接收转运来的伤病员，收容附近部队救治机构转送的伤病员；对伤病员实施专科治疗和护理；对治疗终结的伤病员提出残情鉴定；实施大、中型功能恢复性手术；对下级医院和部队实施技术支援和指导。

疗养院担负康复治疗任务，包括负责接收已完成确定性治疗的伤病员；实施一般性功能恢复性治疗和伤病延续性矫治；进行伤病员功能评估；开展康复训练和锻炼；开展伤病员心理治疗；组织伤病员康复期疗养；协助装配义具；等等。并根据指令，担负轻伤病员收治或医疗支援加强任务。

核、生、化武器损伤伤员救治任务的区分，按照团、兵种旅救护所、相当救治机构及其以下救治机构完成急救任务；师救护所及相当救治机构完成早期治疗任务；专科治疗任务由上级指定的、具有专科治疗条件的野战医院、基地医院或后方医院完成。

三、战时防疫防护

为了适应打赢信息化局部战争的要求，规范中国人民解放军卫勤部(分)队保障行动，根据《中国人民解放军战时管理条例(2006)》《中国人民解放军战役后勤保障纲要》《中国人民解放军合成军队战斗后勤保障条令》《中国人民解放军联勤分部战时保障条令》和卫勤分队的战斗、训练经验，1999 年我军有关部门制定颁布了《中国人民解放军卫勤分队战时保障条令》，对卫生防疫和防护分队的任务与工作进行了规定。

(一)战时卫生防疫

《中国人民解放军战时管理条例》第五十一条规定：部(分)队应当根据任务、气候和环境等特点，适时进行卫生防病教育，采取卫生防病措施，合理安排生活和作息，保持参战人员身心健康。根据作战任务性质和作战地区疫情特点，视情为参战人员接种疫苗、服用预防药物。发现人员感染传染病时，应当立即隔离治疗并报告上级。部(分)队应当做好阵地营地(机场、军港)的消毒和防疫工作，设置厕所和垃圾存放点，消除蚊蝇滋生源，防止有害生物的危害；有条件的应当设置洗浴设施。参战人员应当注意保持个人卫生，因地制宜地锻炼身体。

《联勤分部战时保障条令》规定，联勤分部在卫生防疫中应“派出防疫力量，协助部队扑灭疫情，协同有关部门组织疫区封闭”。卫生防疫是通过各种卫生预防和管理措施，达到预防疾病发生，控制和消除传染病流行的活动，它是联勤分部卫勤保障的一项重要任务。而协助部队和有关部门做好疫区封闭，又是完成卫生防疫任务的一项重要措施。当上级后勤指挥机构指示联勤分部协助部队和有关部门封闭疫区时，联勤分部应主要做好以下工作：

协助部队采取隔离措施。当居民中有传染病发生和流行时，在积极协助地方进行扑灭的同时，应严格禁止部队人员、车辆、马匹到地方疫区活动，防止疫病传入部队。当部队内部发生传染病时，应严格控制其他部队到疫区活动，并尽快消灭传染病源。非疫区人员禁止使用疫区的食品、饮水和物资。进入疫区的食品、饮水和物资，可运到疫区边沿后，由疫区内部队组织运入。

协助部队切断疫病传播途径。当发生流感、天花、霍乱、疟疾和其他呼吸道传染病时，要立即将病人送入传染病医院接受治疗，并对发生地实施灭菌，对人员进行预防接种。对传染病人，通常不可长途后送，应在联勤分部保障区内完成最终治疗。

卫生防疫部(分)队的基本任务：组织实施健康教育；实施水源、食品、环境、劳动卫生检测与监督；实施作战地区卫生流行病学侦察和疫情监测；指导部队预防接种、卫生检疫和消毒、杀虫、灭鼠工作；指导部队控制疫情和救治传染病；采集、鉴定和后送敌生物武器袭击标本。

卫生防疫部(分)队应当根据上级命令和指示，积极与有关部门、部队(分队)协同，有效预防和控制传染病流行，科学指导，严格监督，因地制宜地开展群众性的卫生防疫工作。

卫生防疫部(分)队应当根据上级指示，采取收集资料、察看现场、调查访问、采集标本等多种手段，实施作战地区卫生流行病学侦察，并提出侦察报告。

实施卫生流行病学侦察，应当重点查明：传染病、地方病发病情况和防治条件；自然疫源地；有害昆虫动物；气象特点和水源水质状况等。

卫生防疫部(分)队应当根据卫生防疫计划和上级指示，采取多种卫生宣传教育形式，协助和指导部队进行健康教育，为部队培养健康教育骨干。

卫生防疫部(分)队应当根据卫生防疫需要，在上级统一组织下，指导部队实施预防接种，检查、监督生物制品质量，对预防接种效果和人群免疫水平进行监测和评价。

卫生防疫部(分)队应当根据战场卫生环境，对部队饮用水和食品卫生质量实施检测与卫生监督，组织指导部队饮水洁治与消毒；指导部队改善生活卫生环境。

卫生防疫部(分)队应当组织建立疾病监测点，指导并实施疾病监测工作，全面掌握部队发病动态，分析判断传染病发生、流行的因素和趋势，及时向上级提出疾病预防建议。

卫生防疫部(分)队应当针对作战地区传染病与有害昆虫动物的实际情况，实施致病微生物和有害昆虫动物的监测，制定有效的消毒、杀虫、灭鼠措施，实施并指导部队开展消毒、杀虫、灭鼠工作。

卫生防疫部(分)队应当根据部队传染病暴发或者流行情况，迅速开展流行病学调查，提出划定疫点、疫区范围的建议；明确诊断，指导部队实施传染病人隔离、接触者检疫和封锁疫点、疫区行动；组织预防接种或者预防服药，指导危重病员的救治。疫情基本控制后，应当对防疫效果进行调查和评价。

当部队遭敌生物武器袭击时，卫生防疫部(分)队应当根据上级命令，采集标本或者可疑布洒物，及时进行初步鉴定，并迅速上送；指导部队防护和消毒、杀虫、灭鼠，开展群众性的卫生防疫工作。

(二)战时卫生防护

《中国人民解放军战时管理条例》第五十一条规定：发现人员遭受敌生物、化学武器袭击时，应当立即隔离治疗并报告上级。

《联勤分部战时保障条令》规定联勤分部协助部队消除疫区袭击后果。当部队遭敌核、化、生物武器袭击时，联勤分部应组织各种卫勤力量协助部队抢救伤员，扑灭疫情，实施卫生检验，组织伤员后送，消除沾染后果。

在《中国人民解放军后勤战备工作规定》《中国人民解放军卫勤分队战时保障条令》基础上，为提高全军“三防”医学救援能力，结合军队“三防”医学救援工作实际，2001 年总后卫生部制定了《军队“三防”医学救援队(分队)建设暂行规定》。

“三防”医学救援大队(分队)主要担负战时遭敌核、化学、生物武器袭击时的专业勤务指导；平时核、化学、生物毒剂事故专业咨询和技术培训任务。

“三防”医学救援大队主要执行全军核、化学、生物武器袭击及事故时的侦察、检验、洗消、医学防护；伤员急救、诊断、治疗等方面的专业咨询、技术指导和技术培训任务，担负首都地区“三防”医学救援现场指导以及上级赋予的其他任务。

“三防”医学救援队主要对保障区所在部队和医院进行核、化、生损伤伤员的现场急救及早期治疗的专业咨询、技术指导与培训。

卫生防护分队基本任务：组织实施防护知识教育；初步诊断化学战剂中毒和生物战剂受染的伤员；采集、鉴定和后送敌生物武器袭击标本或者可疑布洒物，提出处理建议；指导救治核、化学、生物武器伤员，参与早期治疗和专科治疗。

卫生防护分队实施核、化学、生物武器防护行动，应当严密组织，快速反应，急救为主，综合施治。

卫生防护分队组织核、化学、生物武器伤员抢救，应当根据杀伤(染毒)范围、伤员分布等情况，实施划片抢救，并及时后送至早期治疗机构。

卫生防护分队应当指导医疗救护分队实施伤员侦检、分类和洗消；明确诊断，实施早期治疗；处理伤员遭受放射性沾染、染毒的物品。

四、战时药材保障

战备药材是指为保障作战需要，按照战备药材储备计划和标准储备的药品、卫生装备、医用耗材和维修器材。

为了规范军队战备药材储备管理工作，提高战备药材储备管理效益和保障能力，根据《军队战备物资储备管理规定》，制定《军队战备药材储备管理规定》。并且，为了规范军队战备药材企业代储管理工作，确保企业储备药材安全、有效，根据国家和军队有关规定，制定了《军队战备药材企业代储管理规定》。

《医院战时保障条令》中明确了医院组织药材供应：第一，要合理分配。力求达到求有所供、供其必需，既要满足需要，又要防止积压，使其发挥最大效益。第二，要及时补给。战时药材的补给手续、补给方式都应力求简捷快速。特殊情况下，可先发药材，后补交请领单据。第三，要保证重点。在供需矛盾突出的情况下，要保证重点科室、重点伤病员、重点医药品种的供应。第四，供应方法要规范和灵活。做到正常用药定期请领，临时用药随时补充；大量药材主动下送，个别药材科室自领。

血液是战时医疗救治不可缺少的，为了规范战时血液保障工作，提高战时血液保障能力，我军制定颁布了《军队战时血液保障规定》。

《联勤分部战时保障条令》规定联勤分部“必要时经上级批准，也可以按照国家和军队战时血液及血制品管理规定，组织血液和血液制品筹措”。这一规定，是根据现代战争卫勤保障的特点和作战中伤员的伤情、伤类的新情况而制定的。由于血液和血液制品保障的特殊性，该规定特别强调了要严格执行国家和军队的有关规定。为了更好地完成筹措任务，联勤分部贯彻执行这一规定，应重点做好以下几项工作。

应根据上级后勤的指示和有关规定，事先制订好筹措计划。其内容主要包括：血液采集机构的组成和设备、器材的编配；血液和血液制品的筹措方法及贮存措施；血液和血液制品的供应办法等。

受领筹措血液和血液制品的任务时，应建立有较高专业水平的血液供应站，配备相应的人员和必要的血液采集、贮存、输血设备以及输血袋、运血箱、采血箱、运血车等，并视情建立血库。

明确血液和血液制品的筹措方法。除向上级请领外，经上级批准，还可到地方医院和供血站采购，或到战区卫生部门指定的地区或允许采集的部队采集，由血液供应站加工自制。

加强对血液和血液制品的管理，尤其对血液和血液制品出入库的验收登记、贮存保管环境条件、数质量的清点检验、运输过程中交接、请领分发时的批准权限等，都应建立严格的管理制度。

第四节 展 望

战时军事卫生法律制度，作为调整军队系统在战争时期组织实施卫勤保障中所产生的各种社会关系的法律规范，是国家和军队为维护和提高战时部队成员健康的根本保障。具有法治性、合理性、有效性、程序性、责任等普遍原则，也具有紧急处置、维护国家军事利益、高度集中统一和从严等特殊原则。

经过60多年来的建设，战时军事卫生法律制度在不断发展完善，其理论基础和一些保障条令等取得了阶段性的成果，为打赢信息化局部战争的卫勤保障奠定了一定的基础。战时的卫勤保障法规体系尚不完善，但是与部队的建设和发展以及未来战争的需要还存在较大的差距。比如，虽然已开展研究但尚未颁布的《卫生动员法》。

目前，随着依法治国、依法治军的理念不断增强，强军目标给我军卫生法制建设进一步明确了方向，落实新形势下军事战略方针，做好军事斗争准备，确保打赢信息化条件下的局部战争。军事卫生法律制度已步入快速系统发展时期，必将不断完善，为打赢信息化战争的卫勤保障提供必要的法制保障。

第十三章　战时国际军事卫生法律制度概要

第一节　战时国际军事卫生法律制度概述

一、战时国际军事卫生法律制度的概念

战时国际军事卫生法律制度是规范国际性武装冲突中各交战方之间、各交战方与中立方之间军事卫生关系的原则、规则和规章制度的总和。战时国际军事卫生法律制度所规范的军事卫生关系，主要是国际性武装冲突期间相关各方的军事卫生关系。

战时国际军事卫生法律制度调整的是战时国际军事卫生关系，具有以下特点：

(1)战时国际军事卫生关系主要与国际性武装冲突相关，但不限于国际性武装冲突期间。

首先，战时国际军事卫生关系主要发生于国际性武装冲突期间。武装冲突可能发生于国家之间、国家与地区之间，也可能发生于一个国家或地区内部。战时国际军事卫生法律制度规范的是国家之间、国家与地区之间在武装冲突期间的军事卫生法律关系。战时国际军事卫生法律制度调整的军事卫生关系主要与国家之间、国家与地区之间的武装冲突，即国际性武装冲突。

武装冲突期间，人员伤亡数量剧增，不论是军人还是平民，都需要及时有效的医疗救助。同时，为防止战场上传染疾病的传播，战场防疫也很必要。这需要医疗卫生工作尽可能及时有效地开展。为此，针对国际性武装冲突期间医疗单位、医务人员以及医务运输的特别保护，在国际法中形成了一系列相关原则、规则与规章制度，为各方规定了相应的权利义务，形成了战时国际军事卫生关系。

其次，战时国际军事卫生关系不仅限于武装冲突期间。与国际性武装冲突期间军事卫生相关的问题，国际法中有针对各缔约国平时权利义务的相关规则。如设立医院地带的问题，《改善战地武装部队伤者病者境遇的日内瓦公约》第二十三条第一款规定："平时各缔约国……，均得在其领土内，于必要时在占领地内，设立医院地带及处所，加以适当的组织以便保护伤者病者……"还有，关于

宣传日内瓦公约的问题,《改善战地武装部队伤者病者境遇的日内瓦公约》第四十七条、《改善海上武装部队伤者病者及遇船难者境遇之日内瓦公约》第四十八条、《关于战俘待遇之日内瓦公约》第一百二十七条规定:“各缔约国在平时……应在各该国尽量广泛传播本公约之约文,尤其在其军事,并如可能时在公民教育计划中,包括本公约之学习,俾本公约之原则为全体人民,尤其武装战斗部队、医务人员及随军牧师所周知。”上述各缔约国权利义务,都与未来可能发生的武装冲突有关,而不针对各国平时的日常医疗卫生工作。因此,不论是发生在武装冲突期间,还是各国为未来武装冲突所承担的有关义务、享有的有关权利,都可以称之为“与武装冲突相关”各方之间的军事卫生关系。

(2)战时国际军事卫生关系是武装冲突相关各方之间、交战方与中立方之间的权利义务关系。与武装冲突相关的军事卫生关系可能发生于交战各国、交战各方之间,也可能发生于各交战方内部,如一国作为交战一方,其本国内部存在军事卫生关系,包括武装冲突期间的军事卫生动员、战地医院的设置与人员配备、伤员后送等。这些发生于各交战方内部的军事卫生关系,不属于战时国际军事卫生法律制度调整的对象,而是由各国国内法调整。战时国际军事卫生法律制度从法律部门的属性上来讲,属于国际法的范畴。因此,战时国际军事卫生法律制度调整的是战时国际军事卫生关系,即仅指那些发生于交战各国、交战各方之间以及交战各国与中立国之间的军事卫生关系。

(3)战时国际军事卫生法律制度的核心内容是在国际性武装冲突期间对相关医疗单位、医务人员、医务运输的特别保护,其出发点是减少战争伤害,尽可能地保护如伤者、病者、遇船难者、平民、战俘等战争受害者。从医疗卫生的角度来看,对医务职能的保护是保证医疗卫生工作开展,进而减少战争伤亡的必要措施。保护医务职能,对冲突各方都是平等的。该保护最突出的特点是对伤者病者的一视同仁,不因其国籍、性别、种族、宗教等因素而有所区别。

二、战时国际军事卫生法律制度的主要渊源

战时国际军事卫生法律制度是国际法的一个组成部分,其法律渊源包括国际习惯、国际条约。国际习惯是指各国的一般实践被接受为法律的规则。这是国际法较古老的和原始的渊源[①],战时国际军事卫生法律制度作为国际法的一个组成部分,同样以国际习惯为渊源。国际条约是国家之间、国际组织之间、国家与国际组织之间以国际法为准则,为确立其相互权利和义务而缔结的书面协议。国际条约作为国际法的渊源,“已经成为最重要的渊源”。

① [英]劳特派特修订《奥本海国际法》,王铁崖、陈体强译,商务印书馆1989年版,上卷第一分册,第18页。

战时国际军事卫生法律制度的渊源首先并主要集中体现于日内瓦诸公约中。最早的日内瓦公约是1864年8月22日，瑞士、法国、比利时、荷兰、葡萄牙等12国在日内瓦签订的《改善战地武装部队伤者病者境遇之日内瓦公约》。“二战”结束后，针对国际性武装冲突中受难者的保护问题，在1864年日内瓦公约基础上，经过1906年、1929年和1949年先后几次修订和补充，发展为1949年日内瓦四公约：《改善战地武装部队伤者病者境遇的日内瓦公约》，即1949年日内瓦第一公约；《改善海上武装部队伤者病者及遇船难者境遇的日内瓦公约》，即1949年日内瓦第二公约；《关于战俘待遇的日内瓦公约》，即1949年日内瓦第三公约；《关于战时保护平民的日内瓦公约》，即1949年日内瓦第四公约。1949年日内瓦四公约的附加议定书中包含关于军事卫生活动的法律规范，这两个附加议定书包括第一附加议定书《1949年8月12日日内瓦四公约关于保护国际性武装冲突受难者的附加议定书》(1977年6月8日订立)和第二附加议定书《1949年8月12日日内瓦四公约关于保护非国际性武装冲突受难者的附加议定书》(1977年6月8日订立)。

1907年海牙公约是武装冲突法的重要渊源，其第四公约，即《陆战法规和惯例公约》规定对于伤者病者的保护应遵照日内瓦公约。①

1994年国际人道主义法学会起草的《圣雷莫国际海战法手册》也是军事卫生法律制度不容忽视的渊源。《圣雷莫国际海战法手册》不是被国际社会正式承认的海战法文本，还不具有相应的法律拘束力，但是其中的许多重要内容都是对现行海战条约法和习惯法规则的说明或表述，因此也具有相应的法律拘束力。②它规定了关于医院船、医务飞机以及其中从事医务工作的人员的权利义务，对于海战中保护医院船、医务飞机及医务人员具有重要的补充作用。

三、战时国际军事卫生法律制度的基本原则

(一)人道原则

人道是以爱护人的生命、关怀人的幸福、维护人的尊严、保障人的自由、发挥人主体性等为原则的人事或为人之道。具体到战时国际军事卫生制度，人道原则是指对伤者病者等战争受难者提供医疗卫生保障时，应遵循人道原则，爱护其生命，维护其尊严。

医疗救助是实现人道目的的重要方式，武装冲突期间的医疗救助更是集中体现了人道原则，即使在武装冲突期间，也尽可能爱护生命、维护尊严。这与医

---

① 1907年《陆战法规和惯例公约》(海牙第四公约)第二十一条规定，交战国对伤者和病者的义务应遵照日内瓦公约。

② 丛文胜:《战争法原理与实用》，军事科学出版社2003年版，第307页。

务工作救死扶伤的宗旨相契合。武装冲突期间，医务工作的救死扶伤宗旨与人道原则相互结合，要求从医疗职责出发，尽可能爱护生命维护尊严。

日内瓦第一公约第十二条、日内瓦第二公约第十二条均规定："冲突之一方，对于在其权力下之此等人①应予以人道之待遇与照顾，……对其生命之任何危害或对其人身之暴行均应严格禁止；尤其不得加以谋杀或消灭，施以酷刑或供生物学的实验；不得故意不给予医疗救助及照顾，亦不得造成使其冒传染病危险之情况。"日内瓦第三公约第十三条规定，对于战俘，"在任何时须受人道待遇。拘留国任何不法行为或因不法行为可导致其看管中之战俘死亡或严重危害其健康者须予禁止，并当视为严重破坏本公约之行为。尤其不得对战俘加以肢体残伤，或供任何医学或科学试验而非为有关战俘之医疗、治疗或住院诊疗所应有且为其本身利益而施行者"。除了对战争受害者普遍的人道保护外，对于特定的人，如妇女也有人道方面的特别医疗卫生待遇。如日内瓦第三公约第二十九条第二款，"……战俘营之收容女俘者，应另有设备供其使用"。这项针对女性战俘的规定，除了卫生方面的考虑，更主要的是出于人道方面的考虑，维护女性的尊严。

（二）一视同仁原则

一视同仁原则是指医务人员救助伤者病者遇船难者等战争受害者，不论是冲突各方哪一方的人员，都应同等、公正地对待，以医疗卫生需要为标准为其提供救助，不得因国籍、宗教、性别等原因而区别对待。

战时国际军事卫生法律制度中的一视同仁原则，源于人道原则。在国际性武装冲突期间，医疗救助的对象，伤者、病者、遇船难者、战俘、平民等，都有权利得到平等、公平的医疗救助，即使伤者病者是敌对国武装部队成员，同样有权利得到相应医疗救助。对敌国伤者病者一视同仁地给予医疗救助，是因为他们由战斗员转变为非战斗员，身份发生了变化，他们作为人应该被平等、公正地救助。夏尔·卢梭在《社会契约论》中指出："战争绝对不是人与人的一种关系，而是国与国的一种关系。在战争中，个人与个人绝对不是以人的资格，而是以公民的资格，才偶然地成为敌人的；他们绝对不是作为国家的成员，而只是作为国家的保卫者。"这段话说明了一个事实，即军人打仗不是为了个人恩怨，而是为了保卫国家。在战争中，军人不是以个人身份出现，当他们从事战斗的时候，他们是战斗员，是国家的保卫者，同时也是军事攻击的合法对象。但是当他们受伤、患病或遇到船难，并因此没有能力再从事军事攻击的时候，他们就退出了战斗员的队伍，这个时候，他们的身份不再是国家的保卫者，而恢复、还原成个体，从战斗员，这一国家的保卫者恢复到个人的身份，此时他不再是合法的军事攻击的对象。

① 日内瓦第一公约中的"此等人"指受伤或患病的武装部队人员或日内瓦公约规定的其他人员。日内瓦第二公约中的"此等人"指伤者、病者、遇船难者。

作为个人，他有权利得到相应的医疗救助，不应因为他曾经是战斗员而受到不平等的待遇。因此，一旦战斗员因受伤、患病等原因退出战斗，就应该得到平等的医疗救助。因此，国际性武装冲突中，即使面对敌国武装部队成员的伤者病者，医务人员也应该一视同仁地给予医疗救助。

一视同仁原则还体现为伤者病者等医疗救助对象，不因性别、国籍、宗教等因素而被区别对待。

日内瓦第一公约第十二条、日内瓦第二公约第二十条均规定："冲突之各方对于在其权力下之此等人员，应予以人道之待遇与照顾，不得基于性别、种族、国籍、宗教、政治意见或其他类似标准而有所歧视。"根据这条规定，武装冲突期间，各方医务人员遇到伤者、病者、遇船难者等战争受害者，当他们需要医疗卫生救助时，都应该不加区别、一视同仁地提供救助，即使是敌方的人员也不例外。如果因为是敌方人员或因为种族等原因而不为其提供医疗卫生救助，属于违反公约的行为，严重的可能构成国际法上的犯罪。

（三）特别保护原则

特别保护是指在国际性武装冲突中，对医疗单位、医务人员以及医务运输所给予的特别保护。即使是隶属于敌对方的医疗单位、医务人员及医务运输，也必须给予尊重与保护，不得对其实施军事攻击，除非他们实施了人道职责之外的害敌行为。

武装冲突中，各方对敌对方的军事目标实施攻击是必要的，军事目标包括军人、军事设施等。同时，武装冲突中各方在实施军事攻击时，应对攻击对象要有所区分，并非敌对方所有的人员与设施都是合法攻击的对象。如除非基于军事需要一般情况下，不得攻击平民和民用设施。军人和军事设施作为攻击对象，例外在于医务人员和医疗单位。如果医务人员是军人，即属于一方武装部队成员的医务人员；医疗单位是军事医院或军事医疗卫生机构，他们在武装冲突中，只要是专门承担医疗卫生任务，不从事害敌行为，就不得予以攻击。这是对他们的特别保护。

日内瓦第一公约第十九条规定："医务部门之固定医疗所，及流动医疗队，在任何情况下不得被攻击，而应随时受冲突各方之尊重及保护。"日内瓦第二公约第二十二条规定："军用医院船即各国特别并专用以救助、医治并运送伤者、病者及遇船难者而建造或装备之船只，在任何情况下，不得加以攻击或拿捕，而并随时予以尊重与保护……"对于医疗单位、医务人员及医务运输，日内瓦各公约都规定：不得对其进行攻击，并应得到各方之尊重及保护。《圣雷莫国际海战法手册》第四十七条、第五十五条都规定了医院船、医务飞机免遭攻击，这即是对它们的特别保护。

四、战时国际军事卫生法律制度的意义

战时国际军事法律制度的核心内容是体现于日内瓦公约、海牙公约及《圣雷莫海战公约》等国际公约以及国际惯例中的保护医疗单位、医务人员及医务运输的相关规则。武装冲突期间，正常的社会秩序被破坏，伤病员无法通过平时的途径得到医疗救治。武装冲突使得医疗卫生工作的开展面临很多困难，如随时可能出现的军事攻击、药品水电的匮乏、大量集中出现的伤病员等。如果不给予医疗工作、医疗主体特别保护，可能会出现这样的情况：一方面因军事斗争而集中出现大量伤病员，他们需要及时有效的医疗救治；另一方面因没有特别保护，医疗工作难以甚至无法及时有效开展。于是，战场的伤病员得不到及时有效的治疗，可能因此致残或失去生命。武装冲突中，战场伤病员的出现难以避免，但是对医疗工作给予特别保护以便于该工作的及时有效开展，是可以通过法律的规范调整以及各方努力实现的。因此，给医务工作以特别保护就成为有效降低战争伤害、减少人员伤亡的可行途径，而这正是战时国际军事卫生法律制度的主要意义所在。

第二节　交战期间的军事卫生法律制度

交战期间指的是武装冲突中从开战到武装冲突最终结束双方之间军事斗争的阶段。在武装冲突的整个过程中，包括开战、交战、停战、占领几个阶段，占领并不是每次武装冲突都会出现的阶段。武装冲突中，交战期间是伤病发生最集中的阶段，对伤病员等战争受害者的医疗救助也比较集中，规范这个阶段医疗救助的国际法规则是战时国际军事卫生法律制度的主要内容。这部分内容比较具体详细，涵盖了医疗单位的种类及其权利义务、医务人员的范围及其权利义务，以及医务运输的保护等内容。

一、医疗单位的权利与义务

战时国际军事卫生法律制度中，医疗单位指为了医务目的，即搜寻、收集、运输、诊断或治疗伤者、病者及遇船难者，或为了防止疾病而组织的军用或平民医疗处所或其他单位，包括医院和其他类似单位、输血中心、预防医务中心和院所、医药库和这类单位的医药储存处。

武装冲突中，医疗单位可能是固定的，也可能是流动的。固定的医疗单位，例如设立在相应建筑物中用于医疗用途，即用于上述与医务目的相关活动的单位。流动的医疗单位，例如随部队迁移而改变位置的医疗单位，如医疗车、医疗

帐篷等用于医疗用途的单位。武装冲突中,医疗单位可以是常设的,如在武装冲突发生前,就已经存在的医院、输血中心等医疗单位。这类单位的设立与武装冲突的发生没有直接关系,只是在武装冲突发生期间,承担部分与武装冲突受难者有关的医疗任务。医疗单位也可以是临时性的,如随着武装冲突的爆发,冲突各方因战事需要临时设立的医疗单位。随着武装冲突的结束,这类医疗单位即撤销。不论是固定或者流动的医疗单位,亦不论是常设性的或者临时性的医疗单位,在武装冲突期间都具有同等的法律地位。

武装冲突中,民用医疗单位满足相应条件,即与军事医疗单位具有同等法律地位。民用医疗单位需要具备下列条件之一:(1)属于冲突一方。从民用医疗单位的归属国(方)来说,该民用医院属于发生武装冲突中的一方。即属于武装冲突各方的民用医院在武装冲突期间,享有与军事医疗单位同等的法律地位。(2)为冲突一方主管当局所承认或核准的。这类民用医疗单位不属于冲突任何一方,但是获得了冲突各方中任何一方主管当局对其资格的承认或核准的,也具有相应法律地位。(3)非该冲突一方的国家且该国家承认或核准的救济团体。冲突各方之外的其他国家可以承认或核准相关的救济团体对战争受难者提供卫生方面的帮助,这类救济团体具有相应法律地位。(4)公正的国际人道主义组织。例如国际红十字委员会派往武装冲突发生地的救援组织等。

(一)冲突各方医疗单位的权利

(1)武装冲突期间,医疗单位有权免受攻击。凡为照顾伤者、病者、弱者及产妇而组织的医疗单位应受到尊重和保护,不应成为被攻击的对象。现代武装冲突中,军事攻击的对象应该是合法的目标,并非所有的人与物都可予以军事攻击。在军事行动中应区分战斗员与平民、军事目标与民用目标,只有战斗员与军事目标是合法的攻击目标,平民、民用设施等不是合法的军事攻击目标,不得予以攻击。医疗单位,不论是军事医疗单位,还是民用医疗单位,因其职责的特殊性,都有权免受攻击,即冲突各方都不得对医疗单位实施军事攻击。

(2)医疗单位不论何时都应受尊重和保护。为了保证医疗单位可以正常履行医疗救护职责,有效减少战场伤亡,医疗单位须得到冲突各方的尊重和保护。即使是军事医疗单位,并不因为其成员身着制服,或持有军队标识,或照顾伤病军事人员,或持有小型武器用以保护他们的伤病人员和自己免遭劫掠等暴力侵袭而丧失此种受保护的权利。

(3)可持有自卫的小型武器。武装冲突期间,社会秩序不可避免地遭到破坏,和平时期可以依靠的社会治安力量此时基本无法正常发挥作用,面对动乱的社会秩序,医疗单位在履行职责过程中,可能面临劫掠、偷盗等威胁,医疗单位需要自我保护,故持有小型武器用以自卫,是医疗单位的一项合法权利。

(二)冲突各方医疗单位的义务

(1)冲突各方应互相通知固定医疗单位的位置。这种通知对于保护医疗单位免受攻击非常重要。武装冲突期间,因天气状况、战场情况等因素,冲突各方在发动军事攻击的过程中,可能难以及时、有效识别医疗单位特有的标识,这会严重影响对医疗单位的尊重与保护。冲突各方互相通知固定医疗单位所在的位置,可以有效避免误伤,切实地实现对医疗单位的尊重与保护。

(2)冲突各方应尽可能保证医疗单位设在对军事目标的攻击不致危害其安全的地方。尊重和保护医疗单位,对冲突各方都是平等的义务,尊重和保护不仅针对敌方的医疗单位,也包括对己方医疗单位的保护,其措施之一,即医疗单位的位置选择应尽量远离军事目标。既然军事目标是合法的攻击对象,对军事目标的攻击不可避免地会对附近的非军事目标造成附带伤害,这种附带伤害只要不超过必要的限度,就是合法的。因此,设置医疗单位的时候,各方都有义务使其远离军事目标,尽量保证当军事目标受到攻击时,医疗单位不会因位置的原因而受到附带伤害。

(3)不应利用医疗单位掩护军事目标。不得攻击医疗单位是国际法对医疗单位的保护,如果冲突方利用医疗单位掩护军事目标,会损害冲突各方之间在医务保护方面的信任,冲突方可能因这种不诚信的行为而对医疗单位进行攻击,这样可能导致对医疗单位的尊重和保护无法实现的困境。为此,1977 年第一附加议定书规定,冲突各方不得利用该保护,以医疗单位掩护军事目标,应严格地区分医疗单位和军事目标。

二、医务人员的权利与义务

医务人员是指冲突一方专门被派用于从事搜寻、收集、运送、诊断或治疗——包括急救治疗——伤者、病者和遇船难者及预防疾病的人员,以及被派用于专门从事管理医疗单位或操纵或管理医务运输工具的人员。冲突一方专门指定承担相关医疗职责的人员,可能是军人也可能是平民,他们都是此处所谓的“医务人员”。

从上述定义可见,武装冲突期间的医务人员不仅包括医生、护士、药剂师,还包括从事搜寻、收集、运送战争受难者的勤务兵、抬担架的人员等,以及专门从事管理医疗单位或操纵或管理医务运输工具的人员等。这些人员必须是专门从事相关医疗职责,这就意味着,即使是军事医务人员,在战场上,作为医务人员应该只承担医务工作;如果作为战斗人员参加军事行动,则失去医务人员的身份,不再具备医务人员的法律地位,也不再受国际法对医务人员的特别保护。

武装冲突中的医务人员可以是永久的,也可以是暂时的。这类人员可以是武装冲突期间由冲突方暂时指定的，如从事搜寻伤者、病者、遇船难者的人员，可以暂时指定人员来承担。这种暂时指定使得被指定的人员具有了国际法上医务人员的身份。即使是暂时指定的医务人员，这些人员在一定时期内应专门从事所指定的医疗工作。

（一）医务人员的权利

1.医务人员受保护的权利

(1)医务人员在一切情况下应受尊重与保护。在武装冲突中，不得对医务人员施行攻击。不论是军事医务人员，还是平民医务人员，只要不实施敌对行为，各方都不得对他们施行攻击。一切情况下，包括任何时候和任何地方，不论是在战场还是后方，不论这些人员被敌方暂时扣留还是长期滞留。医务人员受尊重与保护有一个前提，就是他们不得从事敌对行为，不得作为冲突一方的战斗员参加战斗，他们只有在“专门”履行医疗职责的时候，才受到尊重与保护。因此，对于“一切情况下”的理解，必须排除医务人员受命作为战斗员参加战斗的情况。

(2)向平民医务人员提供帮助。武装冲突期间，平民正常的医疗服务可能会遭到破坏，在这样的情况下，如果需要，应向平民医务人员提供一切可能的援助。此处的平民医务人员不同于战时国际军事卫生法律制度中的医务人员，他们只是履行对一般患者的救护职责，而没有被任何一方当局指定为救护战争受难者的人员。对于这类人员，国际法要求，在有“需要”的情况下，为其提供帮助。

(3)军事医务人员如果落入敌手，不得视为战俘；但如需要，可以被拘留以照顾战俘，但至少应享受《关于战俘待遇之日内瓦公约》所规定的利益。武装冲突中，冲突一方的军人落入敌方之手，即成为战俘，俘获国有权利将其拘留直至武装冲突结束。但是军事医务人员不同于其他军人，当他们被指定专门从事救护战争受难者工作时，是医务人员，如果他们落入敌方之手，一般不得作为战俘拘留，应及时将其遣返其所属一方。例外的情况是，落入敌手的战俘需要医疗照顾，而俘获国或无法提供足够医务人员予以照顾，或者因语言、信仰等问题由其本国医务人员照顾更为便利等原因，俘获国可以滞留其控制的敌方军事医务人员。军事医务人员因照顾战俘的需要被滞留敌方的期间，其享有的待遇不得低于日内瓦公约关于战俘待遇的标准。

因照顾战俘而被扣留的医务人员，有权定期访视在劳工组或战俘营外的医院中的战俘；不得要求被扣留的医务人员从事医务任务之外的工作。

(4)不得拘留中立国医务人员。中立国认可之团体经其本国政府事先同意，得到冲突一方的核准协助该方的医务人员，如果落入敌方手中，俘获国不得拘留，除另有协议外，应允许他们返回本国；只有出现返回本国或所服务的冲突一方的路途因军事行动、天气等原因不畅通、军情不允许等法定情形时，俘获国才有权利拘留中立国的医务人员。如果不能返回本国，当军情许可、归路可通时，应当允许他们返回所服务的冲突一方。

2.医务人员履行职责方面的权利

(1)在任何情况下，不论谁是受益者，包括医务人员在内的任何人不应因进行符合医疗道德的医疗活动而受惩罚。医务人员对战争受难者的救护，不仅限于其本国或其所服务的冲突一方的人员，也可能救护敌方的伤病员。只要医务人员的医疗活动符合医疗道德，都不应因此受惩罚。

(2)医务人员有不被迫从事或进行违反医疗道德规则，或违反其他为伤者和病者的利益而制订的医疗规则，或违反日内瓦公约规定的行为或工作的权利。

(3)如果认为有关情报将证明为有害于有关病人或其家属，医务人员有权不被迫向属于敌方的任何人，或除自己一方的法律要求外，向属于自己一方的任何人，提供关于在其照顾下或曾在其照顾下的伤者或病者的情报。

(二)医务人员的义务

(1)对伤者、病者和遇船难者，不论他们属于哪一方，都应在最大实际可能范围内尽速给予其所需的医疗照顾，不得因医疗以外的任何理由对其加以区别对待。武装冲突期间对医务人员的尊重与特别保护，主要目的在于有效救治伤者、病者和遇船难者，不论他们与医务人员同属冲突一方或属于敌对方，都应一视同仁地予以救治和帮助。

(2)依法佩带医务保护的识别标志：白底红十字或红新月或红水晶。红十字、红新月和红水晶标志在武装冲突中为医疗服务部门和救济工作者提供保护。对医务人员的尊重与保护的实现需要将他们与其他人员区别开来，佩戴识别标志是用以区别的主要途径。根据日内瓦公约的规定，医务人员需佩戴红十字等特定标识，可以让冲突各方辨识其身份。医务人员应于左臂佩戴该类标志，且该标志需由军事机关发给并盖印且具有防水效能。除了识别标志，医务人员还必须携带具有防水效能的身份卡。

医务人员不得滥用识别标志。该标志意味着对佩带者的尊重与保护，如果医务人员受命从事敌对行为，应该撤除该标志。因欺诈性使用医务人员识别标志造成伤亡的，有关人员须承担相应法律责任。

(3)适当履行医务职责。医务人员不得在执行职务过程中，有随意杀人、折磨或虐待行为。

三、对医务运输的保护

医务运输是指对受保护的伤者、病者、遇船难者、医务人员、宗教人员、医疗设备和用品的陆上、水上和空中运输。医务运输享有与流动医疗单位同样的尊重和保护。

(一)陆上医务运输

(1)任何环境下,不得攻击运送伤者、病者或医疗用品的人工运输队、车队、列车医院。

(2)陆上运输工具有权随时受冲突各方的尊重和保护。

(3)运输队和车辆如果落入敌方手中,俘获方在一切情形下,应保证照顾其所载运的伤者和病者。

(二)水上医务运输

(1)不得攻击或拿捕医院船。医院船是特别并专用以救助、医治并运送伤者、病者及遇船难者而建造或装备的船只。

医院船包括:冲突各方的军用医院船;各国红十字会及官方承认之救济团体或私人所使用之医院船,经其所依附之冲突一方正式委任。这类船只,必须备有负责当局发放的证明书,载明该船只于装备及出发时已在该当局之管辖下;各中立国或红十字会及官方承认的救济团体或私人所使用的医院船,受冲突一方管辖并经其本国政府预先同意及该冲突一方所认可的;中立国家或非冲突一方国家的医院船;公正的国际人道主义组织,为了人道主义的目的向冲突一方提供的医院船。

这些医院船都应受到尊重和保护,但须于使用前 10 日,将该船的名称及其说明通知冲突各方。该通知须包括一切已有的识别该船只所能用的手段与情报。

(2)尊重和保护军舰上的病室。若在军舰上发生战斗,则对病室应予以尊重,并尽可能予以保全。病室及其设备应受战争法规限制,在伤者与病者需要期间,不得改作其他用途。如果病室落入敌方司令之权力下,该司令可以在紧急军事需要时,将病室改作他用,条件是该司令保证对疗养中的伤者与病者予以适当照顾。

(3)凡泊于陷落敌方手中之港口的任何医院船,应准许其离开该港。

(4)医院船受尊重和保护。同时,冲突各方有权管制及搜查医院船,并得拒绝其协助,命令其离去,指定其航线,控制其无线电及其他通信工具之使用;任何有可能立即强制执行其命令的水面战舰,得命令这类船艇停航、驶离或航驶一定航线,这类船艇应当服从命令;明显地拒绝服从该类命令,属于害敌行为,战舰在依情形向其发出有合理时限的警告仍被置之不理,可停止对其保护。

(5)医院船可以装备纯粹诱离来袭火力的防御手段,如箔条、干扰弹和曳光弹。但装备这类武器需作出通知。

(6)为了最有效地完成人道主义使命,允许医院船使用密码设备。但是在任何情况下，不得使用该设备发送情报数据，也不得以其他任何方式使用该设备获取任何军事利益。①

（三）空中医务运输

空中医务运输依靠飞行器完成，主要是由医务飞机来完成，因此对医务飞机的保护及其运用的规范是空中医务运输的主要内容。医务飞机是专用以搬移伤者、病者及运送医务人员及设备的飞机。

医务飞机应受到尊重和保护，不得加以袭击。对医务飞机的保护及其运用的规范，主要有以下情形：

（1）敌方未控制的地区内医务飞机。在友方部队所实际控制的陆地地区内或其上空，或在敌方未实际控制的海域内或其上空，对冲突一方医务飞机的尊重和保护，不依赖与敌方订立的任何协定。但为更安全起见，特别是该医务飞机要进入敌方地空武器系统射程之内，在这些地区内操纵医务飞机的冲突一方，得通知敌方。

（2）接触或类似地带内医务飞机。医务飞机在与敌接触地带和暴露于敌地面火力下的飞行，应事先与冲突各方主管军事当局达成协议，才能得到充分有效的保护。在没有协议的情况下，医务飞机虽然需自冒风险，但只要被认出是医务飞机就应当受到尊重和保护。

（3）敌方控制的地区内医务飞机。冲突一方的医务飞机在敌方实际控制的陆地或海域上空飞行时，应继续受保护，但须事先取得敌方主管当局对该项飞行的同意。由于航行错误或影响飞行的紧急状态，在未取得敌方主管当局同意或违反该项同意的情形下，医务飞机飞行于敌方实际控制的空域，应尽力使自己能被识别，并将情况通知敌方。敌方得命令其着陆或降落水面，或采取保障其本身利益的其他措施，但对该飞机进行攻击前，允许其有遵从命令的时间。

（4）对医务飞机运用的限制。禁止冲突各方利用其医务飞机，以图从敌方取得任何军事利益。医务飞机的存在不应被利用，以图使军事目标不受攻击。不得使用医务飞机遂行有害于敌方的行为。

不应利用医务飞机收集或传送情报，并不应携带旨在用于这项目的的任何器材。

医务飞机不应携带任何武器，但取自飞机上伤者、病者和遇船难者而尚未送交主管部门的轻兵器及弹药，以及使医务人员能自卫和保卫在其照顾下的伤者、病者和遇船难者所需的个人轻武器除外。

（5）医务飞机的降落和检查。冲突各方对于飞入己方控制空域的敌方医务

---

① 《圣雷莫国际海战法手册》第一百七十一条。

飞机，得令其着陆或降落水面接受检查，对于符合医务飞机的条件和要求、事先有协议而且并未破坏事先协议的敌方医务飞机，应准其立即继续飞行；对于未满足上述要求的、事先没有协议或违反协议的敌方医务飞机，得予以拿捕。

四、战俘的卫生待遇

冲突一方武装部队的战斗员在武装冲突期间被敌对方俘获，即成为战俘，并享有战俘待遇和保护。① 1949 年日内瓦第三公约为战俘的待遇做了详细的规定，其中第三章“卫生与医药照顾”专门规定了战俘的卫生待遇。

对拘留战俘的战俘营，公约要求拘留国负责采取保证战俘营清洁、卫生及防止传染病所必要之卫生措施。在具体的医疗卫生方面，拘留国负责使战俘享有如下基本待遇。

(一)日常清洁

(1)清洁设备。拘留国应为战俘提供清洁设备，该设备需要符合三个条件：其一，昼夜都可以使用；其二，符合卫生规则的要求；其三，清洁设备本身要保持清洁卫生。

(2)清洁用品。拘留国应为战俘提供足够的清洁用水及肥皂，保证其个人盥洗及清洗衣物的需要。

(3)清洁时间。拘留国应为战俘个人盥洗、清洗衣物作出时间安排。战俘在战俘营需要听从拘留国的安排，有可能被安排从事体力劳动，拘留国在安排战俘活动的时候，需要考虑到战俘个人盥洗时间和清洗衣物时间的预留，以保证战俘在获得清洁设备、清洁用品的基础上，尚有相应时间进行清洁活动。

(二)医疗保障

(1)战俘营内设立医疗所，以便于战俘获得相应医疗照顾。战俘的一般医疗照顾应由战俘营内的医疗所负责，该医疗所可以由拘留国派出医务人员承担医疗工作，也可以由其滞留的他国医务人员承担医疗工作。战俘营内的医疗所只提供最基本的医疗服务，如果战俘需要外科手术或患重病的，则不属于该医疗所诊疗的范围。

(2)为传染病患者或精神病患者设立隔离病房。如果战俘营内出现这两类患者，不论是从他们个体康复的角度考虑，还是从其他战俘健康状况的角度来看，都需要为他们单独设立隔离病房。

(3)对需要相关医疗诊疗的战俘，俘获国医疗机构，不论军用的或民用的，只要能提供相应诊疗的，都必须予以收容。即使该战俘即将被遣返，也不得以此为

---

① 俞正山：《武装冲突法》，军事科学出版社 2002 年版，第 67 页。

理由拒绝为其提供医疗诊疗。

此处所称的战俘，是指患重病的、需要特别医疗的、需要外科手术的、需要住院治疗的战俘。这四种情况是战俘营内的医疗所无法提供相应诊疗的，需要到更高诊疗水平的医院接受救治。战俘出现上述情形中的任何一种，都有权利要求转到相应医院进行救治，而俘获国的有关医院也必须收治。

(4)残疾战俘的特别照顾。对于残疾的战俘应予以特别便利，尤其对盲者的照顾及其复原，应给予特别便利。对残疾的战俘，其生活自理能力下降或丧失。为保证其基本生活，保证其应有的尊严，需要在照顾及复原方面给予特别便利。

(5)战俘营内如果有与战俘相同国籍的医务人员，最好由这些医务人员照顾战俘。一般情况下，武装冲突中冲突各方不得滞留其所俘获的敌对国医务人员，不论是军事医务人员还是平民医务人员，但是，当战俘的健康情况有需要时，可以滞留他们以照顾战俘。拘留国可以根据战俘的数量、健康状况等具体情形，决定是否滞留其所俘获的敌对国医务人员。如因战俘有此需要，拘留国滞留医务人员，这些被滞留的医务人员，包括军事医务人员，不是战俘。但是这些被滞留的医务人员所享受的待遇必须不低于战俘的待遇。

(6)医疗费用的承担，维持战俘健康需用的器具，包括假牙、其他假装置及眼镜，由拘留国负担。

(三)健康检查

(1)健康检查的频率。至少应每月进行一次健康检查。

(2)检查内容。检查记录每名战俘的体重，检查战俘的一般健康状况、营养状况和清洁情况，检查是否有传染疾病，如肺结核、疟疾及性病。

五、中立法关于军事卫生的规则

(一)中立的概念

本章所指的中立是指武装冲突期间的中立，即战时中立，以下简称中立。中立是指两个或几个国家发生战争时，一国置身于这场战争之外，不以加入战争行动的直接方式或以对交战国此方或彼方予以援助的间接方式卷入战争的一种地位。[①] 国际法关于战时中立的一系列国际惯例、国际公约、多边或双边条约等，构成了国际法上的中立法，对战时中立作出了规范。总体上，武装冲突期间，中立国不能以加入战争的方式直接卷入战争，否则就成为交战国；中立国也不能给冲突方任何一方以援助，这种间接的方式会构成破坏中立，可能引起国际法上的法律责任。

---

① 夏尔·卢梭:《武装冲突法》，张凝等译，中国对外翻译出版有限公司1987年版，第283页。

(二)中立法的主要内容

第一,关于限制中立国领土被交战国利用的规则。在这个问题上,一项总的原则是:“禁止交战国的部队、装载军火或军需品的运输队通过中立国领土。”①

第二,关于限制中立国对交战国进行援助的原则。武装冲突期间,禁止中立国对交战国进行援助。禁止的援助,包括军备援助、资金援助、②服务性援助以及情报援助。

第三,关于限制中立国经贸活动的规则。中立国在一定范围内和一定方式下有权限制中立国与敌国的经济贸易往来,而中立国虽有与交战国任何一方从事经济贸易往来的权利,但同时也有容忍交战国按照中立规则限制中立国国民经济贸易活动的义务。

(三)中立法关于军事卫生的规则

1.中立国领土

一般的,武装冲突期间,禁止交战国的部队、装载军火或军需品的运输队通过中立国领土。但是,中立法对于伤病员规定了例外,出于人道主义的考虑,中立国可以允许交战国伤病员通过其领土。因运输、诊疗等原因,各交战方随行伤病员的医务人员、医务运输以及流动医疗单位等,也可以通过中立国领土。但是,运输伤病员的交通工具不得运载战斗人员和军用物资。

2.中立国领空

除有事先协议外,医务飞机不应在中立国家或其他非冲突一方的国家的领土上空飞行,或在该领土内降落。在有事先协议的情形下,医务飞机在其全部飞行中以及在该领土内任何停留期间,都应受尊重。

六、医务保护的标识

医务保护的实现,一个基本问题是标识出被保护对象,即医疗单位、医务人员及医务运输,让冲突各方能够明确知道他(它)们是被保护的对象,不得对他(它)们实施攻击。只有通过标识区别被保护对象与其他合法攻击对象,才有可能在武装冲突中真正落实有关的保护规则,被保护对象才能确实得到应有的保护。否则,即便冲突各方都真诚地愿意保护医务人员、医疗单位及医务运输,也会因为无法辨识,而难以避免对他(它)们的攻击,难以完全实施对他(它)们的保护。因此,医务保护标识的正确合法使用,对于实现医务保护具有非常重要的意义。

---

① 海牙第五公约第二条。

② 不论是有偿的还是无偿的,都不能提供军备援助;不论是有偿的还是无偿的,都不能提供资金援助。

(1)保护标识的图案。医务保护的标识图案有白底红十字,根据日内瓦公约的规定,该图案由瑞士联邦国旗翻转而成。除了将红十字作为医务保护的标识外,白底红新月、白底红狮子、白底红水晶也是国际社会承认的医务保护的标识。

(2)保护标识的使用。上述保护标识应标明于旗帜上、人员所佩戴的臂章上以及医务部门所使用的所有设备上。

1.医务人员佩戴保护标识

日内瓦公约对医务人员佩戴保护标识有明确规定:其一,保护标识应佩戴在医务人员的左臂;其二,该臂章应由军事机关统一发放,并盖章;其三,该臂章应具有特殊标志,即印有上述标识图案之一;其四,该臂章必须具有防水功能,这是为了防止臂章因淋雨等原因遇水而使得保护标识图案无法辨识。

2.医务人员携带特种身份证

武装冲突期间,医务人员须携带特种身份证,该身份证须符合下列条件:其一,印有上述保护标识;其二,具有适当尺寸以便于医务人员携带于衣袋内;其三,该身份证上应标持有者的姓名、出生日期、等级、番号,并应注明其以何种身份①享受保护;其四,该身份证上应附有持有者本人照片及其签字或指纹;其五,该身份证应加盖军事当局的钢印;其六,同一武装部队所使用的身份证应式样一致,可参考日内瓦第一公约所附的示范格式。

3.医疗队及医疗所使用保护标识

上文所述及的医疗队及医疗所使用保护标识,主要是指悬挂印有保护标识的旗帜。经军事当局同意,上述医疗单位可以悬挂该旗帜。

4.医务飞机和医院船的保护标识

医务飞机和医院船必须清楚标明上文所述的保护标志之一。医务飞机的机身上方、下方、侧翼都应标明国旗。

5.禁止滥用医务保护标识

医务保护的标识不得滥用。非医务人员不得使用该标识,为其牟利;武装冲突中,战斗员冒用医务保护标识,以实现军事意图,是背信弃义的行为,是绝对禁止的。这种行为对一方可能具有暂时的军事上的利益,但是如果各方都不严格遵守保护规定,随意冒用保护标识,长此以往,会严重破坏各方对医务保护的信任,最终的结果是各方的医务人员设备等都无法得到应有的保护,医务保护的法律规范将形同虚设。因此,法律严格禁止战斗员冒用医务保护标识的背信弃义的行为。

---

①　根据武装冲突法的规定,武装冲突期间,受到特殊保护,冲突各方不得予以攻击的人员包括医务人员和宗教人员,因此该特殊身份证须标明持有人是医务人员还是宗教人员。

第三节　军事占领期间的军事卫生法律制度

一、军事占领概述

军事占领指的是战争期间交战一方的军队控制了敌国的部分或全部领土，并在所控制的地域行使权力的状态。其中被敌国军队控制的领土是占领地。军事占领是武装冲突中经常出现的状态，在这种状态下，占领地原来的合法政府被驱逐，外国军队控制这个地区后，管理当地事务的权力就落入外国军队手中。外国军队对占领地行使权力，不是因为法律的赋予，而是由于它们在当地的军事优势，它们事实上具有了对占领地统治的权力。基于占领军在占领地具有军事优势，他们对占领地统治的权力和占领地平民之间处于一种失衡的状态，即后者的命运几乎完全掌握在前者手中。为了限制占领方的权力，不至于使得占领地利益被过分侵害，国际法有一系列规范军事占领的规则，这些规则对占领者权力的规定不是要赋予其某些权力，而是对事实上存在的权力进行认可和限制。可以说，这些规范军事占领的规则，是在占领方的军事利益与占领地的正常秩序、合法利益之间协调的产物，一方面要照顾到占领方的军事利益，另一方面尽可能避免占领方对占领地的过分侵扰。

根据有关规定，军事占领期间，占领当局对占领地社会秩序、安全等方面负有维护和保持的责任和义务，其中包括保证占领地医疗卫生活动的正常开展，必要时予以协助等内容。同时，为保证占领当局在医疗卫生方面的必需，国际法赋予占领当局在医疗卫生方面的必要权力。

二、军事占领当局在军事卫生方面的权力

1. 占领军有需要时，可征用占领地的医疗供应品，但须顾及平民的需要。[①]

一般情况下，占领当局不得征用占领地的医疗供应品。此规定意在保证占领地平民对医疗供应品的需要得到满足。同时，1949 年日内瓦第四公约对占领当局征用占领地医疗供应品作出了例外规定，即为满足占领军或行政人员使用时，可以从占领地征用医疗供应品。满足占领军或行政人员对医疗供应品的需要，可以采取从本国运输、从他国进口等方式，也可以采取从占领地征用的方式。1949 年日内瓦第四公约对此并无进一步限定，只要占领军或行政人员有此需要，即使他们可以通过其他方式获得医疗供应品，他们仍有权选择从占领地征

---

① 日内瓦第四公约第五十五(2)条。

用。此处，行政人员是指占领国派驻到占领地承担行政工作的人员，这些人员必须是在占领地、为占领地工作的人员。根据这项规定，占领国不得为了其本国国民的需要，从占领地征用医疗供应品。

为了占领军或行政人员的需要从占领地征用医疗供应品，必须顾及占领地平民的需要。即使为了占领军或行政人员的需要，占领国也无权对占领地的医疗供应品进行无限制的征用，该征用涉及的物品数量、种类等，必须与当地平民的需要相协调，不得为占领方利益而严重侵害占领地平民的相关利益。

“二战”期间，德国在欧洲，日本在亚洲，为了满足其本国国民需要，在占领地征用包括医疗供应品在内的各类物资，并且他们的征用并没有照顾到占领地平民的需要，因此这种征用违背了国际法。

2. 占领当局遇照顾伤病军事人员的紧急需要时，可以征用占领地的民用医院，只能暂时征用，而且须在征用期间对病人照顾与医疗及平民之住院需要制定适当办法。①

(1)对占领地民用医院的征用，只有在照顾伤病军事人员的紧急需要时才能实施：①如果占领当局自己的医疗单位可以满足照顾其伤病军事人员的需要，不得征用占领地的民用医院。只有当占领当局自己的医院无法满足需要，而其伤病军事人员有此迫切需要的情况下才能征用。②只有为伤病军事人员的迫切需要才可以征用。为了非军事人员的其他伤病员的需要，不得征用占领地民用医院。在占领地，除了占领国的军事人员，还会有其本国的平民与行政人员等，这些平民与行政人员中的伤病员，即使有迫切的需要，也不构成征用占领地民用医院的合法理由。③只有在为了照顾伤病军事人员的医疗需要时才能够征用占领地民用医院。占领当局不得因为其部队提供住处或其他原因而征用民用医院。

(2)对占领地民用医院的征用只能是“暂时”，即占领当局不得永久或长期征用民用医院，允许占领当局征用占领地民用医院是为解其燃眉之急，当占领当局的伤病军事人员的迫切需要得到解决之后，其余需要不那么迫切，则停止征用。

(3)须为照顾当时民用医院中住院病人及当地平民的需要而制定办法。这要求占领当局征用占领地民用医院时，综合考虑被征用医院的实际情况、伤病军事人员的数量病情、住院病人的数量病情等因素。在满足伤病军事人员迫切需要的同时，必须考虑到住院病人与当地平民的需求。

---

① 日内瓦第四公约第五十七条。

三、军事占领当局的义务

(一)物资供应

军事占领当局负有保证占领地居民医疗供应品的义务,如占领地资源不足时,应运入必需的医疗物资。军事占领当局不得征用占领地的医疗供应品,除非为占领军或行政人员使用,并已经顾及平民的需要,方能征用。征用占领地的医疗供应品,占领当局应设法保证对其所征用的物品按照公平价格付予。[①]

两次世界大战期间,占领地平民因物资匮乏而导致的饥荒、因医疗物资匮乏而导致传染病流行等情况并不鲜见。为保证占领地平民不因领土被占领而受到上述伤害,日内瓦公约规定占领当局须保证占领地包括医疗物资在内的物资供应,不论是采取综合调配占领地本地资源的方式,还是从其他国家调运物资的方式,总之,占领当局对占领地的包括医疗物资在内的基本物资供应负有责任。

(二)卫生系统运行

(1)占领当局有义务与占领地当局合作,保证并维持占领地的医疗与医院设置与服务、公共保健与卫生,尤其应采取并实行扑灭传染病与流行病传播所必要的预防及措施;应允许各类医务人员执行任务。

维持占领地医疗卫生秩序,需要占领当局与当地医疗系统共同来完成。占领,发生于武装冲突期间,占领地的医院会面临军事冲突而导致的药品供应短缺、电力和水供应的缺乏等困难,这些困难直接阻碍医疗机构正常运行。这样的情形下,占领当局有义务采取措施帮助医疗机构尽量恢复正常运行。

(2)占领当局采用及实施保健与卫生措施时,应注意占领地居民的道德上及伦理上的感受性。[②] 占领当局对占领地医疗卫生秩序负有责任,为了尽快恢复占领地相关秩序,为了应对战时出现的医疗卫生的紧急情况,如伤病员增多而原有医疗机构不足以保障,流行病传播的概率增加等,占领当局可能需要采取相应的保健与卫生措施,这些措施的实施,需要考虑到占领地本地的宗教、传统、风俗习惯、道德、伦理等因素。

(3)符合日内瓦公约规定,占领当局征用占领地民用医院时,如民用医院的器材和用品在须供平民需要的期间,不得予以征用。[③] 如上文所述,当占领当局的伤病军事人员有迫切需要时,占领当局可以征用占领地的民用医院,但是,在征用医院的过程中,对其器材和用品的征用有限制,如果这些器材和用品是供当地平民所需的,占领当局不得征用。

---

① 日内瓦第四公约第五十五条。

② 日内瓦第四公约第五十六条。

③ 日内瓦第四公约第五十七(2)条。

第四节　与战时国际军事卫生法律制度相关的实践

战时国际卫生法律制度对武装冲突中各类主体的卫生权利义务作出了相应规范。实践中，既有严格遵守相关规范的事例，也不乏违反法律规定的反面事例。

一、朝鲜战争中中国人民志愿军的实践

1950年中国人民志愿军进入朝鲜参战，俘获了一批美国战俘。秉持优待俘虏的良好传统，志愿军在战俘待遇上，不仅严格遵守相关规范，还有很多超出要求的待遇。一方面当时我国尚未批准加入1949年日内瓦第三公约[①]，该公约对于战俘的规范对我国没有法律拘束力。另一方面，按照该公约规定，拘留国应保障战俘衣、食、住、医疗和卫生条件能维持健康的水准。[②] 但是，我国志愿军在美国战俘的待遇上，却远远超出了日内瓦公约的要求。如日常饮食，照顾到美国战俘的饮食习惯，我国志愿军在物资匮乏的情况下，专门从国内为战俘买来白糖，供应给战俘，而白糖对于我们的志愿军官兵，却不可多得。另外为了照顾到美军战俘吃面包的习惯，志愿军专门买来面包机，让美国人自己动手，吃上他们喜爱的新鲜面包。除了日常生活的照顾，在医疗卫生方面，我志愿军也尽力照顾美国战俘的健康状况。为了保障美军战俘的健康，一批高水平的医生从中国各地来到位于朝鲜碧潼的战俘营，建立了专门的战俘总医院，救治了不少战俘。一次，我军俘获了一名美军飞行员，管理人员发现他受了重伤，急需输血，就把他送到战俘总医院。总医院紧急从国内调运血浆，一些中国医生还献出了自己的鲜血，救活了这名美军飞行员。[③]

二、英阿马岛海战中的实践

1982年4月2日，英国与阿根廷因马尔维拉斯群岛主权归属问题发生军事冲突，部分战斗发生在距离大陆较远的海域上，双方都需要在海上对其伤病员展开救治，为确保战场上受伤的军人能及时得到治疗，英阿双方商议决定，在马岛北部的公海区，建立一个直径大约为20海里的“红十字地带”，在该地域范围内，能让双方的医院船停泊，用以交换英阿双方的伤员。海上红十字地带建立后，交

---

① 我国于1956年11月5日由全国人民代表大会常务委员会第五十次会议决定批准1949年8月12日关于战俘待遇之日内瓦公约。

② 俞正山：《武装冲突法》，军事科学出版社2001年版，第69页。

③ 丛文胜：《法律战100例：经典案例评析》，解放军出版社2004年版，第87页。

战双方遵守约定，各方的医院船都在该海域停泊，及时有效地展开海上救治行动。

战时国际军事卫生法律制度，对在海上建立红十字地带没有明确规定，只规定冲突各方可以于平时或战时设立医院地带及处所以便于保护伤者和病者。英阿马岛之战中在海上设立“红十字地带”，以便于开展海上医疗救治，符合战时国际军事卫生法律制度的人道保护原则，是战争实践遵守法律规范的正面典型。

三、南越利用医院船掩护军事行动

针对南越西贡当局派兵侵占我西沙群岛岛礁的挑衅行为，1974 年 1 月，中国人民解放军海军对南越政权实施海上自卫反击作战。战争期间，中国海军包围、封锁了一个被南越军队占领的岛礁，南越军队处于弹尽粮绝的地步，为突破我军的封锁，南越军队利用医院船做掩护，通过我军封锁区给被围困的岛礁运送作战部队和作战物资。[①]

根据日内瓦公约的规定，医院船不得越出其人道主义任务之外，用以从事有害于敌方之行为，经过警告仍然不停止的，则停止对其的保护。[②]《圣雷莫国际海战法手册》也规定，禁止冒充医院船发动攻击，禁止背信弃义的行为。[③] 南越军队这种利用医院船掩护军事行动的行为构成了背信弃义。背信弃义是指以背弃敌人的信任为目的而诱取敌人的信任，使敌人相信其享有或有义务给予适用武装冲突的国际规则所规定的保护的行为。根据有关规定，我军给予医院船以保护，不攻击医院船。南越军队利用这种对医院船的信任和保护，运输军事人员与军事物资，背弃了我军的信任，这种背信弃义的行为是违法国际法的。

---

① 丛文胜：《法律战 100 例：经典案例评析》，解放军出版社 2004 年版，第 157 页。

② 日内瓦第二公约第三十四条。

③ 《圣雷莫国际海战法手册》第一百一十条、第一百一十一条。

第十四章　外国军事卫生法律制度概要

随着世界战略格局的变化，外军的卫生法律制度不断发展与完善，特别是以美国为首的发达国家对现代战争条件下的卫勤保障进行了积极探索，并形成了各具特色的军事卫生法律制度。了解外国军事卫生法律制度，对我国的军事卫生法制建设有积极的启示和借鉴作用。

第一节　美国军事卫生法律制度

一、概述

第二次世界大战后，随着美国的军事战略和武装力量的变换，军人地位日益提高，其医疗卫生保障也越来越完善。美军的医疗卫生保障系统始建于1884年。经过100多年的改革和完善，目前美军已建成一个能随时随地提供医疗保障服务的全球性系统，并逐步向平战结合、军地结合的方向发展。它主要具有以下三个方面的特点：

(1)遵循信息制胜。有价值的信息是正确判断的前提，所以致力于建立军人电子健康病历和个人健康记录，为患者免费提供健康保健咨询，更好地服务于患者才是制胜的关键。

(2)强化创新突破。提高质量是提高效率的最好方法，鼓励创新以寻求应对挑战的解决方法，以此提高效率和质量，医疗管理者有责任为创新提供相应的环境和资源。

(3)注重沟通合作。通过交流，获得患者信任，与患者建立长期的医疗保障合作关系，可以使患者学会自我保健并最终达到身体强健的目的。

二、平时卫生法律制度

军事法律制度就是为全方位的军事行动提供医疗支持，维护所有军事人员的健康而设定的。具体来说，就是在战时给作战指挥官提供健康配套服务，防止人员伤亡以及照顾管理伤亡人员，同时也对其他的风险活动比如维持和平、人道主义援助和培训等提供帮助；平时向现役和退役的武装部队人员及其家属以及符合资格的受惠者提供全面的预防和恢复性医疗照顾。

(一)军事卫生保障体系

卫生保健一直是美国军队非常重视的问题。CHAMPUS(Civilian Health and Medical Program of the Uniformed Services)被称为武装部队地方医疗计划系统,是指由地方医疗服务者对现役军人家庭成员、退休军人及其家庭成员、某些已故军人的家庭成员提供医疗服务,使他们享受政府补贴。TRICARE 是一个以区域管理为基础的,服务于现役与退役军人及其家属、遗属的卫生保健计划,是健康维护组织(Health Maintenance Organization,HMO)的军队版①。美国法典第 10 部第 55 章规定,国防部长负责陆军、海军、空军和海军陆战队的 TRICARE 和 CHAMPUS 管理;卫生和公共服务部长负责美国公共卫生现役部队、国家海洋和大气管理局现役部队的 TRICARE 和 CHAMPUS 管理;国土安全部长负责平时海岸警卫队的 TRICARE 和 CHAMPUS 管理。

美军平时采取划区医疗保障。陆、海、空三军各有自己的卫生部门,分别由各自的军医署长负责。但是不管其属于何军种,在同一个区域内的任何一个医疗机构都为现役军人提供医疗保障。同时还规定,在平时如遇到特殊情况,军人可以到地方医疗机构就医。

(二)军事卫生保障内容

TRICARE 创立之初只有 3 种类型,给受益人提供 3 种不同的选择,分为基本型(TRICARE Prime)、标准型(TRICARE Standard)和附加型(TRICARE Extra)。最近几年来,因美军卫生服务需求的变化和卫生费用的急剧增长,TRICARE 又陆续推出了其他几种选项。

1. 基本型(TRICARE Prime)

所有现役军人必须加入并自动享有基础型 TRICARE。现役军人家属、退休军人及其家属则可自由选择加入。该类型对现役军人及其家庭成员免除全部费用;对于退休军人(65 岁以下)及其家庭成员(65 岁以下),需要收取注册费,个人每年 230 美元或家庭每年 460 美元。该类型如需加入必须注册,注册后将被指定一个初级保健提供者(Primary Care Provider,PCP)。PCP 通常是当地的军队医疗机构(MTF),当注册人需要专科治疗时,必须由其 PCP 转诊。

2. 附加型(TRICARE Extra)

TRICARE Extra 在使用前不需要注册,个人可到任何 TRICARE 授权提供者处就医,出示身份证明后接受治疗。选择 TRICARE Extra 时,现役军人家庭成员需要自付年度起付线以下的费用,年度起付线为 150 美元(个人)或 300 美

---

① Shelton H H. *The Military healthcare*. Mil Med,2001,p. 739-740.

元(家庭)。到达起付线后发生的费用,每次门诊自付 15%;住院时,现役军人家庭成员每人每天自付 11.45 美元;因精神疾病住院时,现役军人家庭成员每天自付 11.45 美元,但至少付 25 美元。

对于退休军人及其家庭成员(65 岁以下),年度起付线相同,但分摊费用略高。门诊每次自付 20%;住院时,每天自付 401 美元或住院费的 25%(其中较少的)和住院专业费的 20%;因精神疾病住院时,每天自付 401 美元或住院费的 25%(其中较少的)和机构费的 20%,再加住院专业费的 20%。

3. 标准型(TRICARE Standard)

该选项对患者就医地点基本没有限制,但费用最高。年度起付线与 TRICARE Extra一样。对于现役军人家庭成员,门诊时 TRICARE 按他们设定的费用标准支付 80%,患者自付 20%;如果医疗提供者收费高于TRICARE设定的标准,患者还需要支付高出的部分。住院时,费率与 TRICARE Extra 一样。

对于退休军人及其家庭成员(65 岁以下),除年度起付线同上外,门诊时患者按 TRICARE 设定的费用标准自付 25%,再加上医疗提供者收费高出 TRICARE 支付标准的那部分。住院时,患者每天自付 401 美元或住院费的 15%(其中较少的)和专业费的 15%;因精神疾病住院时,每天自付 401 美元或住院费的 15%(其中较少的)和每天 149 美元或机构费的 25%(其中较少的),再加住院专业费的 25%。

4. 终身型(TRICARE For Life)

2001 年前,退休军人或其家庭成员在年满 65 岁后便不再具备TRICARE条件,而是按照联邦医疗保险计划(Medicare)接受医疗保障。2001 年推出的 TRICARE For Life,使这一情况发生了变化。参加 TRICARE For Life 不需事先注册(但必须注册加入 Medicare Part B),唯一的费用是按月计算的 Medicare Part B 保险金。在 Medicare 授权提供者处就医时,只需出示个人身份证明即可。TRICARE 作为"第二付费者",负责支付 Medicare 未覆盖的费用。

尽管 Medicare 不覆盖美国大陆外的医疗服务,但居住在国外的退休军人在注册参加 Medicare Part B 后,就能享受 TRICARE For Life 提供的保障,待遇与 65 岁以下退休军人相同。

5. 加强型(TRICARE Plus)

这一项目允许个人在 MTF 使用 TRICARE Extra 和 TRICARE For Life,因为并不是所有的军队医疗单位都提供这项服务,所以某个 MTF 是否提供此选项要由其司令官决定。每个个体需要在提供此选项的 MTF 免费登记注册,并在此接受初级保健。

若受益人已注册了基础型 TRICARE 或 Medicare 优势健康维护组织,则无资格享有加强型 TRICARE。加强型 TRICARE 是一项不可转移的福利，意味着受益人在某一机构注册后并不能保证在其他机构也能获得此福利。

另外，还有一些法规规定了军人的福利，例如，美国法典第 10 部第 411 条规定，除提供休假疗养的运输津贴，还规定如确定探望对重伤的军人恢复有利，可向该军人的配偶、子女（包括继子女、养子女和非婚生子女）、父母、兄弟姐妹提供运输津贴。

三、战时卫勤保障法律制度

在战略调整的大背景下，美军参谋长联席会议于 2006 年发布了《联合卫勤保障条令》，该条令是美军作战健康保护的指导性文件，体现美军在军事行动全程中对伤病员预防措施、急救措施高度重视。该文件提出美军联合作战卫勤要实现 3 个重要功能：①支撑功能，为部队提供医学支持以保证成功完成军事任务；②保护功能，针对各种环境危害因素（包括自然环境、作业环境等）采取一切可能的措施进行防护；③机动功能，军事行动和运输中伤病员的医学支持。[①]

美军的各级卫生部门平时仅保留少数必需人员，一旦执行任务，就会从军队医疗机构中临时抽组卫生人员。而这些卫生人员通过平时定期训练和战前特殊训练，来保证卫生医疗机构的平战转换能力。

陆军的医疗卫生机构平时配备有部分卫生人员，为部队提供基本医疗服务，并以一个部署卫生单位为整体接受训练与维持。但现役专业医务人员（如医生与护士），日常隶属于 MTF，只在作战训练与部署时进行配属。

海军的卫生结构将 MTF 与部署卫生单位直接联系在一起。陆军在平时主要是依托 MTF 提供的基本医疗服务，而海军卫生单位则是以轮转的方式统一为海军及海军陆战队提供保障。例如，美国海军在战时从所管辖的军队医疗机构中抽调卫生人员组成“执勤卫生单位”（舰队医院）。6 个中等规模的海军医院抽组编为一所舰队医院，如果某些专科医生还不够，则从海军医学中心抽调人员配属到舰队医院中。[②]

空军的平时与战时卫生单位是整合在一起的，统一接受所在联队司令部的指挥与控制，MTF 指挥官直接向联队司令官报告。从条令上说，空军的部署卫生单位直接从作战司令部所辖的 MTF 抽调人员。但在实践中空军采取的是“模块”式方法为部署部队提供卫生支援，即部署卫生单位通常由多所 MTF 抽调人员组建。

---

① 王延军：《军队卫生发展中外比较》，人民军医出版社 2011 年版，第 92 页。

② 王谦、张雁灵：《现代战争卫勤保障》，人民军医出版社 2013 年版，第 287 页。

四、非战争军事行动卫生法律制度

许多非战争军事行动都是军队参与地方的行动，美军已将卫勤组织指挥纳入国家突发事件的应急指挥体系。美国国防部主管卫生事务的助理部长加入国家灾害医学系统的最高决策小组，主管卫生战备的助理部长帮办加入国家灾害医学系统理事会，主管卫生事务的助理部长及海陆空军种卫勤领导加入国家灾害医学系统执行理事会。

(一)法律法规

美国在相关法律和应急计划中都对军队参与非战争军事行动的任务与职责给予了明确界定，从而为军队抢险救灾顺利实施提供了基础与依据。美国现有的法律已明确界定了军队在国内紧急救援时的范围和持续时间。法律规定灾害危机管理和后果处理行动时，动用军队的有关法律、政策和命令有如下几项。

1. 宪法

美国宪法允许必要时动用军队保护国家和民众及其财产。但军队是暂时性的支援和加强力量，不能代替地方、州和联邦机构在国内灾害救援中承担的主要角色和责任。

2. 斯塔福德法案

斯塔福德法案规定美国联邦政府负责灾害和紧急救援工作，以挽救生命和保护公众的健康、安全和财产。军队参与救援工作会产生费用，应当得到政府的补偿。根据救援的类型和持续时间的不同，其批准权限和需求申报也有所不同。

3. 国防部指令

在遇到突发事件或攻击时，军队指挥官在紧急情况下，在总统宣布重大灾害或紧急状态以前，必须按法律要求支援地方当局和公众以抢救生命、减少痛苦或减少财产损失。

4. 国土安全国家战略

美国 2002 年的《国土安全国家战略》中指出：军队在以下三个层面参与国土安全工作，即国土防卫、军事保障、军事协助。《国土安全法案》的第 876 节也明确阐述了军队在国内安全方面的作用和任务。

(二)组织体系

1. 国防部

美国国防部参与多种类型的地方支援行动，经常参与应对各类自然灾害，为一些非紧急情况提供支援。根据 2003 财年《国防授权法案》，国防部新设立了负责国土防务的助理国防部长(Assistant Secretary of Defense for Homeland Defens)一职，其职能定位是“全面监管美军的国土防务活动”。

2. 军队支援主任

美军主要通过军队支援主任(Director of Military Support)来实现军队对地方的支援。军队支援主任由国防部长任命,对陆军部长负责。当发生灾害事件、紧急情况或恐怖袭击时,军队支援主任负责确认地方当局的援助请求、具体支援行动的计划、协调和执行等工作。

3. 北方司令部

根据美国法律,当紧急情况超出了地方、州和联邦机构的处理能力时,北方司令部在总统或国防部长的领导下,为地方当局提供军事援助。军事援助行动主要针对火灾、飓风、洪水、地震等灾害,还包括反毒品行动、灾后管理援助等。

4. 国家灾害医学系统

国防部指令规定,国家灾害医学系统是一个联邦、州和地方三方联合的互助组织,在战争、出现国家紧急情况、发生国内重大灾害时提供协同的医学应对、患者转运、确定性治疗。

第二节 俄罗斯军事卫生法律制度

一、概述

俄罗斯的军事战略主要经历了“单纯防御”战略、“积极防御”战略、“现实遏制”战略三个发展阶段。2008 年 8 月,俄国防部出台了《2030 年前俄联邦武装力量建设构想》,将美国和北约视为其主要对手,形成了以核遏制为依托的机动战略。同时,根据其军事战略改变,在医疗卫生的保障上,要着眼全球布局,确立在 2016 年前要制定并实施,及时为伤病员进行医疗救护和治疗;组织和实施增强军队成员健康、保持其战斗能力的卫勤措施;组织实施军队成员对大规模杀伤性武器防护的卫勤措施;防止在军队成员中发生和传播疾病;保护和增进军人、文职人员和退役军人及其家属的健康的日常预防、治疗、疗养、保健等综合措施。

医疗和救治能力是维护和恢复部队战斗力的可靠保障。在经费有限的情况下,为提高医疗卫生保障水平,适应现代战争保障难度大、环境特殊、伤病员伤情复杂等情况,医疗卫生部队具有以下特点:

(1)适应军事战略要求,伤员救治及时有效。医疗卫生部门遵循指挥有序、保障有效、快速反应的原则,根据新军事变革的需求和近几十年局部战争的保障经验,战时伤员能较早地被送出战区,使他们在伤后最短时间内受到及时的专科治疗,降低了残疾率,使其能迅速康复和归队。

(2)融合现代信息技术,有效投入卫生装备。卫生装备是一种应用性很强的军事装备,俄军在研制卫生装备上注意融合现代信息技术,建立远程医疗系统,并利用航空运输工具,在战场能快速有效展开野战医疗机构单元。

(3)完善组织编制结构,合理配置卫勤力量。在热点和可能爆发武装冲突地区加强军队医院建设,如在北高加索军区的医院数量就比以前增加了1倍;改组了军区特种医疗队编制,在医疗队编制中增加了军人编制,减少了文职人员。特种医疗队和内地军队医院人员进行定期轮换,以便让更多的军医得到较多的战时救治经验。

二、平时医疗卫生法律制度

苏军从1988年就开始实行划区卫勤保障,俄军继承了苏军的这种模式,目前平时实行划区医疗保障体制。划区卫勤保障是平时以军区,战时以战区和战略方向为基础,将保障区内所有卫勤机构组织起来,对保障区内所有军兵种的部队(不受隶属关系的限制)实施卫勤保障。

(一)平时医疗的主要任务

《俄联邦武装力量内务条令》中规定了军队平时医疗保障的主要内容:

(1)加强军人健康保护。军队平时卫勤主要工作内容包括:组织军队的医疗预防工作,降低部队发病率及改进军队劳动和生活的卫生条件;防治流行病和保证部队不发生大的传染病,为全体军人定期体检,对战斗训练和体育训练等方面进行医学监督;对体弱、患过传染病和其他重病人员专门进行登记和补充检查;根据军人的工作和生活条件及特点,对他们的健康情况进行经常性监督。

(2)改进医疗诊断工作。军队门诊部和医疗所是平时卫生工作的中心,通过不断改进医疗诊断工作,大力加强军队卫勤保障,合理配备医疗床位,装备各种先进医疗设备,发展部队疗养事业,增强并维护军人健康。

(二)平时医疗的实施

俄军实行军人在军队医疗机构免费医疗制度,军人免费疗养是免费医疗待遇的延伸。

1.现役军人的医疗保障

俄军人只能在军队医院就医才能免费。俄军医疗保障实行的是以战区为基础的全军统一的划区医疗保障体制。在医疗保障区内,设立一个或几个医疗中心,区内全体军人可在医疗中心就医。

俄国土面积辽阔,许多部队驻扎在人烟稀少的地区。为了解决军人的医疗问题,部队可与附近的地方医疗机构签订合作医疗合同,军人生病时可到附近地方医疗机构就医,其费用可在合同中约定,按国家有关军人地位法的规定付费或从国防卫生费中支出。

2.退役军人及其家属的医疗保障

按俄军现行规定，由于部队缩编、服役期限已到或其他原因，如病、伤残退出现役的，在部队服役20年以上的军人，根据服役年限，可在部队医院获得优惠医疗或免费医疗。军人家属及其18周岁以下子女可在部队医院获得优惠医疗。

3.医疗实施机构

国防部中央(军兵种)直属医疗机构主要有：布尔坚科临床总医院、曼德雷卡中央临床医院、维什涅夫斯基中央临床医院、中央结核病临床医院、中央战略火箭兵临床医院、中央军事航空研究医院、中央空军第五临床医院、中央空军第七临床医院。①

疗养治疗是恢复伤病员身体健康的有效手段，国防部现有46个疗养机构。它分为中央疗养院、军区疗养院和军种疗养院。军区(舰队)医疗机构主要有：圣彼得堡(旧称列宁格勒)军区医院和北高加索军区第970医院。

三、战时卫勤保障法律制度

俄军认为，战时伤病员不可能在同一个地区得到全部必需的医疗救治，因此必须把一个完整的医疗过程(即伤病员需要的所有措施)分为几个单独的医疗救护类型。伤病员未送到能进行最终救护和完全治疗的治疗机构前，在战场(或在大规模卫生减员的地点)和各后送救治阶梯中按后送程序连续进行一切必要的救治。② 以此保证伤病员从负伤、患病地点开始，通过各医疗后送阶梯，直至到达给予最终治疗的专科医疗机构，一路上都依次可得到医疗救护。

战时根据战场情况和卫勤人力、物力，可按部队隶属关系设医疗救治阶梯，也可减少某个阶梯。如苏军在阿富汗和俄军在车臣时就采用了3级医疗救治阶梯。而我们常规所说的医疗救治阶梯，实际上分为5级。

(一)现场急救

现场急救通常是在伤病员所在地(战场、战车内、大规模杀伤区内等)由连、排卫生兵和卫生员以自救、互救、救护等方式进行。主要是止血、包扎伤口、止痛、骨折固定(用就便材料、梯形夹板或胶合夹板)。

(二)营救护所进行非医生救护

营救护所进行非医生救护由营医助或营救护所卫生员实施，主要是检查初步医疗救护情况，必要时纠正或重新救治，给予止痛药和抗生素。

---

① 张雁灵：《俄罗斯军队卫勤保障》，军事医学科学出版社2010年版，第39页。

② 蒋腾芳、王凤才、刘胡波等：《俄罗斯合成军作战卫勤保障条例》，军事医学科学出版社2007年版，第20页。

（三）团救护所进行初步医生救护

苏军的战伤救治历史经验表明：腹部伤员，伤后6小时内接受手术的，比24小时以后接受手术的归队率高22%；胸部伤员，伤后6小时内接受手术的，比以后接受手术的死伤率降低33.3%。而团救护所接受的是可能死亡的伤病员，主要对他们进行如止血、解除严重窒息、毒剂伤员解毒等治疗。

（四）卫生营进行优良医疗救护

卫生营或独立医疗队进行优良医疗救护，由外科军医和内科军医实施，分为紧急救护（内外止血、解除严重窒息、剖腹手术、重度休克的综合救治、严重毒剂中毒的救护等）和延期救护，即医疗救护措施可延期到基地医院实施。

（五）基地医院进行专科医疗救护

基地医院集中了专科救护力量，在这些医疗机构内，伤病员可得到治愈并归队。专科医疗救护主要分为：神经外科、创伤外科、眼和颌面外科、耳鼻喉科、胸腹部伤、泌尿科、烧伤、中毒、放射损伤、精神神经病科、传染病等。基地医院也可以派出野战移动医院（内科、外科或其他专科）到发生大规模减员的地区去加强那里的卫勤力量。

四、非战争军事行动卫勤保障法律制度

俄罗斯是世界上灾害事故频发的国家之一，2005年，俄境内仅火灾就发生了22万多起，造成约18万人死亡。1995年俄通过的《救灾勤务与救灾人员地位法》提出医疗保障是全俄救灾系统任务中的一项主要任务。它包括灾后、灾前及灾时人员生命和健康的救治、保护及康复。俄罗斯把军队作为国家灾害救援体制中的一支举足轻重的救援力量，实施突发事件紧急救援遂成为军队和平时期肩负的一项重要而艰巨的任务。在发生紧急情况下军队有责任派出自己精干的救援力量（包括医疗）参加救援，协同其他部门救援力量一起完成救援任务。军队除协同紧急情况部完成救援任务外，应对紧急情况有自己的救援力量和组织指挥体系。

（一）军队灾害医学救援组织体系

军队灾害医学救援形成了一个军民一体、上下有序的紧急情况应对决策救援系统。军队卫勤部门参加的紧急救援工作由国防部总军事卫生部负责组织。全军灾害医学中心是总军事卫生部的直属机构。总军事卫生部长是俄预防和消除紧急情况后果部委员会成员，负责领导、组织和实施军队灾害医学勤务活动的所有方面。

俄军总军事卫生部以全军灾害医学中心布尔坚科临床总医院为依托，建立了紧急医疗救援中心，负责组织军队医疗救援工作。全军在莫斯科、圣彼得堡、

哈巴罗夫斯克等地成立了专门的救灾医疗队，每个医疗队实质上是一所多科野战机动医院，随时可开赴紧急地区进行医疗救援。

(二)军队灾害医学救援任务职能

总军事卫生部在灾害医学中的职能如下：①制订全军灾害医学勤务工作计划。②预订和采购灾害医学用的卫生装备和医用物资。③向武装力量的灾害医学单位提供财政、技术保障。④组织协调各部门灾害医学科研工作。⑤制订部队灾害医学训练计划。⑥培养军队灾害医学救护人员。⑦利用现代科学技术成就参加紧急情况下的卫勤保障。

军队卫勤机构遍布各地，具有高度的机动能力，最适合于紧急情况下的医疗救援工作。另外，还有在总军事卫生部的领导下的全军灾害医学中心，主要参与灾害时的医学救援以抢救生命、保护人们健康。

第三节　德国军事卫生法律制度

一、概述

德军的卫勤保障制度，采取联勤保障与建制保障相结合、通用保障与专用保障相结合的方式。中央卫勤部门，包括军医院、全军性医学研究单位、全军性卫生培训单位，负责全军专科门诊及住院治疗、全军性医学科研及培训工作，是三军联勤保障的主要体现。

2000—2004年，德军进行了一次有史以来最广泛的全军改革，核心举措是对卫生资料配置进行一次重大改变，将原来隶属三军卫生部门的大部分卫生人员集中于中央卫生部门，并进行机构重组，建立了自成体系的卫生系统，即全新的卫生体制。德军最高军事机构为国防部，国防部下设联合支援、陆军、海军、空军和卫勤等五个指挥参谋部，各参谋部最高领导为监察长，均是国防部直属的二级部，卫生部门的称谓、职能与陆、海、空三军及联合支援部队完全一致，与三军指挥平级，卫勤地位突出。[①]

到2005年年底，德军总兵力为25.2万人，卫生系统2.5万人，约占总兵力的10%，在德军陆、海、空、卫、支援五大军种中位居第四。卫生人员中，医学军官2803人(包括卫勤参谋1685人)、士官2860人、战士8896人，此外，还有文职人员6500人。

改革后的德军卫勤保障制度有以下特点：

---

① 王延军：《军队卫生发展中外比较》，人民军医出版社2011年版，第26—27页。

(1)卫勤系统自成体系。这是缘于德军重视卫勤的传统,有利于统一组织领导,有利于业务技术水平的提高,也有利于得到政策和经费上的支持。

(2)战时卫勤快速高效。德军战时医疗救治阶梯执行北约体制,分为三区四级。新近组建了快速卫勤反应部队,并大力发展机动卫生装备。

(3)医疗服务军民共担。德军平时医疗保障由两部分构成,基层医疗机构负责门诊治疗,医院负责住院治疗。目前有五所军医院,以医疗工作为主,医疗、训练、科研相结合,平时是军队卫勤工作的骨干,战时是后方医院的核心,同时担负着繁重的境外执勤卫生人员的抽组任务。德军医疗保障的社会化程度很大,大量的医疗任务主要依托地方医疗机构来完成。

(4)卫生防疫严格周密。德军在卫生局设有预防医学处,在战区卫勤司令部设有卫生防疫队,负责公共卫生、预防接种、疫情处置、职业病防治等工作;新设立了"三防"医学处,并将微生物学研究所,放射生物学研究、药理学/毒理学研究所整合为"三防"医学研究中心;重视心理卫生工作,口腔保健水平较高。

(5)药材保障平战结合。德军平时药材保障采取主渠道供应的方式。国防部卫勤参谋部负责汇总、编制年度药材需求计划,国防部物资采购中心负责药材采购,联合保障部队中央仓库负责药材储存、保管,药材供应站负责药材配发。

二、平时医疗保障法律制度

(一)保障单位与机制

新卫勤改革后,德军平时的全科医疗与专科医疗均由中央卫勤单位负责,全科医疗单位的医疗水平得到了明显提高。

德军实行划区联勤保障,全国分为 4 个战区,每个战区又分为若干保障区,战区卫勤司令部组织各级卫生机构为所有驻扎于该战区内的部队提供医疗、防疫等综合卫勤保障,三军一视同仁。基层卫生机构的设置主要依据保障人数,按标准编配卫生人员。基层医疗机构大多位于部队主营区内,官兵就医非常方便,环境条件和设备设施一流。平时按医疗体系进行保障,部队组织军事行动或遇有突发事件时,向战区卫勤司令部申请临时支援,情况紧急时可直接与医疗机构联系。医疗队加强到部队后,听从部队首长指挥。①

德军医疗保障的社会化程度很高,大量的医疗任务依托地方医疗机构完成。军人到地方医疗机构就诊发生的费用,由地方医疗机构向国防部设在全国的 4 个财务结算中心申报,经审核确认后拨付。目前约 60%的军队伤病员到军队医院诊治,但今后随着军队医院逐步减少,到地方医院看病的军人会超过军队

① 张雁灵:《德国军队卫勤保障》,军事医学科学出版社 2010 年版,第 75 页。

医院。

（二）药品监督

德军实施食品与药品监督的主要机构是国防部卫勤指挥参谋部的卫生保健处五科和卫生局业务八处。除联合卫勤指挥司令部和卫生局执行药监任务外，战区卫勤司令部的药剂师也负责执行药物监管任务。境外执勤时首席药剂师同药物监察官一起负责药物监管任务。

目前，德军的医院制剂只在其所属的五家医院中生产。医院生产制剂必须通过 GMP 标准的验收，验收工作由全军药学监察长负责，战区组织，军队药学专家完成。地方原则上不介入军队的药品监督业务，包括军队医院制剂的管理，除非军队请他们帮助完成自己不能胜任的任务。

德军的药品质量管理体系透明、可靠，且和卫勤保持一致。监管部门根据药剂法（ApoG）、德国药品法（AMG）、麻醉药品法（BtMG）、注射药品法（TFG）、医疗制品法（MPG）执行药品监管，实施过程中采用两个管理手册：一个是质量管理手册，包括有关的药品质量管理政策和 17 条质量规定；另一个是质量保证手册，包括基于上述提到的质量规定的标准操作守则和一张检查表。

（三）牙科勤务保障

牙科勤务保障的训练任务包括：为牙科受训人员提供建议；为牙科人员制订训练计划和进行指导；开发计算机辅助训练程序；质量管理与控制；远程医学训练。牙科放射任务包括：依据相关法律和卫生局条例规范牙科 X 线机的使用；进行牙科诊所中图像处理的质量管理和控制，特别注意对医务人员和伤病员的保护，免其受到辐射伤害；就牙科治疗放射图像的安全使用提出建议和指导意见；制定方针；报告。

德军口腔保健处于较高水平，医疗中心以上基层卫生机构设口腔门诊，一般编 4 名医生、6 张牙椅，配有大、小两台口腔 X 线机，设备设施先进，技术水平较高。原则上军人每年至少进行 1 次口腔检诊，医生对官兵的口腔健康状况作出评价（分为 4 级），还印有口腔保健手册，官兵人手一册。军人进行一般口腔治疗免费，但制装义齿，本人须支付一半材料费。

三、战时医疗保障法律制度

德军战时卫勤指挥体制与平时几乎一致，自成体系，主要由联合卫勤指挥司令部负责。[①] 德军针对战时设置的专业卫勤部队在救治能力、机动性能等方面均具有显著特点，尤其是卫勤快速反应部队，规模大、装备全，其模块化建设思想

---

① 王延军：《军队卫生发展中外比较》，人民军医出版社 2011 年版，第 30 页。

对于我军机动卫勤力量建设具有重要的参考意义。

(一)战时医疗救治阶梯

德军境外执勤的卫勤保障经验及医疗救护体制对战时本土作战医疗救护体制的改革产生了重大影响。1997 年 10 月 6 日,由德军国防部总监察长发布的《跨部门卫勤保障方案》规定:军队在平时境外执勤中采用现代急救医学原则,以确保达到规定的卫勤保障质量,在战时本土防卫作战与北约联合防卫作战中,也基本适用上述原则。在此指导思想下,形成了德军新的战时医疗救治阶梯,它也符合北约的医疗后送体制。

(二)战时卫勤保障组织实施

战时卫勤保障主要由战区野战卫生团、野战医院团组织实施,这两个单位配有较为齐全的野战卫生装备,常年保持战备状态,但平时基本没有医务人员,执行任务时需按照编配标准,从各级卫生机构临时抽组。战时救治机构与平时卫生单位之间没有完全对等关系,但有较大联系,医疗队和战地救护站主要从医疗中心以下卫生单位抽组,野战外科医院主要从地区医疗中心和专科医疗中心抽组,野战医院主要从医院抽组。野战卫生团和野战医院团根据保障预案和抽组方案,每年组织卫生人员进行 1～2 次集中训练,平转战能力较强。

在战时组织指挥上,野战卫生团和野战医院团隶属不同战区的卫勤司令部。[①] 每个野战卫生团下辖卫生连、后送连、卫生物资连及培训连,每个野战医院团下辖加强卫生连、医疗后送连、卫生物资连、培训连及野战医院营。野战卫生团主要担负二级救治任务,野战医院团主要担负三级救治任务。

四、境外执勤医疗保障法律制度

"境外执勤"[②]是 20 世纪 90 年代以来德国军事与军事医学刊物中出现的最为频繁的词汇之一。它的含意与美军的"非战争军事行动"相近,主要是指维和行动与人道主义援助,不同之处是自 1999 年德军参加科索沃战争以后,境外作战也属于德军"境外执勤"的范围。

(一)境外执勤卫勤保障原则

德军卫生保健监察长于 1995 年 9 月 27 日发布了一个"联邦国防军军人境外执勤卫勤保障专业指导原则",其中规定境外执勤卫勤保障的标准是:在境外执勤的每一个联邦国防军伤病员都将得到与国内专业水平相当的医疗救治。指

① 如第 12 野战卫生团和第 11 野战医院团由第一战区卫勤司令部指挥,第 22 野战卫生团和第 21 野战医院团由第二战区卫勤司令部指挥,第 32 野战卫生团和第 31 野战医院团由第三战区卫勤司令部指挥,第 42 野战卫生团和第 41 野战医院团由第四战区卫勤司令部指挥。

② 原文为 auslandseinsatz 或 einsatzimAusland。

导原则的基本思想是必须将已经证明有效的急救医学原则应用于军事行动的卫勤保障之中，因此规定了以“卫勤急救链”代替国土防卫作战时以有限的卫生力量进行覆盖整个作战地域的卫勤保障模式，并提出了“执勤医学”的新概念。①

1997 年 10 月 6 日，德军总监察长颁布了“跨部门卫勤保障专业方案”。除对平时及国土防卫的卫勤保障作出原则性规定外，也规定“平时军队执勤中采用现代急救医学原则，以确保达到要求的卫勤保障质量”，进一步明确了德军境外执勤卫勤保障的指导思想。

（二）医疗后送体制

按照德军卫勤监察长在“联邦国防军军人境外执勤卫勤保障专业指导原则”中以急救医学为指导思想，根据建立一条“卫勤急救链”的要求，同时吸收国土防卫作战时医疗后送体制分级的优点，构成了境外执勤时的医疗后送体制的新模式。

德军境外执勤时的医疗后送体制按急救医学原则分为两大部分，即临床前区及临床区。

临床前区负责初步医生救护；临床区负责多科的专科医生治疗。医疗后送体制中主要的卫生单位（即急救站、急救中心及急救野战医院）都不属于部队建制内的卫勤单位，而是由执勤司令部军医主任统一指挥的卫勤部队开设的，因此具有高度的灵活性，可适应境外执勤千变万化的条件。这种模式除体现了急救医学的特点外，还较好地适应了多国部队卫勤保障的需要。

第四节　以色列军事卫生法律制度

一、概述

以色列军队结合本国的国情军情，制定了完善的法律法规，如《兵役法》《国防法》《预备役动员法》等。在历经多年战争和冲突之后，逐渐形成了军民一体、快速动员、贴近实战、强化一线的军队卫勤保障体制。②

---

① 1999 年初，卫生保健监察部一处 1 科科长、军医上校 Veit 博士在德国《军事医学月刊》发表了一篇题为《执勤医学——一个军事医学的新概念》的文章，阐述了“执勤医学（einsat-zmedizin）”的产生原因、实质及可行性。Veit 博士在分析“执勤医学”的产生原因时指出，1989 年以前，联邦国防军的战备工作都是针对华约的进攻，在德国进行集团防御。对于联邦国防军卫勤部门来说，要以其并不充足的人力与物力来组织对 134 万军人的医学保障，伤员数量与医疗保障能力之间一直存在矛盾。由于卫勤人员质量的缺陷，数量更加不足，因此，战时卫勤部门只能提供有限的卫勤保障。张雁灵：《德国军队卫勤保障》，军事医学科学出版社 2010 年版，第 87 页。

② 张雁灵：《以色列军队卫勤保障》，北京：军事医学科学出版社，2010 年，第 13 页。

(1)军民一体。以色列由于国土面积小,人口少,居民区与战场接近,医疗保障系统采用单轨制,即全国只建一个系统。以军只组建机动野战医院,不设固定的军医院,平时部队的伤病员都送往地方医院治疗,在战争或紧急情况下对全国医院实行军管,整个工作由国防军军医团主官统管。

(2)快速动员。以色列1951年制定的《兵役法》规定,年满18岁的男女青年都要服役,男子3年,女子2年。根据"预备役储备计划"和《预备役动员法》,军人服满现役后转入预备役。预备役中的医务人员(以色列全国的医生和其他医务人员、技术人员统属后勤预备役人员,战时归以军调遣)除进行少量共同科目训练外,主要是进行专业训练。以色列开办了各种类型的战伤急救短训班培训医生和急救辅助人员,各类预备役人员分别在国家发生动员令后的24小时和72小时内集结完毕。

(3)贴近实战。军队日常卫勤保障训练强调贴近实战、注重实效。其特点有:①注重士兵自救互救训练;②注重医务人员质量;③军医既懂医又懂军事;④预备役医生要接受军事医学训练。以军还非常重视总结历次战争的经验,并在制订新的卫勤计划时采用这些经验。

(4)强化一线。以色列国防军的战场救治原则是:早期治疗、及时后送。以色列军队每个排都配有1名卫生员;每个连配1名军士长卫生员(或医助);每个营配1个卫生排,每个卫生排配1名内科军医主管(在第四次中东战争中)。各师所属心理卫生分队派遣心理小组支援一线部队。在战争中,急救由排、连卫生员承担,救生由营救护所承担,后送前处理由团、旅级救护所或野战医院承担,后送途中应具有应对复杂情况的应急措施。

二、平时医疗保障法律制度

以色列国防军根据其本国国情,执行军民高度一体的平时医疗保障体制。以色列国防军没有军队医院,军医团主要负责为以色列军人提供各种门诊医疗服务,即初级医疗保健服务和专科医疗服务,而军人的住院医疗则主要由地方医院承担。

(一)三级医疗服务制度

1.初级医疗服务

初级医疗服务是指各个军事单位的小型诊所,这些诊所遍布全国,形成一个网络,从业人员一般为全科医生。初级医疗服务主要包括边境诊所(Active Front Clinics)、培训学校诊所(Training School Clinics)和后方诊所(Home Front Clinics)三类初级医疗机构。

国防军军医团主要负责各种紧急情况的医疗救治,医疗资源有限。为了更好地满足军人的医疗服务需求，从1999年开始，国防军军医团开始积极吸收地方医疗力量参与初级医疗服务。

2.二级医疗服务

从1948年以色列建国到1973年，以色列军人的二级医疗服务是由地方医院门诊提供的。从1973年开始，以色列国防军医疗团组建了自己的地区专科医疗中心，接管了军人的专科医疗服务工作，以节省医疗服务支出、增加医疗服务的可及性。此后，专科医疗中心建设驶上了高速发展的轨道，科室门类更加齐全，配备影像科、检验科、药剂科等科室。这些专科医疗中心大多位于人口中心地区，就诊便捷。国防军医疗团组建自己的地区专科医疗中心后，医疗费用大幅降低(近一半)，医疗服务的便捷程度明显提高。

3.三级医疗服务

以色列军人可从以色列的所有地方医院接受三级医疗服务(住院医疗)。医疗费用根据卫生部的价格表和有关规定统一支付。

以色列实行全民医疗保险，其医疗保险制度历史悠久，早在建国之前就已经初见规模。1995年，以色列通过了《医疗保险法》，设置了医疗服务的各项标准，规定平民的医疗税为其收入的4.8%，军人为3.6%，但平民可选择治疗的医院，军人只能在军队规定的医疗机构看病。平民可以任意选择医生，而军人只能从军医或与军队签过合同的医生中选择。军人在经济上得益很多，但不能任意选择医生和医疗机构。

(二)口腔科保障

以色列国防军的口腔科医疗服务的任务目标是维护全体士兵的口腔健康。对于义务服役人员，可以享受基本的口腔整复医疗服务、训练或对战斗负伤的治疗，以及紧急情况下的应急救助治疗。除此之外，对于志愿服役人员，还可以依照个人的服役年限享受一些额外的医疗服务，如牙周护理、镶配假牙等。对于职业军人和退伍军人的家属，可以享受减免费率的优惠。

以色列国防军的口腔科医生大多数来自地方。根据规定，地方的口腔科医生在预备役期间每年要在军队工作30～35天；对于年满18周岁的口腔科院校学员，可以暂缓服役，直到完成学业，之后必须至少服役5年，一般是在国防军地区司令部所属的口腔科诊所工作。这5年中的前3年视同义务服役，后2年视同志愿服役。

(三)军人健康促进

过去，疾病预防与健康促进工作主要针对职业军人，对新兵的关注较少。近年来，这一情况有所改善。对于18～21岁的年轻士兵，以军也逐渐积极开展了健康保护、戒烟宣传等教育。在士兵当中，主要任务是预防各类急慢性疾病的发生，如胃肠道和呼吸道感染；在年纪较大的军人当中，主要任务是加强针对心血管疾病和糖尿病的预防。在2009年暴发的甲型H1N1流感疫情当中，国防军军医团采取了比以色列卫生部更为严格的防控措施，所有感染患者均必须在部队机构中接受隔离治疗，不得在家自行隔离。

近年来，以色列军人的心理与精神疾病的诊治水平也得到了较大提升。其既往仅仅对应召入伍的人员进行心理筛选，士兵只有在出现心理问题后才接受诊治。而今，还可以在此基础上对士兵完成任务的能力进行评估，治疗手段也更加多样化，士兵因心理问题而退出现役的现象大大减少。

三、战时医疗保障法律制度

随着国际局势的不断变化，以色列国防军军医团战伤急救制度也发生了相应的变化，主要是从早期应对高强度冲突保障为主转向目前应对低强度冲突保障为主。

（一）医疗后送制度

应对高强度冲突（High Intensive Conflict，HIC）时，以军战时救治方法采取传统的逐级后送原则。连级单位设立卫生员（Medics），营级单位设立卫生站（Battalion Aid Station），团级单位设立卫生队，而师级单位设立部队医院，发生大规模战争时，在战场上将伤员进行简单处理并分类后逐级后送到上级医院。以色列国防军没有下属的军区总院或者军区中心医院，伤情严重的患者会被送到指定的地方医院。战争时地方医院由军队统一指挥，主要任务就是优先收治战争伤员。

（二）战斗应激心理干预

以色列军队的军事心理学始于1948年独立战争，经第二、第三以及第四次中东战争后，以军日渐认识到战斗应激反应（CSR）不可避免，战斗应激心理干预十分重要。从第四次中东战争至今，以军军事心理学取得突出进展，战斗和非战斗军事心理问题均得到了深入的研究，国防军军医团也组建起相应的心理卫生组织。以军还制定了《应激事件后医疗队心理晤谈指南》作为心理干预预防措施之一。该指南有助于增强医疗队员心理应对能力，预防应激反应，筛选需进一步实施专业心理干预的个人。除此之外，该指南也适用于其他专业救援队伍。

（三）空运医疗救护

以色列空军医务救护分队代号“669部队”，是以色列空军的一支专业化直升机救援队伍，组建于1974年，其主要任务就是抢救失事飞机飞行员、受伤战士和其他任何深入敌方腹地而需要救援的单位。

“669部队”的训练包括以色列国防军的所有训练科目。此外，还附有大量的特训课程。队员们要掌握熟练的外科技能，急救和循环系统抢救是他们的主要训练项目。由于是火线抢救，队员还必须具备一流的战斗能力，能迅速代替受伤战士进行战斗，为抢救和撤退赢得时间。除此之外，队员还需掌握跳伞、登山、驾驶、飞行、潜水、爆破、扫雷等专业知识和技能。

四、非战争军事行动卫勤保障法律制度

除了面临周边敌对国家的战争威胁外，以色列还面临着自然灾害、突发疫情、恐怖袭击等各种突发事件的威胁，并常常积极参与各类国际救援行动，国防军军医团在这些非战争军事行动中发挥了重要的作用。

（一）公共危机反应机制

以色列共有 4 个处置公共危机的系统：第一是中枢指挥系统。该系统由总理、安全内阁、国家安全委员会和国防委员会组成，其中总理作为政府首脑和军队最高统帅，对公共危机具有最高处理权。第二是参谋与咨询系统。该系统主要职责是为公共危机决策机构提供与公共危机有关的情报信息，以及如何应对公共危机的具体方案。第三是支援和保障系统。主要由警察总局、国内安全总局、预备役、民防和地区防御系统组成。第四是信息管理系统。该系统主要任务是通过教育宣传来动员群众，群策群力应对公共危机。

（二）突发公共卫生事件应对

以色列认为，对于各种突发公共卫生事件，有效应对的关键在于：在事件发生的早期，少量专业人员能采取果断有效的措施，而在事件的发展阶段，多数人和各级机构能够组织起协调一致的应急响应，在这一过程中，要落实各种规范，保证各级机构履行其职责。

1. 突发疫情应对

为更有效地应对疫情的暴发，2000 年以色列卫生部牵头组建了最高指导委员会(Supreme Steering Committee)①。其工作可归纳为：①通过贯彻病例识别和临床指南，建立所谓的“哨兵”监测点系统，该系统建立在人感染病例和动物疫情监控的基础之上，旨在尽可能早地发现疫情。②制定预案，以有效进行对可疑生物致病剂的鉴别和可疑染疫患者的初步处理措施。③在全国范围内开展对医务专业人员的教育培训，以提高一线人员的专业素质。

① 最高指导委员会下设 7 个专业委员会，分别是政策委员会(DoctrineCommittee)、监测委员会(Surveillance Committee)、实验室委员会(LaboratoryCommittee)、医院顾问委员会(Advisory Committee for Hospitals)、社区与公共卫生委员会(Community and Public Health Committee)、公共信息委员会(PublicInformation Committee)、医务人员教育与培训委员会(Healthcare Professionals'Education and Training Committee)。

2. 生物恐怖应对

“9·11”恐怖事件之后，以色列制订了一个全面的应对生物恐怖的计划，该计划的核心是组建多支专业化的应急分队，包括临床指导分队（Clinical Guidelines Team）、防护分队（Protection Team）、实验室分队（Laboratory Team）、社区分队（Community Team）、教育培训分队（Education and Training Team）、公共信息分队（Public Information Team）等。

（三）群体性伤亡事件救治

以色列的绝大多数医院都具有紧急处置群体性伤亡事件的能力，医疗救护人员训练有素，医院相关设施完备，一旦发生突发事件，医院可以在极短的时间内转换为紧急救援处置场所。例如：医院设有可折叠标志牌，平时折叠收起来，发生突发事件后可立即展开；而医院的餐厅、会议室等场所在突发事件时也能够立即转换为接诊区或协调中心。

第五节　日本自卫队卫生法律制度

一、概述

日本自卫队由日本内阁防卫厅长官直接统辖。防卫厅设有卫生局，统管陆、海、空三军的卫生工作。防卫厅卫生局编有 26 名官员，均为文职，其中卫生课（处）编有 17 人，负责管理医疗卫生业务工作。在日军幕僚监部（陆、海、空三军联合参谋部）的直接领导下，陆、海、空三军分设三个卫生部，每个卫生部下面都设有一个卫生班（一个管理医疗卫生业务的行政机构），分别负责管理各军种的医疗卫生业务工作。从卫生人员数量上看，牙科军医正在得到补充，防卫医科大学若不调整招生名额，军医数量可能会过剩；从质量上看，医疗活动十分活跃，不仅参与国内各种救灾，而且还被派往国外参加维和（PKO）行动。

日本自卫队经过近 60 年的发展，形成了具有自己特色的卫勤保障体系。[①]

1. 三军联勤卫生保障体制

1988 年以前，日本自卫队采用三军各自保障的卫勤保障体制。1988 年以后，日本自卫队调整了卫勤保障体制，将分属各军种的自卫队地区医院的医疗保障任务从由陆、海、空各自保障改为联合保障，即自卫队地区医院的隶属关系不变但可为其他军种提供医疗保障。目前日本自卫队共有 15 家地区医院，其中陆上自卫队 7 家，海上自卫队 5 家，航空自卫队 3 家。

---

① 张雁灵：《日本自卫队卫勤保障》，军事医学科学出版社 2010 年版，第 10—11 页。

2.三级卫勤保障模式

日本自卫队的平战时卫勤保障采用三级保障模式。战时卫勤保障模式为“火线—救护所—医院”，平时卫勤保障模式为“医务室—地区医院—中央医院”。一级卫勤保障提供急救或健康保健，二级卫勤保障提供专科治疗，三级卫勤保障提供综合的专科治疗。

3.平时医疗向社会化医疗保障转变

平时医疗向社会化医疗保障转变也就是平时医疗保障向社会化医疗保险保障模式转变。自卫队医院从1994年开始向保险医疗化方向发展，将自卫队医院纳入国家保险医疗体系中。之前16所自卫队医院（包括中央医院）只保障自卫队队员及其家属，对平民只收治急诊患者。1994年，中央医院纳入国家医保体系后，横须贺医院、富士医院、札幌医院及福冈医院也陆续纳入国家医保体系。

自卫队医院纳入国家医保体系后，不仅自卫队医院可以接收地方患者，自卫队队员也可以到医保体系内的其他地方医院就诊。

4.注重集团灾害救援

日本自卫队参加灾害救援是法律赋予的任务。《日本灾害对策基本法》和《自卫队法》明确规定了日本自卫队的任务包括应对大规模灾害，在发生大规模灾害时自卫队应根据防卫大臣的命令参与救援。《自卫队法》规定参加维和行动是自卫队的“基本任务”，因此在国际救援行动的卫生支援及大量伤病员的处理方面，自卫队卫勤发挥着重要作用。

二、平时卫勤保障法律制度

（一）卫勤力量基本情况

1.卫生人员

日本自卫队的卫生人员分为医生、药剂师、护士、准护士、临床检查技师、诊疗放射线技师、救生员及卫生员。除了卫生员，其他卫生人员都需获得国家职业资格。救生员和卫生员多配属在基层部队，承担一线急救任务。救生员具备专业急救技能（如维生、复苏技术），而卫生员只需掌握简单的急救技术。

据2009年统计，自卫队医生编制为1176人，而实际人数只有790人，满编率只有67.2%。尤其是由于分配医生资源时，首先满足各级医院，其次才满足医务室和部队卫生队，因此医务室（满员率不到40%）和部队卫生队医生（满员率只有20%）缺编更加严重，部分医务室甚至因无医生而无法运营，只能临时聘请附近军外医疗机构的医生来满足日常医疗需求。

2.卫生机构

日本自卫队的医疗机构主要是医务院和医院。日本自卫队现共有175个医务室(陆上自卫队 114 个,海上自卫队 34 个,航空自卫队 27 个),日本自卫队医院包括 1 家中央医院、15 家地区医院及 1 家防卫医科大学医院。中央医院和地区医院承担日本自卫队平战时的医疗保障,防卫医科大学医院作为该校的教学医院主要负责对军医及本院护士的培养及从事与军事医学相关的研究。

(二)平时卫勤保障

1.保障层次

日本自卫队平时的医疗保障分为三个层次,即一级医疗(经常就诊的小区医疗机构)、二级医疗(普通医院)、三级医疗(综合医院)。

(1)一级医疗。

由经常就诊的医疗机构负责,主要是驻地、舰船和基地医务室。医务室作为驻地(轮船、基地)内的医疗机构发挥初诊医疗的作用。[①]

医务室主要承担三个方面的业务:

一是医疗:主要进行初期治疗,医务室治疗能力不足时,应联系地方的专科医师进行会诊。另外负责夜间及休息日的突发疾病、外伤的急救处置和应急治疗。

二是健康诊断、体检:医务室是为预防疾病和促进健康而向全体队员实施健康诊断的场所,可进行包括疾病诊断在内的各种健康诊断。另外在任用自卫队军官时,由医务室对其进行体检,以判定身体状况是否适合执行任务。

三是其他卫生保健:除了集体生活所必需的驻地防疫、预防接种等日常任务外,在发生灾害或偏远地区发生紧急情况时,医务室还可根据请求开展紧急急救、运送患者、设置救护所,实施防疫等民间协作。

医务室目前存在的严重问题是军医缺编和利用率低。基层军医缺编是长期困扰日本自卫队的问题,影响了多数医务室的正常运营,也是医务室利用率低的主要原因之一。

(2)二级医疗。

由自卫队地区医院保障二级医疗。自卫队地区医院作为各军的基干医院承担医疗及普及业务,包括精密检查、专科治疗、住院治疗等,一般设有内科、精神科、儿科、外科、整形外科、皮肤科、眼科、耳鼻喉科、康复科、放射科、麻醉科、口腔科等。

---

① 日本自卫队现共有 175 个医务室(陆上自卫队 114 个,海上自卫队 34 个,航空自卫队 27 个),医务室设在驻地及主要舰艇上,负责平时自卫队员的保健、医疗和防疫。医务室一般设有内科,外科及口腔科等。医务室一般设有一定数量的床位(19 张以下)和各种简单设备(包括 X 线检查设备、牙科医疗设备等),可以治疗部分患者。医务室不能医治的伤病员送到地区医院或直接送到中央医院。

(3)三级医疗。

由自卫队中央医院保障三级医疗。自卫队中央医院结合高水平的综合治疗能力,开展高水平的临床研究及教育培训。除了二级医疗的内容外,自卫队中央医院可实施地区医院无能力开展的心血管手术及开颅手术等高难度医疗,并收治结核、特殊传染病患者。

2.医疗后送

日本自卫队利用各种交通工具,构建了陆、海、空综合立体保障体系。该体系根据三级医疗保障层次,以就近治疗为原则,提供快速便捷的医疗后送保障。

3.保障方式

日本自卫队的平时医疗保障采取自卫队自行保障和社会化保障相结合的方式。即自卫队员可以在自卫队自己的医疗机构就诊,也可以就近到地方的医疗机构就诊。

近年来,由于自卫队军医缺编严重,越来越多的队员初诊时直接到地方医疗机构就诊,而在地方医院就诊比在自卫队医院就诊所需费用多,造成自卫队医疗费用支出增加。

4.医疗保障制度

日本军人的医疗费用一般通过两个渠道提供保障,一是防卫省共济组合,二是由国家提供。

日本的共济组合制度是以公务员及其家属为对象的社会保险制度的一种,是通过个人和国家各交纳一定的费用,以互助的形式帮助会员及其家属生活的制度。日本的各省厅都有自己的共济组合,业务内容也有所不同。防卫省共济组合的业务有两种:一种是相当于社会保险作用的各种支付业务,这也是法定的业务;另一种是增进会员福利的福利业务,包括保健、医疗、住宿、住房、租赁、财产管理等。第一种业务是非营利性的,运营成本由国家负担。

三、战时卫勤保障法律制度

(一)保障阶梯

日本自卫队战时卫勤保障采取三级六阶梯,“三级”即火线抢救、救护所治疗、医院治疗,“六阶梯”即前线救护、团收容所、师收容所、野战医院、地区医院、中央医院。

(1)火线抢救。连以下部队,在连长的领导下由卫生员组织实施自救、互救和抢救,属于急救处置。

(2)救护所治疗。分为营救护所、团救护所、师救护所。营救护所可收容16名伤病员,团级救护所可收容40名伤病员,师级救护所可收容60～80名(最多

90 名)伤病员,出现需紧急后送的伤病员时可向师要求空运支援。师级救护所配有卫生队,卫生队装备有野外手术系统,可进行应急治疗及部分初期外科治疗,每天可实施 10～15 人的初期外科手术与应急治疗。出现需紧急后送的伤病员时,收容所可向上一级请求空运支援。

(3)医院治疗。伤病员可在医院接受最后阶段的专科治疗。一般由军队指挥部有组织地将医院配置在师作战区的后方地区,主要为野战医院、地区医院、中央医院及军外医院等。野战医院可进行初期外科治疗,地区医院可进行专科治疗,中央医院可进行康复治疗。

(二)保障方式

战时日本自卫队卫生部队一般按兵站编配。兵站分为中央兵站基地、军兵站基地、军前进兵站基地、前方支援地域、师部地域、前线地域。

中央兵站基地配有自卫队中央医院,是卫勤支援的中枢。军兵站基地配有自卫队地区医院、地区补给卫生部、患者后送管理队、防疫检查队、驻地业务队卫生科,根据需要还编配食品检查班、防疫班。军前进兵站基地一般在军兵站基地和前方支援地域的距离远时开设,一般配有地区补给处卫生部的一部分、地区医院的分院。前方支援地域配有野战医院队、急救车中队、卫生补给队,有时根据需要编配有后送救护队、机动防疫检查队、急救医疗队、诊疗队。师部地域一般配有后方支援团卫生队,根据需要可增加野战医院队、机动防疫检查队及食品检查队。前线地域配有团以下各级卫生部队,根据需要可编配战斗救护队。

参考文献

[1] 周健. 周健军事法文集:第 4 卷 战时军事法. [M]. 北京:法律出版社,2008.
[2] 孙晓云. 战时卫勤保障法的基本概念及原则[J]. 军事经济研究. 2010(4):61-62.
[3] 胡田疆.《中华人民共和国国防动员法》学习问答[M]. 北京:国防大学出版社,2010.
[4] 张建田. 关于我国军事立法理论与实践的几个问题[J]. 河南省政法管理干部学院学报. 2002(6):1-12.
[5] 总后司令部,总后政治部. 中国军事后勤百科全书:卫生勤务卷[M]. 北京:金盾出版社,2002.
[6] 古津贤,强美英. 医事法学[M]. 北京:北京大学出版社,2011.
[7] 黎东生. 卫生法学[M]. 北京:人民卫生出版社,2013.
[8] 徐玉芳,赵保海. 卫生法学教程[M]. 北京:中国中医药出版社,2014.
[9] 汪建荣. 卫生法[M]. 北京:人民卫生出版社,2013.
[10] 贺加. 军队卫生事业管理学[M]. 北京:军事医学科学出版社,2009.
[11] 高宏杰,张献志. 军队卫生勤务学[M]. 西安:第四军医大学出版社,2014.
[12] 吴乐山,孙建中. 现代军事医学战略研究[M]. 北京:军事医学科学出版社,2004.
[13] 黄留玉,滕光生. 军队疾病预防控制[M]. 北京:人民军医出版社,2013.
[14] 贺福初. 军事医学概论[M]. 北京:科学出版社,2011.
[15] 中国人民解放军总后勤部卫生部. 军队卫生勤务学[M]. 北京:人民军医出版社,2007.
[16] 郭国祯,任东青. 放射医学与防护[M]. 西安:第四军医大学出版社,2012.
[17] 中国人民解放军总后勤部卫生部. 核、化、生武器损伤防治学[M]. 北京:人民军医出版社,2007.
[18] 劳特派特修订. 奥本海国际法[M]. 王铁崖,陈体强译. 北京:商务印书馆,1989.
[19] 丛文胜. 战争法原理与实用[M]. 北京:军事科学出版社,2003.
[20] 朱新力,王国平. 卫生法学[M]. 北京:人民出版社,1999.

［21］翁开源，蔡维生．卫生法学［M］北京：科学出版社，2008．
［22］陆云，曹诚意，李甫．海军卫生勤务学［M］．北京：海潮出版社，1993．
［23］钱阳明．医院船海外医疗服务工作指南［M］．北京：军事医学科学出版社，2013．
［24］李金声，张建杰．《空军卫生勤务学》［M］．西安：第四军医大学出版社，2010．
［25］鱼敏．军队卫生勤务学［M］．北京：人民军医出版社，2007．
［26］王岳．医事法［M］．北京：对外经济贸易大学出版社，2010．
［27］王自力，张鹭鹭．试论军队卫生法规的原则［J］．解放军医院管理杂志．2014(3)：246-248．
［28］张山新．军事法研究［M］．北京：军事科学出版社，2002．
［29］王自力．非战争军事行动卫勤保障法制原则［J］．军队政工理论研究．2011(4)：75-77．
［30］王自力．非战争军事行动卫勤法规特点［J］．解放军医院管理杂志．2010(1)：61-63．
［31］傅思明．突发事件应对法与政府危机管理［M］．北京：知识产权出版社，2008．
［32］叶剑彤．国家间举行联合军事学习涉及的若干法律问题［J］．中国军法，2005(6)：15-16．
［33］王自力，陈菲．急救医疗保障体系的现实影响与建设思路［J］．中国医学伦理学，2012(3)：283-285．
［34］王自力，张鹭鹭．试论现行非战争军事行动卫勤法律制度体系与完善［J］．解放军医院管理杂志，2011(8)：756-758．
［35］闫雪昆．强化非战争军事行动法理依据的几个问题［J］．南京政治学院学报，2010(1)：89-91．
［36］王传刚．海上非战争军事行动法律保障问题初探［J］．法制与社会，2010(14)：60-61．
［37］刘锐．从"非法战斗员"看反恐行动中国际人道法的适用问题．西安政治学院学报［J］．2008(2)：90-93．
［38］张文显．法理学［M］．4版．北京：高等教育出版社，2011．
［39］郑晓瑛．交叉学科的重要性及其发展［J］．北京大学学报(哲学社会科学版)，2007(3)：141-148．
［40］谢晖：论规范分析方法［J］．中国法学，2009(2)：36-44．
［41］吴崇其．中国卫生法学［M］．3版．北京：中国协和医科大学出版社，2011．

[42] 王谦,张雁灵.现代战争卫勤保障[M].北京:人民军医出版社,2013.
[43] 周健.中国军事法史[M].北京:法律出版社,2008.
[44] 俞正山.武装冲突法[M].北京:军事科学出版社,2002.
[45] 夏尔·卢梭.武装冲突法[M].张凝,等,译.北京:中国对外翻译出版公司,1987.
[46] 丛文胜.法律战100例:经典案例评析[M].北京:解放军出版社,2004.
[47] 军事法学研究会.军事法制建设研究[M].北京:解放军出版社,1996.
[48] 李佑标.军事法学原理[M].北京:人民法院出版社,2005.
[49] 李培传.论立法[M].北京:中国法制出版社.2011.
[50] 姜秀元.国防立法研究[M].北京:中国政法大学出版社.2015.

后　记

《军事卫生法学概论》是我军军事卫生法学领域中的第一部教材，该书由中央军委后勤保障部卫生局负责组织编写，同时，该书也是我们课题组2015年申报立项的国家社会科学基金军事学项目课题（项目编号15GJ003—170）。为编写此书，成立了由第四军医大学任主编单位的编写委员会，第四军医大学马克思主义与人文学院饶伟教授担任主编，编写委员会成员由第二军医大学、第三军医大学、第四军医大学、军事医学科学院、火箭军总医院、西安政治学院、海军政治部、海军医学研究所等单位相关领域的专家、教授、研究者组成。同时，为了顺利完成该书的编写工作，设立了由中央军委后勤保障部卫生局局长任主任委员，中央军委后勤保障部卫生局副局长任副主任委员，中央军委后勤保障部卫生局各处室主要领导，海军、空军、火箭军卫生部部长任委员的编审委员会。在中央军委后勤保障部卫生局、第四军医大学及马克思主义与人文学院领导的关心和支持下，编写委员会全体成员经过一年多的共同努力，通过前期的学术准备、调查研究、专题论证、框架设计、初稿撰写、征求意见、会审修改和最后统稿几个阶段，并经中央军委后勤保障部卫生局组织编审委员会及相关业务单位专家审查鉴定后，现已完成了这部理论专著的编写工作。

本书各章撰稿人为：第一章，傅达林、张以善；第二章，王自力、代小丹；第三章，艾文波、吴振龙；第四章，姬娜、胡勇；第五章，徐立、胡家庆；第六章，张珊、田文捷；第七章，王惠淑、刘力维；第八章，李天颖、陈万平；第九章，祝瑾、张晓荔；第十章，饶伟、柳琴；第十一章，刘婷婷、时慧琦；第十二章，鱼敏、张建杰；第十三章，王继红、周开园；第十四章，缪露、张丹薇、李璐。

全书完成后，饶伟、傅达林、王自力、王继红、姬娜、艾文波、刘力维分别对本书各章节进行了审稿，同时饶伟对全书进行了统稿，刘婷婷、张丹薇、李天颖对全书进行了校对。

在书稿撰写过程中，我们得到了中央军委后勤保障部卫生局综合处徐勤耕处长、卢健副处长、安小斌助理，第四军医大学及政治部领导的悉心指导和大力支持。为了高标准完成该书的编写，我们成立了由中央军委原法制局法制员张建田、肖凤城、王新建，原军事科学院研究员丛文胜，军事医学科学院研究员毛常学，中央军委联合参谋部法制办主任陈志迅，西安政治学院教授张山新，海军医学研究所研究员沈俊良，海军政治部司法秘书刘力维，北京大学法学院教授孙东东，国家法官学院教授王立组成的专家审稿组，由张建田任组长。从框架结构到各章节的具体内容完善，审稿组提出了大量宝贵修改意见，在书稿的撰写过程中，我们还参考借鉴了有关专家学者的研究成果。在本书即将付梓之际，特向各位领导、专家学者致以最诚挚的谢忱！

尽管我们在编写本书的过程中，力图对现有军事卫生法治建设中的理论和现实问题加以全面系统的梳理和展示，但由于时间仓促、水平有限，书中难免有不当和疏漏之处，企望读者批评指正。

《军事卫生法学概论》编委会

二〇一六年九月